대학시절의 글쓰기 3

창의적 읽기와 소통적 쓰기

최규수 지음

명지대학교출판부

책을 내며

문득 돌아보니 어느새 이곳까지 와있구나 싶게, 아득하면서도 아늑한 시간들이다. 2001년 명지대에 부임하여 세 번째 안식년을 앞두고 있는 이즈음, 글쓰기 교육에 대한 나의 생각은 그때나 지금이나 변함없다. 교육에 대한 열정과 관심이 크다 하여 반드시 성과가 비례하는 것은 아니며, 오히려 글쓰기 교육을 전담해야 하는 책임감이 학문적 운신의 폭을 제한하는 만큼 교육 현장에서 부딪치는 고민은 치열해지고 모색은 더욱 진지해지고 있다는 것!

아마도 글쓰기 교육 자체만을 보기 시작하면서 의외로 그 방면의 해야 할 일도, 할 수 있는 일도 많음을 깨달았기 때문이리라. 지속적이고도 체계적인 작문 훈련이 가능한 '글쓰기 로드맵'을 완성하기까지 꽤 오랜 시간이 흘렀고, <대학시절의 글쓰기>라는 제목으로 일련의 글쓰기 교재들을 기획하게 되었다.

차분하면서도 차갑지 않기를, 따뜻하더라도 너무 뜨겁지는 않기를 소망하였음에도 대학시절에는 어쩐지 어설프게 뜨겁거나 어느새 식어버린 기억의 편린들로 가득하다. 그래도 그 시절에 어떤 식으로든 글쓰기에 집중할 수 있었던 시간들이 있어 참으로 다행이다! 무엇을 어떻게 쓸 것인가 고민하는 시간만큼은 오롯이 나에 집중할 수 있어서… 이상하게 외롭지 않았고, 괜시리 용기가 났다. 그래서 '대학시절의 글쓰기'라는 명명에는, 그 시절의 씁쓸하고 쓸쓸했던 시간들을 돌아보며 스스로 부디 잘 살아주기를 소망하였던 애틋함이 담겨있다.

이번 책은 〈대학시절의 글쓰기〉 시리즈의 3권에 해당하며, 창의적 읽기와 소통적 쓰기에 대한 평소의 관심과 교육현장에서의 성과를 담은 것이다. 손때 묻은 강의안을 여러 번 고치고 다듬으면서 실제적인 효율성을 높이는 쪽으로 보완하였다.

읽기/쓰기 실력을 키우려면 아는 만큼 제대로 읽고 쓰고, 한 만큼 제대로 검토하며 완성도를 높여가는 여정이 필요하다. 이에 2부에서는 책 읽기의 효율성을 높이는 보다 체계적이면서도 창의적인 독서법을 소개하고, 대학생의 읽기/쓰기 연습을 확장하는 다양한 방법을 제시하였다. 독서비평 글쓰기의 세계를 들여다보고, 책읽기를 중심으로 우리 삶과 문화에 대해 소박하게나마 자기 나름의 답을 찾을 수 있기를 소망한다.

오늘날 넘쳐나는 지식과 정보가 적재적소에 필요한 나의 것이 되려면, 시험이나 과제 평가의 차원으로 끝나버리지 않게 지식과 정보를 재생산하고 능동적으로 활용할 수 있는 경험과 능력이 무엇보다 중요하다. 이에 3부에서는 신문 매체의 특성을 주목하고 다양한 읽기/쓰기 연습을 강조하고 있다. 신문 읽기 작업을 제대로 해주게 되면 독서의 개념이나 영역이 좀 더 개방적으로 확장되어, 평면적이고 제한적이게 되기 쉬운 독서 작업이 보다 역동적으로 이루어지게 된다. 특히 매일의 신문 읽기를 통해 다방면의 정보를 얻을 수 있고, 전공분야에서 얻은 학문적 지식이 현실세계와 연결되는 지점도 보다 구체적으로 확인할 수 있게 될 것이다.

이 책은 가급적 상세한 설명을 피하고 간략한 핵심만을 제시하되, 실제 초점을 살려주는 예문들을 풍부히 싣고자 하였다. 상세한 설명을 생략한 이유는, 이 책이 교재로서의 기능을 다해줄 것을 기대하기 때문이다. 독서 비평과 신문 매체로 읽고 쓰는 활동에 관한 필수 사항을 확인하되, 교수자의 안목과 판단에 따라 변주될 수 있는 다양한 보충 설명은 강의 현장에서 이루어져야 할 것이다.

바람이 분다. 돌아보면 긴 시간들이 어느덧 짧게만 느껴지는 요즘, 그리워도 뒤돌아 볼 수만은 없겠지. 우리가 느끼며 바라볼 하늘과 사람들, 새로운 꿈들을 위해 바람이 불어오는 그런 곳으로 … 가자!

2021년 12월
崔 圭 穗

목차

1부 대학시절, 읽기/쓰기 연습의 외연 확장하기

2부

독서비평 글쓰기의 세계와 기본기 확장

3부 신문비평 글쓰기의 세계와 기본기 확장

3부
신문비평 글쓰기의 세계와 기본기 확장

1부

대학시절, 읽기/쓰기 연습의 외연 확장하기

대학에서 읽기/쓰기 연습을 어떻게 확장할 것인지에 대한 고민은 대학시절을 시작한 신입생부터 대학 졸업을 앞둔 고학년에 이르기까지 공통적으로 해당된다. 읽기/쓰기의 중요성을 우리 스스로 크게 인식하고 있기 때문이다.

최근 '국어능력'에 대한 관심이 높다. 소박하게 국어에 대한 애정과 관심을 강조하는 데서 나아가, 국어능력을 '평가'하고 '인증'하는 데 대한 관심이 보다 뜨겁다. 예를 들어 일부 언론사의 실기시험에서 국어 및 언어능력을 평가하거나 고등고시 공직적성평가(PSAT)에서 언어논리영역의 시험을 준비해야 한다거나 하는 최근의 추세를 볼 때, 국어능력에 대한 인증결과를 제시하는 것은 그 활용성이 보다 강조될 것임은 분명해 보인다.

이러한 움직임의 배경에 최근의 우리 언어 환경에 대한 반성이 깔려있는 만큼, 보다 중요한 요점은 한국인으로서 모국어 사용에 대한 기본적이면서 효율적인 능력과 자질이 있느냐를 스스로 검증하는 데 있다. 다음의 〈예시〉를 살펴보자.

예시 1

먼저, 명확한 표현능력에 대한 검증이 필요하다. 어휘력과 문법 능력은 언어 능력의 기초가 된다. 풍부한 어휘를 정확하게 사용하고, 문법을 정확하게 구사하는 능력이 있어야만 바르고 교양있게 말하고 듣고 읽고 쓸 수 있기 때문이다. 짧은 글 하나에서도 스스로 문법에 대한 이해력을 바탕으로 단어나 문장의 오류를 바르게 찾아내고 고치는 교정 능력이 발휘되어야 한다.

다음으로, 다양하고도 풍부한 표현능력에 대한 검증이 필요하다. 국어 생활에서 정확성이나 논리성 못지않게 중요한 역할을 담당하는 것이 바로 정서적·심미적 차원의 언어 능력이다. 당연히 '주제선정 → 자료수집 → 개요(outline) 작성 → 집필 → 퇴고'의 과정을 제대로 이해하고 실천할 수 있느냐의 문제와, 창의적 사고력을 기반으로 독창적 아이디어를 활용하는 능력을 제대로 발휘할 수 있느냐의 문제가 중요해진다.

물론, 시험이라고만 생각하면 열심히 공부해도 그것이 내 안에 온전히 남아있을 리 없다. 마찬가지로 국어에 대한 '끈기 있는 애정' 없이 얻어낸 지식 또한 숨결이나 온기 없이 사라져버릴 점수나 등급에 불과할 것이다. 하여, 진정

국어에 대한 능력 혹은 실력을 쌓고 싶다면 시험 준비와 병행하여 다음과 같은 방법을 권하고 싶다

예시 2

그 하나는 효율적인 독서 환경을 만들어보자는 것이다. 시험을 위해서라면 보편적인 국어 문화적 지식을 알아야 하는 것이 기본이지만, 교과서 중심의 국어 공부가 매력적인 감동을 주지 않았다고 생각된다면 대학생이 되면서부터는 삶의 현장에서 교과서를 대신해줄 만한 독서 환경을 살리는 게 필요하다. 예를 들어, 신문이라는 매체 하나도 제대로 활용하기만 하면 현재의 내게 필요하고도 적절한, 살아있는 국어공부의 대상 자료가 될 것이다.

다른 하나는, 효율적인 작문 환경을 만들어보자는 것이다. 삶의 양식이 다양해지고 변화의 속도가 빨라지는 이 때, 우리의 언어생활에도 다양한 변인과 양상이 존재한다. 사고와 표현의 패러다임이 21세기에 맞춰져야 한다면 단지 '우리말 겨루기'나 '되살리기' 정도에서 그치는 것은 지나치게 소극적이지 않을까? 그런 점에서 자신의 글쓰기를 돌아보고 과거와 비교했을 때 얼마나 성장하고 성숙하였는지를 검토하는 기회가 충분히 있어야 한다. 국어능력시험이란, 자기 나이와 역할에 맞게 얼마나 훌륭하게 읽고 쓰고 말하고 들을 줄 아는가를 평가하는 것이나 마찬가지이기 때문이다.

이렇게 꼭 받아들여야 할 읽기/쓰기임에도 그 작업은 매번 어렵고, 잘 하려는 욕구에 비례해 읽기/쓰기에 대한 고민도 더욱 커진다. 그동안의 교육을 돌아볼 때 주로 과제형 작업에 치중해왔고, 그래서인지 자발적이고 주체적으로 하기 보다는 수동적으로 끌려가야 했던 부담감이 컸던 상황이라면 더더욱 어려움이 클 수밖에 없다.

그래서 읽기/쓰기 실력을 키우려면 아는 만큼 제대로 읽고 쓰고, 한 만큼 제대로 검토하며 완성도를 높여가는 훈련의 여정이 필요하다. 무엇보다도 자신이 쌓은 내공이 읽기/쓰기의 만족도를 높이고 좋은 결과를 낳게 된다는 점을 기억하는 것이 필요하다. 그러니, 이제는 자신의 읽기/쓰기 습관을 새롭게 정리하면서 삶과 밀착된 읽기/쓰기 연습에 도전해보자.

1장

지적 기술에 대한 관심

1. 지적 기술의 중요성

지적 기술이란

대학에서 강조하는 지식은 단순히 정보나 자료를 의미하는 것이 아니라 그러한 정보나 자료가 정신적인 조작을 통해 개인에게 의미 있게 변환된 것을 의미한다. 이러한 정신적인 조작을 지적 기술intellectual skills이라고 한다.

지적 기술은 무엇을 안다는 차원에 머무르지 않고, 무엇을 할 수 있는 차원에서 발휘되는 능력이라 할 수 있다. 너무도 익숙한 일상적 행위처럼 보이지만, 여행을 다녀온 즐거운 마음을 비유적으로 표현하면서 수사법을 활용하게 되고, 더치페이를 하려고 각자의 몫을 계산할 때 수학적 계산법을 적용하게 되는 것이 지적 기술의 소소한 사례에 해당된다.

또한, 일반적으로 지적 능력이라고 하면 타고난 고정적인 것으로 생각하는 경향이 있는데, 지적 기술은 학습을 통해 배울 수 있다고 한다.

이렇게 무엇을 아는 지식 차원에서 무엇을 할 수 있는 지적 기술의 차원으로 발전한다는 것은, 우리가 어떤 일을 할 때 수동적으로 끌려가기 보다는 주체적으로 문제를 해결하는 위치에 서게 됨을 의미한다. 그리고 대학시절 읽기/쓰기 연습의 외연을 확장할 때 이런 주체성은 반드시 필요하다.

대학생을 위한 지적 기술

우리가 대학시절 관심을 쏟아야 할 지적 기술은 어떤 것이 있을까? 누구에게나 공통적인 6가지를 추려본다면, 의사소통 기술과 대인관계 기술, 비판적 사고와 창의적 사고, 문제 해결과 의사 결정 능력 등을 꼽을 수 있다.

그리고 이러한 지적 기술은 독립적인 것처럼 떼어서 언급하지만 실제로는 각 기술이 서로 연결되어 있다. 예를 들어, 의사소통과 관련하여 지적 기술을 갖춘 사람을 상상해 보자. 이 사람이 효과적인 의사전달 기술을 가졌다고 말할 때 그 의사전달 기술은 비판적인 사고, 의사 결정 능력, 공동체나 타인의 가치와 신념에 대한 이해 등 서로 연관되는 다른 지적 기술을 바탕으로 하기 때문이다.

흔히 학업 수행에 동원되는 지식의 암기와 이해는 그 부담감에도 불구하고 의외로 하위 수준의 사고기능으로 간주된다. 이는 지식의 암기와 이해를 토대로 고차적인 사고 활동, 예를 들어 분석과 적용, 종합과 평가 등의 작업이 더 중요하기 때문이다. 고차적인 사고기능에는 의사결정적 사고기능, 창의적 사고기능, 비판적 사고기능, 초인지적 사고기능 등이 포함된다.

여러 가지 사고기능들은 위계성을 지니고 있으며, 상위수준의 기능을 습득하기 위해서는 하위수준의 기능을 습득해야 한다고 가정된다. 그런 점에서 의사소통이라고 하는 지적 기술은 상위수준의 고차적 사고기능으로, 보다 복잡하고 종합적이고 정교하고 독창적인 활동이라 할 수 있으며, 대학생에게 읽기/쓰기와 관련한 기술을 강조하고 훈련을 독려하는 것은 바로 이런 점에서 의미가 있다.

1 연습해볼까요?

어느 신문에서 <스포츠의 10대 난제>를 다루면서 스포츠 분야에서 가장 어렵고도 힘든 일을 야구에서의 배팅이라고 꼽았다. 이는 0.4초 만에 포수의 미트에 빨려 들어가는 투수의 공을 정확하게 배트 중심에 맞히는 일이 거의 불가능에 가깝기 때문이라고 한다.

구체적인 내용을 정리해보면 다음과 같다. 자유롭게 살펴보고 소감을 나눠보자.

순위/종목		이유
1	야구에서의 배팅	이 일을 10번 중 3차례 해낼 수 있다면 메이저리그에 입성하게 되는 것이나 마찬가지다.
2	카 레이싱	시속 350km의 스피드로 트랙 코너를 돌 때, 운전자는 120kg 거구 3명으로부터 밀리는 것과 비슷한 상황에 처한다.
3	장대 높이 뛰기	단거리 주자의 스피드와 역도 선수의 파워, 몸을 가로대 위로 넘길 수 있는 유연성을 모두 갖춰야 해낼 수 있다.
4	골프 티샷의 장타	얼핏 쉬워 보여도, 일단 시도해 보면 착각이었다고 느끼게 된다.
5	테니스의 서비스 리턴	시속 210km에 육박하는 서비스를 받는 선수는 단 0.5초 안에 반응하고 리턴 샷을 날려야 한다.
6	피겨 스케이팅 4회전 점프	0.5초 안에 4차례나 공중회전을 하면서 엄청난 원심력을 경험하게 된다.
7	마라톤 풀코스 완주	42.195km 완주는 인간의 한계에 도전하는 것이다.
8	사이클 투르 드 프랑스	평탄한 곳에서도 시속 50km의 스피드를 몇 시간이고 유지하는 극한 체험으로, '지옥의 레이스'라 불린다.
9	축구 골키퍼의 페널티킥 방어	순간 시속 90km가 넘는 공을 단 0.25초 만에 막아내는 절대 불리한 일을 해야 한다.
10	알파인 스키의 다운4힐(활강)	별다른 보호 장비 없이 시속 130km의 스피드를 통제해야 하는 활강 경기는 총알같이 내리꽂히는 위험한 일이다.

1. 우리가 잘 아는 분야나 관심사를 정하여 마찬가지 작업을 해보기로 하자. 어느 한 분야를 정해서 그 분야에서 가장 어렵고도 힘든 일이 무엇일지 뽑아보자.

2. 그러한 사항을 뽑은 이유를 자유롭게 설명해보자.

질문	나의 답변		이유
선택 분야			
이 분야에서 가장 어렵고도 힘든 일을 꼽는다면?	1		
	2		
	3		
	4		
	5		

2. 창의적으로 살아가기

우리들이 대학시절 관심을 갖고 키워야 될 능력은 저마다의 목표와 가치관, 성향에 따라 매우 다양할 수 있다. 공통적인 관심사를 꼽자면 아마도 유창성과 융통성, 독창성이 아닐까 싶다. 주어진 상황에서 직면한 문제를 효과적으로 해결하는 데 이러한 덕목들이 유용할 수 있기 때문이다.

우리가 흔히 쓰는 지식정보 사회라는 표현도 지식과 정보, 기술이나 노하우 등이 부각되면서 지식과 정보의 효과적인 창출과 활용이 중요함을 반영한 것이다. 따라서 지식정보 사회에서는 이러한 새로운 지식을 창출하고 자신이 익힌 지식으로 혁신을 이룰 수 있는 창의적 능력이 아주 중요하게 평가된다.

창의적 사고에 대한 이해

창의적 사고란 '더 나은 대안은 없을까', '이것 말고 가능한 것이 또 있지 않을까?' 하는 식으로 질문을 던지고 그에 대한 답을 찾아가는 과정이다. 예를 들면, 다음과 같은 식으로 문제를 해결해가는 과정에 익숙해지는 것이 필요하다. 다양한 상황에서 불편함을 없애 보다 편하게 하거나, 어려움을 줄여 더 쉽게 만들거나, 위험요소를 더 줄여 안전하게 하거나 하는 식으로 상황을 개선하고 발전시킬 수 있는 여지를 찾는 과정이 창의적 사고를 실천하는 훈련이 되는 것이다.

예시 1 창의적 사고를 위한 질문

1	그것도 좋지만, 이것이 더 좋은 것 같네. 다시 들여다볼까?
2	견해나 입장이 다양할 수 있으니, 보는 시각을 달리해서 살펴보면 어떨까?
3	정보가 더 수집된다면, 또는 관점이 수정된다면 어떻게 될까?
4	지난 번 것과 관련시켜 본다면, 이번 것도 가능하지 않을까?

그렇다면, 창의적으로 살아가기 위해 어떤 습관이나 행동이 필요할까? 다음과 같은 사항들을 주목하면 된다고 한다. 왼쪽의 항목이 창의적인 사람들의 특징이라고 하니, 오른쪽의 항목(창의적으로 살아가는 데 방해가 되는 것들)과 비교작업을 수행해보자.

예시 2 창의적인 사람들의 특징

	창의적인 사람이라면	창의적이지 않은 사람이라면
1	여러 가지 가능한 답을 찾는다.	하나의 정답을 찾는다.
2	실수란 창의적 과정에서 생길 수 있는 자연스러운 부산물로 받아들인다.	가능하면 실수를 하지 않으려고 노력한다.
3	문제에 매달려 지치면 의도적으로 휴식을 갖는다.	문제에 매달려 지치더라도 계속하여 해결을 시도한다.
4	여러 출처로부터 정보를 얻는다.	전문가의 충고만 듣는다.

	창의적인 사람이라면	창의적이지 않은 사람이라면
5	타인의 피드백을 기꺼이 받아들인다.	나를 지지해주는 경우에만 내 생각을 말한다.
6	엉뚱한 질문도 쉽게 하는 편이다.	어떤 것이 이해되지 않아도 입을 다문다.
7	모든 것에서 어떻게 더 개선할 수 있을지를 살핀다.	"깨지지 않았으면 고치지 않는다"라는 태도를 가진다.
8	문제 해결 과정을 되도록 즐기려 한다.	문제해결은 어려운 일이라 생각하고 진지하게만 접근한다.

창의적 읽기/쓰기 연습을 강화하려면

창의적으로 읽고 쓰는 연습을 강화하려면 어떤 것이 필요할까? 3가지 사항을 강조하고자 한다.

첫째, 창의적인 질문에 익숙해지는 것이 중요하다. 사고의 요소에 따라 창의적인 질문의 형태도 달라진다. 다음의 〈예시〉를 참고하여, 상황과 목적에 맞게 창의적인 질문을 던져보도록 하자.

예시 3 창의적 질문의 형태

문제	문제가 되는가? 무엇이 문제인가? 등등
이유	다른 이유는? 일반적인 이유는? 다르게 볼 수는 없는가? 등등
증거	다른 증거는 무엇인가? 다른 해석은 뭐가 있지? 다른 논리는 없나? 보다 설득력 있는 것은? 등등
결론	다른 결론은 없는가? 가능한가? 더 나은 것은 없나? 보다 구체적인 결론은? 등등
견해	다른 반대가 있을 수 있는가? 나의 견해가 어떻게 바뀔 수 있지? 더 나은 견해는 무엇일까? 등등

둘째, 수렴적 사고의 반복 훈련에서 벗어나는 것이 중요하다. 수렴적 사고 convergent thinking란 어떤 사실이나 진리에 맞는 구체적인 정답을 산출하는 것을 말하는데, 정답을 찾는 식의 훈련은 역으로 창의적 사고를 기르는 데 방해가

되기도 하기 때문이다.

시험을 대비하거나 과제 작업을 수행하기 위한 글쓰기는 평가기준이나 점수에 맞추기 위한 목적성이 있게 되는데, 이러한 목적성이 지나치게 되면 읽기/쓰기 과정에서도 수렴적 사고의 반복적인 훈련에 치중하게 된다. 이렇게 하나의 정답을 찾는 데 주력하게 되면, 반응이 단일하고 단조로워질 수밖에 없다.

하지만 우리가 사는 세상은 결코 단순하거나 단일하거나 단조롭지 않다. 오히려 우리에게 필요한 것은 우리가 직면하는 현실에서 나올 법한 다양한 특성들, 예를 들면 이상하거나 난처하거나 신비롭거나 혹은 아는 것과의 괴리를 느끼게 하는 것들이 과연 어떤 의미와 가치를 가지는지 탐색과 성찰의 기회를 갖는 것이다. 그러니, 단일의 정답이 있다는 생각을 버리고, 다양한 반응의 가치를 찾아 자신의 아이디어를 모으고 해결책을 모색하는 경험과 시간을 충분히 갖기로 해보자.

셋째, 확산적 사고 훈련에 도전하는 것이 필요하다. 무엇보다 고등교육과정에서는 하나의 정확한 정답보다는 여러 개의 가능한 해답을 산출하는 확산적 사고divergent thinking가 더욱 요청되기 때문이다.

지능은 6개의 인지활동, 5개의 내용 영역, 6개의 산출이라는 세 차원이 상호작용하는 180개의 상이한 다른 능력으로 구성된다고 한다. 확산적 사고는 6개의 인지활동 차원 중 한 가지 요소로 창의적 사고의 특성으로 간주되는데, 여기에 바로 유창성과 융통성, 독창성의 특성이 포함된다. 그래서 확산적 사고는 인지나 기억된 정보로부터 새롭고 신기하며 다양하고 관습에서 벗어난 생각과 해결책을 생성하는 생산적인 사고라고 할 수 있다는 것이다.

2 연습해볼까요?

사람은 누구나 나이를 먹고 세대도 달라진다. 10대에서 20대, 다시 50대로 나이를 먹고 세대가 달라지면 어떤 변화가 생기게 될까? 나의 지나온 10대 시절과 현재를 돌아보고 세대별 특징을 주목해보자. 부모님 세대를 떠올리면서 50대의 세대별 특징도 정리해보자.

1. 이제, 이렇게 찾아낸 세대별 특징을 어떤 대상에 빗대어 하나씩 매칭하여 설명하는 시간을 가져보자. 다음의 <예시>는 과일의 세계에서 수박과 배, 귤을 선택한 후 각각의 특징을 10대와 20대, 50대의 세대특성으로 연결시키고 있다. 어떤 특징을 주목하고 있는지 살펴보고, 자유롭게 소감을 나눠보자.

세대	대상	구체적인 특징 메모
10대	수박	• 수박 껍질은 단단하고 속살은 무르면서, 색깔도 겉과 속이 다르다. • 10대의 과도기적 특성 혹은 이중성과 연결된다.
20대	배	• 배는 껍질이 매끄럽지 않고 누르스름한 색깔이 여타 과일과는 다르다. • 20대가 여러 면에서 고민이 많은 낀 세대 같다.
50대	귤	• 귤의 말랑함이 50대의 유연함과 연결된다. • 귤은 달콤하면서도 시거나 쓴 맛도 난다.

2. 다음에 제시된 표를 살펴보고, 세대별 특성을 어떻게 주목하여 대상의 특징과 연결시키고 있는지 자유롭게 의견을 나눠보자. 예를 들어, 선택한 대상의 특징을 구체적으로 주목해서 메모하고, 이렇게 찾아낸 특성과 연결되는 세대별 특징도 메모해보자. 나라면 어떻게 세대별 특성과 대상의 특징을 연결시키고 싶은지 아이디어를 내보자.

		10대의 특성	20대의 특성	50대의 특성
1	어류	상어	오징어	참치
2	빵	식빵	케이크	고로케
3	음료	콜라	우유	커피
4	채소	옥수수	대파	양파
5	주류	막걸리	소주	와인
6	컵	종이컵	머그컵	보온병
7	글	잘 짜인 극본	특종 기사	좋은 시 한 편
8	밥	공기밥	돌솥밥	볶음밥
9	나라면			

2장

관점과 태도의 정립에 대한 주목

1. 비판적 사고의 토양

앞서 지적 기술에 대한 관심을 강조하였는데, 이번에는 다양한 지적 기술 중 비판적 사고를 주목해보자. 비판적 사고critical thinking는 어떤 문제와 증거, 해결책 등을 논리적이고 체계적으로 검토하여 평가하는 일을 의미한다.

우리들이 일상생활에서 행하는 다양한 일들도 비판적 사고와 연관되어 있다. 자신이 비판적 사고에 대해 얼마나 잘 알고 있는지 확인해 보는 작업을 해보자. 다음은 비판적 사고를 체크해볼 수 있는 리스트로 가져온 것인데, 살펴보고 비판적 사고 소유자의 특성에 해당되는 것들을 체크해보자.

예시 1

	다음의 사항을 살펴보고, 비판적 사고에 해당되는 사항에 표시를 하세요!	체크
1	주장의 근거나 이유를 제대로 제시하지 않는 상황을 좋아하지 않는다.	
2	다른 사람들의 이야기를 들을 때 배경이나 의도를 이해하려고 애쓰는 편이다.	
3	심사숙고가 필요한 일을 좋아하고, 그런 일을 더 잘 하는 편이다.	
4	결정을 내려야 하는 상황이라면, 모든 가능성을 열어놓고 확인하는 편이다.	
5	남이 요약한 자료를 활용하기보다는 직접 정리한 자료를 쓰려고 한다.	
6	다른 사람의 의견에 반대하는 입장에서도 우선은 장점을 보려고 한다.	
7	생각 외로 과제나 문제가 어렵다 해도 계속 풀려고 노력하는 편이다.	
8	논쟁에 이기지 못해도 지혜로운 결정을 내리는 것이 중요하다고 생각한다.	
9	명확하게 정답이 정해지지 않은 문제로 토론하는 것을 좋아하지 않는다.	
10	아무리 문제가 복잡하더라도 간단한 해결 방법이 있다고 생각한다.	
11	어떤 문제나 이슈를 계속 추적하느라 시간을 쓰지 않으려고 한다.	
12	해야 할 일의 내용이 분명하고 어떻게 해야 하는지가 명확한 것을 좋아한다.	
13	해결방안이 확실하다고 생각되면, 반대되는 증거가 있다 해도 개의치 않는다.	

각 문항을 읽고 비판적 사고 소유자의 특성에 체크를 해보는 작업을 해보았을 것이다. 여러분의 체크 상황은 어떠한가? 1번에서 8번까지는 비판적인 사고의 소유자들이 보이는 경향이고, 나머지(9번에서 13번까지)는 그 반대의 성향이라고 한다.

비판적 사고에 대한 이해

비판적 사고는 '건전한 회의주의'라는 별명이 있다. 이는 비판적 사고라는 것이 정확성과 타당성, 또는 가치를 판단하기 위해 어떤 주장이나 신념, 정보의 출처를 정밀하고도 지속적이면서 객관적으로 분석하는 것을 의미하기 때문이다. 관점과 태도의 정립을 위해 비판적 사고의 토양을 갖출 것을 강조하는 이유가 바로 여기에 있다.

첫째, 비판적 사고는 사고성향과 사고기능의 차원으로 나눌 수 있다.

예시 2

비판적 사고성향	비판적 사고기능
• 건전한 회의성 • 지적 정직 • 객관성 • 체계성 • 철저성 등	• 사실과 의견 구별하기 • 타당하고 충분한 근거를 들어 주장하거나 평가하기 • 다양한 정보원의 신뢰성을 비교, 분석하고 보다 신뢰할 만한 정보를 선택하기 • 한 문제를 다양한 관점으로 조망하기 • 주장이나 진술에 내재된 편견 탐지하기 • 특정 진술에 숨겨진 의미와 가정을 확인하기 • 문제의 본질에 적합한 평가의 준거 사용하기 등

둘째, 비판적 사고는 인지적인 측면cognitive domain과 정의적인 측면affective domain으로 나뉜다. 그리고 이 두 측면이 갖추어져야 제 기능을 발휘할 수 있다고 한다.

예시 3

인지적 측면	정의적 측면
• 문제를 파악하여 명료화하기(문제파악 작업) • 문제와 관련된 정보를 다양하게 평가하기(정보평가 작업) • 문제를 해결하여 결론을 내리기(문제해결 작업) • 자신의 결론에 대해 비판적으로 검토하기(자기평가 작업)	• 비판적 사고 기술을 삶의 다양한 영역에 실천적으로 사용하겠다는 의지와 태도

비판적 사고의 소유자들은 정의적 측면에서 어떤 태도를 갖고 있는지 확인해보자. 다음의 〈예시〉를 살펴보고, 수정하거나 추가하고 싶은 사항이 있다면 자신의 의견을 덧붙여보자.

예시 4 **비판적 사고를 가진 사람들의 특징**

① 비판적인 사고를 가진 사람들은 공통적으로 어떤 태도를 갖고 있을까? 한 가지씩 이야기해보자.

② 삶의 다양한 주제나 문제에 대해 관심을 갖고 깊이 알고자 하는 태도를 보이지 않을까?

③ 다양한 정보에 대한 깊은 관심을 갖고 있다는 점에 나도 동의해. 다양한 세계관에 대한 열린 마음을 갖고 있다고나 할까?

④ 다른 의견이나 방법에 대한 융통성이 돋보이고, 다른 견해에 대한 이해력도 뛰어난 것 같아.

⑤ 그러면서도 자신의 편견이나 선입견이 있지 않은지 돌아보고, 자기중심적 성향을 지적받으면 쿨하게 인정하기도 하지.

⑥ 비판적 사고를 할 수 있는 기회에 대해 열린 마음을 갖고 있기 때문이 아닐까?

⑦ 논리적 사고 능력에 대한 자신감이 확실히 느껴져. 그리고 신중한 판단을 하는 편이지만, 변화의 필요에 따라 다른 견해를 기꺼이 받아들이는 자세가 있는 것 같아.

셋째, 비판적 사고 기술을 높이기 위해서는 무엇보다 자신에게 비판적 사고를 방해하는 습관이나 태도가 있는지 확인하는 일이 중요하다. 다음의 <예시>를 통해 비판적인 사고를 방해하는 부정적인 습관이나 태도가 무엇인지 확인해보자. 수정하거나 추가하고 싶은 사항이 있다면 자신의 의견을 덧붙여보자.

예시 5 **비판적 사고를 방해하는 습관**

내 것이 최고	무조건 내 것이 최고라는 생각은 다양한 관점과 시각을 방해하여 객관성을 잃게 만든다.
자기 합리화	자기 합리화는 자신의 주장이나 의견을 방어하여 체면을 세우기 위한 행동으로, 다른 증거나 사실을 무시하게 된다.
변화 거부	새로운 시각이나 생각에 대한 거부감은 자신의 역량 발휘에 방해가 되므로, 함부로 판단하지 않는 태도가 필요하다.
따라 하기	생각 없이 남을 따라 행동하는 경향이나 태도에 익숙해지면 다른 사람들의 판단기준에 따르게 되어 창의적이고 비판적인 사고가 어려워진다.
고정관념	고정관념에 사로잡히면 자신의 관찰이나 경험을 지나치게 일반화하게 되면서, 자료나 정보를 비교, 분류, 선정, 저장하는 능력이 저하된다.

2. 통찰력과 상상력 발휘의 중요성

2-1 통찰력의 중요성

글쓰기와 글 읽기는 동전의 양면과 같이 따로 떼어 생각할 수 없다고 한다. '좋은 글이 좋은 글을 낳고, 나쁜 글이 나쁜 글을 낳는다.'는 말처럼 좋은 글을 읽고 그것을 본받고 익히면 자연히 좋은 글을 쓰게 마련이다.

그런 의미에서 글쓰기의 효율성을 높이는 첫걸음으로 다양한 매체 자료를 통한 효율적인 읽기 훈련을 일차적으로 강조하고자 한다. 예를 들어, 단순히 주어진 내용을 외우고 이해하는 것을 넘어서서 제대로 분석하고 평가할 수 있는지 돌아보자. 이해한 지식을 적용하고 판단하여 새로운 아이디어를 생성할 수 있는지도 살펴보자.

이러한 질문은 우리 스스로 관점과 태도가 정립되어있는지를 묻는 출발점이라 할 수 있기에, 스스로 솔직한 자기 진단을 하는 것이 필요하다. 자기 진단을 통해 스스로 성장할 지점을 찾아 목표로 설정한다면 이것이야말로 대학시절 우리를 키워주는 경쟁력이 될 것이라 생각한다.

▣ 통찰력을 기르려면

글을 쓰는 작업에는 다른 어떤 일보다 즐거움이 수반되어야 한다. 억지로 짜낸 글이나 마지못해 쓰는 글은 좋은 글이 되지 못할 뿐만 아니라 글쓴이에게나 읽는 이 모두에게 괴로움을 주게 마련이다. 그러므로 평소에 대상에 대한 남다른 관심과 애정을 쏟아두면 글쓰기가 더욱 즐거운 작업이 될 수 있다.

통찰력을 기르려면 대상에 대해 의식적인 관심을 갖고 예리하게 관찰하는 자세가 필요하며, 깊이 있게 생각하고 면밀하게 분석하는 습관을 기르는 것이 중요하다. 글쓴이 스스로 대상에 대해 '왜?', '무엇인데?', '어떻게 해서?', '따라서'

등의 질문을 하고 그에 답하면서 차근차근 생각하는 습관을 갖는다면 합리적인 판단과 분석적인 사고를 아울러 키울 수 있을 것이다.

다음의 〈예시〉에서 글쓴이는 아내의 통화 장면을 통해 일상에서 여자들이 어떻게 수다로 소통의 시간을 갖고 있는지를 주목하고 있다. 일상생활에서 흔히 보고 듣고 겪는 일을 무심히 지나치지 않았기에 좋은 글감이 나오게 되었다. 이렇게 일상의 소소한 국면이라 할지라도 의식적인 관심을 갖고 면밀하고 예리하게 관찰하는 습관을 갖는 것이 글쓰기에 필요한 통찰력을 기르는 방법이 될 것이다.

예시 1 **제목: 아내의 수다**

"또 시작이구나, 여자들 수다는 끝이 없어."

아내의 전화 통화가 길어져 전화를 기다리던 내 입에서 저절로 나온 말이다. 하지만 이윽고 내 전화가 오고 이것저것 설명이 길어지자, 나도 아내의 전화통화 못지않게 긴 통화를 하게 되었다. 그러자 기다렸다는 듯이 "남자들 수다는 더 못 봐주겠구먼." 하는 아내의 한마디가 터졌다. 이에 내가 "수다라니!" 하면서 화를 냈음은 물론이다. 어떤 이는 우리 부부의 이 '애들 싸움' 같은 말꼬리 잡기에 웃을지도 모르겠다. 그러나 분명한 것은 나나 아내나 똑같이 그 '수다'란 말에 불쾌했다는 것이다.

아내의 설명은 전화를 걸어온 상대방이 '바쁜 줄은 알지만 이 얘기만은 꼭 해야겠다'고하는데 어떻게 매정하게 전화를 끊어버리느냐는 것이고, 꼭 공식적인 일을 담은 통화만이 의미 있고 나머지는 수다라는 생각은 여성의 일상을 몰라서 하는 얘기라는 것이다.

그런데 "그럼 만나서 얘기하면 되지." 하는 내 말에 대한 아내의 대답이 더 걸작이다. "추운데 아이 데리고 이 교통지옥 속에 비싼 차비 들여가면서 여자들이 나오기가 쉬운가." 그러면서 아내는 여자들의 일상이 무겁게 다가올 때 전화통화가 얼마나 '경제적'인가에 대해 보따리를 풀어놓기 시작했다.

신문 한 장 제대로 보기 어려운 바쁜 일상, 반복적인 가사일에서 아이와 부대끼는 것을 빼고는 이웃과의 교류도 쉽지 않은 이 도시적인 삶 속에서 전화는 여자들이 자기 이야기를 마음 맞는 벗에게 털어놓는 유일한 발언대라는 것이다. 그러면서 아내는 몇 년 째 가끔 전화통화만으로 우정을 확인하는 몇몇 친구들이 있다는 충격적인 예도 덧붙였다.

나는 이 수다라고만은 할 수 없는 내 아내의 이야기를 들으면서 여자들의 철저한 '계산속'이 눈물겹게 다가왔다. 동시에 물가에 주름져가는 장바구니와 교통지옥, 콘크리트 벽 속에 갇힌 채 전화에 매달린 주부의 뒷모습이 빠르게 뒤섞여 지나갔다.

시대적 거리 따져보기

앞선 〈예시〉(최정현, 〈여자들의 수다〉)는 1990년대 부부의 일상을 소재로 한 글이다. 이 글을 읽고 오늘날의 상황과 얼마나 같고 다른지 시대적 거리를 따져보자. 그 때 그 시절과 오늘날을 비교하여, 같은 것과 달라진 것을 꼼꼼히 체크해보면서 시대적 거리를 구체적으로 살펴보자.

다음은 수업성원들이 제시한 의견을 모아놓은 것이다. 찬찬히 살펴보고, 강력하게 동의하고 싶은 부분을 찾아 동의의 근거를 설명해보자. 선뜻 동의하기 어려운 부분이 있다면, 마찬가지로 왜 그런지 자신의 생각을 이야기해보자.

예시 2 **시대적 거리를 따져본 결과**

여전하구나~ 하는 부분	• 남자들이 여자들의 수다를 이해하지 못하는 것처럼 여자들도 남자들의 수다를 이해하지 못하는 부분이 있기는 하다. • 바쁜 현대사회에서는 예나 지금이나 얼굴을 마주보며 대화를 나누는 것보다 비대면으로 소통하는 방식이 금보다 비싼 시간을 최대한 아낄 수 있는 '경제적'인 방법이 된다. • 교통지옥, 이웃과의 소통 감소, 친구를 만날 여유 없음은 예나 지금이나 여전하다는 생각이 든다. • '맘충'이라는 신조어도 있고, 아이 동반 불가인 카페나 음식점들이 늘어나는 것을 보면 주부들이 아이들을 데리고 모이기는 쉽지 않은 현실이겠구나 싶다.
달라졌구나~ 하는 부분	• SNS의 발달로 소통의 다양성, 편리성이 증가하여 굳이 전화만이 아니더라도 소통을 할 수 있는 수단이 많이 늘어났고, 요즘은 전화보다 SNS로 더 연락을 많이 하고, 일상을 공유하는 것 같다. • 예전에는 아이를 데리고 외출하면 교통지옥을 겪는 것이 당연했겠지만, 요즘에는 약자를 우대하는 문화가 있고 사람들의 인식도 변화해서 아이를 데리고 외출하는 것이 이전보다는 수월해졌다고 생각한다. • "일상이 무겁게 다가올 때 전화통화가 얼마나 '경제적'인가를 생각한다"는 표현에서, 경제적인 마인드에 대한 시대적 거리를 생각해보게 된다.
잘 모르겠네~ 하는 부분	• 전화 통화만으로 우정을 확인하는 것이 과연 가능할까 싶다. • "아내가 전화를 걸어온 상대방이 '바쁜 줄은 알지만 이 얘기만은 꼭 해야겠다'고 하는데 어떻게 매정하게 전화를 끊어버리느냐는 것이고"라는 부분은 개개인의 성격차일 뿐, 시대적 거리와는 크게 관련이 없는 듯하다.

잘 모르겠네~ 하는 부분	• 현재 가사 노동에 대한 사회적 분위기에서 남성을 완전 배제하는 분위기는 거의 없어졌기 때문에 남성이 가사 노동을 하는 것을 목격할 수는 있지만, 그럼에도 불구하고 대부분의 가정에서는 여성이 가사 노동을 도맡아 하기 때문에 그때와 지금이 완전히 똑같지도, 다르지도 않은 것 같다. • 직접 겪지 않아 90년대의 경제적인 상황에 대한 감이 없다.

이제, 내가 다시 쓴다면 어떤 식으로 한 편의 글을 쓰고 싶은지 자유롭게 구상메모를 남겨보자. 오늘날의 상황이라면 어떤 식으로 변용될지 여러 가지 아이디어를 내고 서로 의견을 교환해보자. 다음은 수업성원들의 구상 작업을 간략하게 정리해본 것이다. 차분히 살펴보고, 좀 더 발전시킬 만한 부분이 있으면 의견을 교환해보자.

예시 3 내가 다시 쓴다면?

제목	구상메모
어떤 외출	아내는 아이를 데리고 나가면 자리를 양보해 주는 몇몇 사람들이 있지만 그럼에도 교통지옥을 이겨내기는 어려운 편이라고 말하였고, 간신히 도착을 하면 얼른 집에 가자고 보채는 아이 때문에 친구와 대화의 끝을 맺은 적이 없다고 한다.
폰의 진화	현재 비대면 소통 방식의 선택지가 넓어졌기 때문에 전화하는 장면을 SNS로 소통하는 장면 혹은 인터넷 화상 통화 장면으로 대체하는 것이 지금의 시대상에 보다 더 잘 어울릴 것 같다.

2-2 상상력 발휘의 필요성

대학시절 읽기와 쓰기 연습의 외연을 확장하기 위해서는 상상력의 발휘도 중요하다. 상상력을 발휘하면서 자신의 개성을 담은 글쓰기를 할 수 있어야 하기 때문이다. 이런 맥락에서 이어지는 〈예시〉들을 살펴보자.

예시 1 **제목: 슬로비족**

슬로비족(slobbie族)은 '천천히 그러나 더 훌륭하게 일하는 사람'을 뜻하는 영어 'slow but better working people'의 줄임말이다. 현대 사회의 변화 속도를 따라가기보다는 주체성을 가지고 느긋하게 삶의 여유를 즐길 것을 주장하는 사람들을 가리키는 말이다.

슬로비족은 1990년 오스트리아에서 시작된 시간 늦추기 모임에서 유래된 것으로 알려지고 있다. 슬로비족들은 되도록 이직을 하지 않고, 위험 부담이 높은 주식투자 대신 저축을 하며 사회적 성취보다 가정생활을 중시하는 경향을 보인다. 슬로비족들은 높은 연봉을 받는 출세 지향적 성향의 사람들보다 뛰어난 능력을 갖추고 있는 경우에도 자신의 삶을 주체적으로 즐기기 위해 상대적으로 낮은 소득을 기꺼이 감수한다.[1]

〈예시 1〉은 사전적 정의만을 간략하게 제시하는 선에서 오로지 슬로비족에 대한 설명만으로 일관되어 있다. 간결하게 쓰인 〈예시 1〉은 그래서 슬로비족에 대한 정보를 획득하는 목적에 충실한 글이라고 평가할 수 있다.

다음의 〈예시〉도 슬로비족을 소재로 한 글이다. 앞선 〈예시〉와 어떻게 달라지고 있는지 차분히 살펴보자.

예시 2 **제목: 찰나족 vs 슬로비족**

디지털 기기의 발전 속도가 날이 갈수록 빨라지고 있다. 아이폰 등 스마트폰이 확산된 지 얼마 안 돼 아이패드까지 등장해 소비자들을 유혹하고 있다. 스마트폰도 미처 제대로 활용하지 못하고 있는데 새로 출시된 기기가 생활을 바꿀 것이라는 말에 마음이 흔들린다. 태블릿 PC와 넷북, 전자책 등도 연일 신제품이 쏟아지고 있다. 얼리 어댑터를 자처하는 이들도 변화의 속도를 따라가기 힘들 정도다.

하지만 아무리 변화의 속도가 빨라도 여기에 적응하는 이들이 있기 마련이다. 새로운 휴대용 디지털 기기로 무장하고 이를 최대한 활용하는 사람들이 있다는 얘기다. 네티즌들은 이들을 '찰나족'이라고 부른다. 이 신조어는 최소 시간 단위로 변해가는 디지털 환경에 발 빠르게 적응한다는 의미를 담고 있다. 과거의 얼리 어댑터와는 또 다른 '디지털 신인류'인 셈이다.

---

1 이 글은 네이버 지식백과에서 슬로비족을 검색하여 얻은 것으로, 김기란·최기호가 쓴 《대중문화사전》(2009)의 내용이다.

최근의 찰나족은 스마트폰의 다양한 애플리케이션을 최대한 활용하는 것은 물론 아이패드의 넓은 화면으로 독서와 웹 서핑 정도는 즐겨 줘야 한다. 이 또한 언제 바뀔지 모른다. 찰나족이라는 말에는 빠른 변화에 적응한다는 의미 외에도 디지털 기기의 사용기간이 찰나에 불과하다는 의미도 반영돼 있다. 찰나족들은 새로운 기기가 나오면 남들보다 먼저 이를 사용하는 데 혈안이 된다.

여기서 나온 말이 '업글병'이다. 신제품이 나올 때마다 성능이 더 좋은 제품을 사고 싶은 찰나족의 기본자세가 병의 수준으로 발전된 경우다. 얼마 전 스마트폰을 장만해 새로운 기능에 흠뻑 빠져 있다가 새로운 버전의 등장에 통장 잔고부터 확인한다면 분명 업글병에 걸린 것이다. 벌이가 충분하지 않은데 업글병에 걸렸다면 '헝그리 어댑터'의 길을 택할 수밖에 없다. 이는 디지털 기기를 구매해 잠시 사용한 뒤 팔고, 그 돈으로 새로운 디지털 기기 구매에 필요한 자금을 조달하는 이들을 말한다.

반면 이 같은 변화에 무심한 사람들도 있다. 아무리 세상이 빠르게 변하고 있다고 수선을 피워도 이들은 아랑곳하지 않는다. 네티즌들은 이런 사람들을 '슬로비족'이라고 부른다. '천천히 그러나 더 훌륭하게 일하는 사람(Slow but better working people)'을 줄인 말이다.

이들은 정보화시대의 속도 전쟁과 관계없이 자신의 할 일을 해나가는 사람들이다. 변화에 민감한 찰나족과 달리 슬로비족은 변화를 관망하며 자신의 역할에 매진한다는 얘기다. 이들에게 중요한 것은 새로운 기기가 아니다. 비록 빠르게 변하는 시대에 대응하지 못하고 있다는 지적을 받을지라도 그 변화를 읽는 '철학'이 중요하다고 슬로비족들은 항변한다.

너도나도 스마트폰을 장만했지만 이를 제대로 활용하는 이들이 많지 않은 현실에 슬로비족들은 혀를 끌끌 차기도 한다. 하지만 지나치게 슬로비족만을 고집하다보면 변화의 실체조차 파악하지 못하는 '뒷방 노인'이 되기 십상이다. 찰나족의 기지와 슬로비족의 진중함이 필요한 셈이다.[2]

<예시 2>의 경우에도 슬로비족에 대한 기본 정보를 활용하여 한 편의 글로 만들고 있는데, 어떤 요소들이 추가되었는지도 구체적으로 따져보자. <예시 2>는 찰나족과 대비되는 슬로비족의 특징을 부각시키고 있는데, 찰나족과 슬로비족의 비교 작업을 통해 글쓴이가 말하고자 하는 주제의식이 훨씬 더 명확해지고 있다. 이 글은 독자들에게 친숙할 만한 물건인 디지털 기기를 언급하며 변화의 속도가 너무 빠름을 주장하며 글을 시작하고 있다. 찰나족의 기본자세가 과거의 얼리 어댑터와 어떻게 다른지에 대한 설명과 또 이것이 병적

2 김철현이 쓴 글로, 《아시아경제》 2010년 4월 21일자에 수록된 글이다.

으로 심해진 상태인 업글병의 심각성에 관해 이야기하며 디지털 기기의 발전 속도를 따라가려 하는 사람들의 이야기를 하고 있다. 이와 반대인 슬로비족에 대해서도 단순히 장점만을 나열하는 것이 아니라 지나치게 고집할 경우 발생할 수 있는 문제점에 관해 이야기하면서 독자들에게 슬로비족에 대한 다양한 관점들을 경험하게 해준다. 이렇게 찰나족(빠름)과 슬로비족(느림)의 특징을 비교 대조하되, 중요한 것은 둘 사이의 균형이라고 주장한다.

앞선 〈예시〉들은 모두 슬로비족에 대한 정의를 토대로 만들어진 글이다. 〈예시 1〉이 슬로비족의 특징과 유래에 대한 설명을 간략히 하고 있다면, 〈예시 2〉는 기본 정보를 알아가는 것에 더해 글을 읽어가며 사색하는 재미도 주고 있다.

이렇게 글쓰기의 출발점에서 우리가 고민할 부분은 어떤 내용을 어느 정도로 쓸 것인지 글의 목적에 부합되게 결정하는 일이 된다. 곧 어떤 생각과 지식과 경험과 의도를 추가하느냐에 따라 글쓰기의 분량도 달라지고 내용의 풍부성도 달라지기 때문이다. 이 과정에서 필요한 것이 바로 상상력의 발휘이다.

상상력을 발휘하려면

앞서 〈예시〉들을 찬찬히 검토하면서, 슬로비족에 대한 기본 정보를 어떻게 활용하여 한 편의 글로 만들고 있는지 살펴보았다. 이제 내가 다시 쓴다면 슬로비족을 출발점으로 어떤 개성적인 글쓰기를 할 수 있을지 자유롭게 구상 작업을 해보자.

다음의 〈예시〉는 내가 다시 쓴다면 어떤 글이 가능할지 구상 작업을 한 결과들이다. 살펴보고, 자유롭게 소감을 남겨보자.

예시 3 내가 다시 쓴다면?

제목	구상메모
가치의 균형	• 코로나 19로 많은 것들이 빠른 속도로 '디지털화'로 변화되는 요즘, 과연 적응할 만한지 독자에게 물어보는 식으로 글을 시작한다. • '변화하는 시대에 빠르게 적응하는 게 좋다'라는 주장과 찰나족을 소개한다. 이 주장에 가치중립적으로 다가가되 사회적 위계에서 떨어지지 않으려면 변화해야 한다는 의미가 숨어 있을 것이라 해석한다. • 반면, 사회적 위계라는 울타리를 벗어나 살려는 사람들이 있을 것이며, 슬로비족의 유래와 특징 등을 언급한다. • 결국 빠름과 느림 사이의 가치적 균형이 중요함을 강조하면서, 직접적으로 독자에게 성찰을 유도하는 식으로 마무리한다.
시간 사용법	• 슬로비족에 관한 글을 우연히 읽는 사람도 있겠지만 일부러 찾아 읽는 사람도 분명히 존재할 것이다. 그들이 알고 싶어 하는 것은 무엇일까? 아마도 그들보다 먼저 이러한 변화들에 구애받지 않고 살아가는 슬로비족들이 슬로비 운동을 시작하게 된 계기와 그로 인해 달라진 삶의 변화, 인생의 의미 등 그 사람들의 삶을 간접적으로 경험하기를 원할 것이다. • 따라서 나라면 현재 슬로비족의 삶을 살아가고 있는 사람들을 인터뷰하여 본인들이 느낀 슬로비 운동의 장점이나 단점을 글로 적을 것이다. 또한, 세상과 너무 단절되지 않으면서도 자신의 시간을 만들어 내는 방법이 무엇인지에 관해서 생각하고 구체화하여 사람들에게 슬로비족으로 사는 사용설명서와 같은 글을 적어보고 싶다.

글쓰기의 효율성을 높이고 좀 더 체계적인 글쓰기를 하기 위해서는 단지 사전적 정의만을 간략하게 제시하는 선을 넘어서는 것이 필요하다. 좋은 글을 쓰기 위해서는 삶의 현장에 대한 현실감각을 익히고 다양한 주제에 대해 사고하고 체험하는 경험치가 중요하기 때문이다. 여기에 더해 명쾌한 표현력을 발휘할 수 있는 기회를 갖는다면, 우리가 원하는 바를 성취하는 데 큰 도움이 될 것이다.

그러자면 보다 많은 것을 읽고 듣고 생각하면서 견문을 넓히는 과정이 필요하다. 다양하고 깊이 있는 독서와 체험을 통해 경험과 사고의 폭을 넓히는 자세가 요구된다. 이렇게 간접체험을 쌓는 과정이야말로 우리의 통찰력과 상상력을 발휘하는 과정이 되는 것이다. 다양한 독서를 통해 그동안 미처 깨닫지 못했던 문제를 발견하고 숙고할 수 있는 시간을 가지면서, 자신이 놓여있는 세계와 역사, 현실에 대해 지식을 풍부히 하려는 노력도 게을리 하지 말아야 할 것이다.

1 연습해볼까요?

1. 다음에 제시한 단어를 보고 시대적 거리를 따져보는 작업을 해보자.

	과거	현재	미래
개/고양이			
돈			
착하다			
3D 업종			
노총각/노처녀			
대학생			

2. 위에서 제시한 소재 중 하나를 선택하여, 해당 소재를 다룬 글을 찾아 꼼꼼히 살펴보자. 그리고 해당 글의 작성 시점을 참고하여, 그 때 그 시절과 오늘날의 현재 상황을 대비하면서 시대적 거리를 따져보는 작업을 진행해보자.

선택 글의 기본정보	제목	
	출처	
시대적 거리 따지기	여전하구나~하는 부분	
	달라졌구나~하는 부분	
	잘 모르겠네~하는 부분	
내가 다시 쓴다면		

3장

좋은 글/나쁜 글에 대한 성찰

1. 글쓰기에 대한 성찰

시인 김수영은 글쓰기는 머리나 심장으로 하는 것이 아니라, 몸으로 하는 것이고, 그것도 온몸으로 동시에 밀고 나가는 것이라 표현하였다. 이는 자신이 겪은 체험과 지식의 총량을 가지고 삶 전체를 밀고 나가는 것과 같은 노력과 집중이 필요함을 비유한 것이라 생각한다. 이렇게 좋은 글은 재주가 뛰어나다고 해서 쉽게 쓸 수 있는 것이 아니다. 시인이나 작가가 아니더라도 한 편의 글을 쓸 때 이런 혼신의 노력을 지불하지 않고서는 좋은 글을 쓸 수 없을 것임을 우리도 경험을 통해 알고 있기 때문이다.

흔히 좋은 글을 쓰기 위해서는 많이 읽고, 많이 쓰고, 많이 생각하는 것이 중요하다고 한다. 이는 글쓰기에 필요한 것이 다름 아닌 '사물에 대한 의식과 감각 → 성찰과 사고하는 태도 → 거기에서 연유되는 그때의 판단과 견해'로 이어지는 정신 활동의 습관이기 때문이다. 그러므로 열심히 보고 듣고 읽고 생각하는 태도는 글쓰기를 잘 하기 위한 기본토양이라 할 수 있다.

이런 맥락에서 글쓰기 훈련의 주체적인 첫걸음으로 추천하고 싶은 작업이 바로 좋은 글/나쁜 글에 대한 성찰의 시간을 갖는 일이다. 글쓰기를 잘 한다는 것은 결국 좋은 글good writing의 완성 작업을 의미하는데, 과연 좋은 글은 어떤 글인지, 좋은 글이 갖추어야 할 조건은 무엇인지에 대하여 자기만의 성찰 작업을 해보는 것이 필요하기 때문이다.

좋은 글이란

'좋은 글'이란 무엇인지 관련된 용어를 찾아 사전적 정의를 정리해보자.

예시 1

명문(名文)	매우 잘 지은 글. * 예: 일세의 명문 '삼일 선언문'은 그 시대의 선구적인 문장이었다.
명문(明文)	뚜렷하게 규정된 문구나 조문. * 예: 그 법은 명문으로 공무원이 국회에 대하여 청원할 수 있는 권리를 보장하고 있다.
미문(美文)	말을 잘 골라 쓰고 표현이 좋아서 즐겁게 읽을 수 있는 글. * 예: 그 소설은 문장이 너무 미문이어서 참담한 현실이 가려질 정도라는 평을 받았다.

사전적 정의대로라면 좋은 글은 매우 잘 지은 글이나 명확한 글, 또는 표현력이 좋거나 재미있게 읽을 수 있는 글이라 생각하면 될 것 같은데, 이렇게 간단한 정리가 오히려 글쓰기의 실제 상황에서는 적용하기가 막연하고 막막해서 당황스럽기도 하다. 이어지는 부분에서 좋은 글의 요건을 완성도와 타당성, 개성과 감동의 측면으로 나누어 정리하는 이유가 바로 이것 때문이다.

좋은 글을 쓰기 위해서는 적절한 훈련이 필요하다. 내용과 형식의 측면에서 좋은 글쓰기가 공통적으로 갖추어야 할 기본적 요소가 있으며, 이러한 요소들을 명확히 알지 못하면 실제적인 쓰기에서 결코 만족스런 결과를 내지 못할 것이기 때문이다. 이러한 부분에 대한 훈련 내용과 방법은 그동안의 글쓰기 교육 과정을 통해 반복적으로 학습이 되었을 것이라 생각한다.

우리가 읽은 책들을 돌아보고 좋은 글의 요건을 갖추고 있는지 돌아보는 시간을 가져보기로 하자. 예를 들어, 최근 읽은 책 중에서 마음에 드는 한 부분을 찾아 수업성원들에게 소개하는 시간을 가져보는 것이다. 이러한 활동을 통해 막연하게 느꼈던 감동이나 재미, 흥미로움이나 강렬한 인상 등의 감상 작업을 좋은 글의 요건으로 세분화시켜 분석해볼 수도 있게 될 것이라 기대한다.

다음은 수업성원들이 이러한 작업을 수행한 결과를 정리한 것이다. 차분히 살펴보면서, 어떤 감상 작업을 보여주고 있는지 같이 헤아려보기로 하자.

예시 2

이 책은 '남들보다 더 나은 직업을 가져야 해.' '돈 관리를 잘 해야 부끄럽지 않게 살 수 있어.' '내 주변 사람들보다는 돈을 잘 벌어야지' 라고 매일같이 되뇌던 나에게 마음의 평화와 안식을 주었다. 항상 남들과 비교하며 살아가던 나는 이런 모습을 고치려고 여러 글을 읽고 생각도 해보았는데, 이 책이 쉽고 간단하게 해결해주었다.

특히 "우리가 이웃보다 못해 걱정할 수도 있지만, 그들은 나름대로 누군가보다 못해 걱정하고, 누군가는 또 다른 누군가보다 못해 걱정한다."라는 부분을 인상 깊게 읽었다. 아무리 많은 돈을 벌어도 남과 비교하면 행복할 수 없으니, 조금 벌더라도 비교하는 삶은 살지 말자고 다짐하게 되었다.

예시 3

수해로 인해 잠긴 마을에 혼자 남겨진 주인공의 심정과 아무 것도 할 수 없는 절망적인 상황이 잘 드러나는 부분이 마음에 들었다. 어떠한 재난도 겪어본 적이 없는 나임에도 불구하고, 소설 속 이 장면이 생생하게 그려졌기 때문이다.

주인공은 아버지를 포함한 주민들이 모두 죽고 함께 살던 어머니마저 스스로 목숨을 끊은 뒤 홀로 생존을 위해 밖으로 나왔지만 결국 희망이 전혀 보이지 않는 상황에 놓인다. 이러한 현실을 두고 주인공 스스로 '방주가 아니라 형틀'이라고 표현하는데, 나에게는 이러한 비유가 아주 인상적이었다.

특히 주인공이 처한 상황의 세부적인 부분을 하나씩 묘사하여 글의 짜임새가 좋고, 뻔하게 느껴졌을 수도 있었을 부분을 마치~, ~처럼 등 적절한 비유를 사용해 독자로서 생각할 여지를 주고 있는 점이 좋다고 느껴졌다.

나쁜 글이란

그렇다면, 역으로 나쁜 글bad writing, 좋지 않은 글은 어떤 것인지에 대해서도 생각해볼 필요가 있다. 좋은 글의 요건이 아주 세심하게 나누어지는 것과 대조적으로 좋지 않은 글이라고 할 때 연상되는 조건들은 의외로 심플한 편이다. 좋은 글의 요건을 충족하지 못하면 좋지 않은 글이 되기 때문이다.

그래서 우리가 연습해볼 사항은 아마도 한 편의 글을 읽었을 때, "별로구나"라는 반응이 나올 때를 세심하게 살피는 것이 필요하다. 다음의 〈예시〉를 참고하여, 내가 생각하는 나쁜 글의 조건을 이야기해보자.

예시 4 나쁜 글이란?

① 이번에는 나쁜 글의 조건을 찾아가는 대화를 나눠볼까? 내가 읽은 글 중에 별로네, 아쉽네, 왜 이렇게 썼지 싶은 반응은 어떨 때 나왔는지 한 가지씩 말해보자.

② 다 읽었는데, 무엇을 썼는지 알 수 없었을 때야. 많이 황당했지!

③ 맞아, 나도 그런 경험이 있는데, 글쓴이가 하고 싶은 말이 무엇인지 갈피를 잡을 수 없도록 썼을 때도 비슷한 느낌을 받았어. 정성이 담기지 않고 아무렇게나 써버린 글이라는 느낌도 들었어. 너무 성의가 없는 글은 오타도 많고 문맥도 안 맞고 정말 시간낭비라는 생각에 엄청 후회했거든.

④ 그리고, 알 수는 있어도 재미가 없으면, 별로라는 생각이 들더라. 누구나 다 알고 있는 것을 알고 있는 그대로만 쓴 글도 재미가 없지. 이런 글일수록 자기 생각은 없고, 남의 생각이나 행동을 적당히 가져와서 정리해놓았다고나 할까?

⑤ 그건 아마도 불가피한 사정으로 어쩔 수 없이 마음에도 없는 것을 쓴 게 아닐까? 마치 과제를 위해 의무적으로 쓴 것처럼 말이야. 이런 글일수록 우리가 쉽게 쓰지 않는 어려운 용어나 표현을 많이 섞어 쓰는 것 같지?

⑥ 아참, 사실이 아닌 거짓을 쓴 글은 당연히 나쁜 글이 되겠지? 생활이 없는 글, 곧 머리로 꾸며 만든 글도 그렇고.

⑦ 읽어서 얻을 만한 내용이 없으면 내 입장에서는 별로라고 생각해.

⑧ 그런데, 아주 멋지게 썼구나 싶어서 이 사람은 글재주가 있네 부러운 마음도 들었는데, 마음에 느껴지는 것은 없는 글도 있더라.

⑨ 맞아. 인기작가의 책이라고 해서 기대를 갖고 읽었는데, 다 읽고 나서 나만 이렇게 느끼나 싶으면 왠지 기분이 안 좋아.

2. 좋은 글의 조건

이제, 좋은 글의 조건을 우리 나름대로 정리해보자. 이어지는 <예시>들은 여러 사람들이 여러 교재에서 공통적으로 이야기하는 것들을 추려낸 것들인데, 이것을 이제는 나만의 조건으로 재정리하고 매번의 글쓰기 연습마다 체크해보는 습관을 가져야 할 것이다.

2-1 완성도의 측면

좋은 글은 한 편의 글로 완성도가 높아야 한다. 글의 완성도란 주제를 담은 부분과 이를 뒷받침해 주는 내용을 담은 부분이 긴밀하게 결합하여 글을 완성시키는 성질을 가리킨다. 글의 완성도는 작게는 문장에서 나아가서는 문단과 한 편의 글 전체에서 요청되는 특성이다. 완성도와 관련하여 세부적인 요건을 정리하면 다음과 같다.

▣ 체계성

체계성을 갖추려면 글의 짜임새가 있어야 한다. 구상작업을 토대로 밑그림을 잘 준비한 글은 전체 구조가 드러나고 안정감이 있게 마련이다.

글의 구조는 그 글을 쓰는 동안 전개되었던 사유의 과정을 대변하므로 일목요연하게 일정한 단계를 이루면서 주제를 전달하는 구성이 되는 것이 좋다. 글의 주제와 내용의 일관성, 글의 분위기에 어울리는 문체 사용, 문맥의 흐름이 자연스럽게 이어지는지 등도 세심하게 살피는 것이 필요하다.

▣ 충실성

충실성이란 글의 내용이 알차고 밀도 있는 것을 의미한다. 알맹이 있는 내용을 담고 있어야 한다. 아무리 짧은 글이라도 내용이 충실한 글은 글의 초점이 분명하게 드러나서 좋은 글로 인정받게 된다.

부질없이 길기만 하고 내용이 공허하거나 무의미한 것은 좋은 글이 아니다. 좋은 글에는 '어떻게'에 못지않게 '무엇'이 중요하다. 쓸 만한 내용이 없으면 차라리 어떻게 글의 끝을 맺을지를 고민해보자.

▣ 명료성

전달하고자 하는 의미를 얼마나 명확하게 드러내고 있는가 하는 것도 좋은 글의 요건이 된다. 무엇을 쓰고 있는가를 분명히 알 수 있도록 '핵심'이 있는 글이어야 한다.

그러기 위해서는 우선 간결하고 정확하게 써야 한다. 그래야 의미의 모호성도 피하고 뜻을 명확하게 전달할 수 있다. 난해한 글이 되지 않도록 문장 및 표현 방식, 문단 구성 및 주제 전달력의 측면에서 여러 가지를 세심하게 신경 쓰는 것이 필요하다.

2-2 타당성의 측면

글의 목적, 독자의 인식, 글쓴이의 시점 등이 서로 잘 들어맞을 수 있는지 여부를 묻는 타당성도 좋은 글이 지녀야 할 요건이라고 할 수 있다. 타당성과 관련하여 세부적인 요건을 정리하면 다음과 같다.

▣ 근거 제시의 명확성

좋은 글은 전달력과 설득력이 있어야 하고, 문법적인 규칙을 지키는 것뿐만 아니라 문맥상 타당성을 갖추는 것도 중요하다. 이를 위해 근거 제시를 명확하게 하는 것이 필요하다. 예를 들어, 기본적인 통계감각을 발휘하여 글쓰기를 하게 되면 타당성을 높일 수 있다. 자신의 입장을 개진하는 글쓰기에서 기본적인 통계작업을 근거로 제시하게 되면 설득력이 높아질 수 있다. 따라서 해당주제와 관련하여 중요한 사회 이슈의 퍼센트와 비율은 알아두는 게 좋다.

어떤 결정을 내려야 하는 때조차도 다른 사람의 삶과 관련되어 있는 경우가 적지 않기 때문에 논리적으로 사고하고 그 과정에 실수나 오류가 없는지를 밝혀내는 능력은 반드시 필요하다. 예를 들어, 어느 특정 집단이나 사람을 비하하거나 자극시키는 방법은 자제하는 것이 좋다. 노골적인 직접적 반응을 유도하는 글쓰기는 타당성을 얻기가 어렵기 때문이다.

경제성의 측면

가장 작은 노력으로 가장 큰 효과를 얻으려는 경제성의 원리는 글쓰기에도 적용된다. 효율성을 높이는 글쓰기가 되려면 의미의 전달에 불필요한 표현을 삭제하고 필요한 말을 필요한 만큼 사용하여 필요한 만큼의 길이에서 끝내야 한다.

글의 경제성을 살리려면 동어반복을 피하고 불필요한 단어나 구절, 수식어 등을 과감히 버릴 줄 알아야 한다. 최소한의 표현으로, 부연하거나 장황하게 늘어놓지 않는 것이 경제성을 살리는 첫걸음이다.

기교의 발휘

기교에 치우쳐 내용이 부실한 글은 바람직하지 않다. 글은 무조건 아름답고 화려하게 꾸며 써야 한다는 생각을 가지고 있는 글 역시 진정성을 담기가 어려워진다. 어떤 글이든 보통 사람들이 이해할 수 없는 글을 쓴다는 것은 유식하게 보이려고 일부러 어렵게 쓴 것이거나 좋은 글의 요건에 대한 성찰이 부족하기 때문이다. 누구나 알기 쉽게 쓴 글이 진짜 글이다. 괜히 보통사람들이 이해할 수 없도록 어려운 말을 넣어서 쓰거나, 말장난을 해서 고상하게 보이려고 한 글은 좋지 않다.

하지만, 적절한 기교나 방법은 좋은 글의 필요조건이 되기도 한다. 이러한 글의 기법들을 통해 글의 효능이 높아지기도 하고, 구체화되기도 하기 때문이다. 따라서 글의 성격이나 목적에 적합한 기교를 적절히 발휘할 수 있어야 한다. 예를 들어, 논리적인 글쓰기를 위해서는 주제를 명료하게 밝혀주는 기법들을 고민해야 하고, 문학적인 글쓰기에서는 보다 풍부하게 표현력이 발휘되도록 신경 쓰는 게 필요하다.

2-3 개성과 감동의 측면

좋은 글이라면 어느 글과 다른 개성이 엿보여야 하고, 다 읽고 나서 글의 여운을 되새기게 하는 감동의 여지가 있어야 한다. 누구나 다 알고 있는 일을 알고 있는 그대로 쓰면 너무도 뻔한 글이 되어버린다. 그래서 좋은 글은 읽을수록 글맛이 나는 글이라고 할 수 있고, 이러한 글맛은 개성과 감동의 측면으로 연결된다. 글의 바탕에서 느껴지는 글쓴이에 대한 느낌이 좋을 때, 독자 입장에서는 이런 반응을 보이게 되기 때문이다. 세부적인 요건을 정리하면 다음과 같다.

▣ 자기다움

진솔한 삶의 체험을 바탕으로 하는 글에서 감동을 받게 된다. 체험에서 우러나온 글은 억지로 쓴 글이 아니라 쓰지 않고는 못 견뎌서 쓰고 싶은 마음이 철철 넘쳐서 쓴 글이다. 또 그런 마음으로 글을 쓰면 정성껏 쓰기 마련인데 그런 정성이 담겨 있는 글이 좋은 글이 되어 독자에게 감동을 주게 된다. 자기다운 글을 정성들여 쓰는 것은 글쓴이의 삶의 태도가 얼마나 진지하며 성실한가를 간접적으로 보여주는 지표가 되기도 한다.

자기다움은 자연스러움과도 통하기도 하는데, 쉽게 말하여 '가식이 없음'이다. 억지로 꾸며 돋보이려 할 때, 그것은 부자연스럽고 사실이 아닌 가짜라는 것이 금방 드러난다. 자기가 겪은 대로, 자기가 생각하고 느낀 대로 쉬운 말로 써서 알맹이가 또렷이 나타나 있어야 한다. 글쓰기에 미숙하고 솔직하지 못한 사람은 자신의 글이 아닌 설익은 문장으로 자기의 교양 있음, 유식함을 과시하고 허세를 부리게 된다.

참신성

참신성은 인간과 세계에 대한 개성적 통찰로 자기만의 특성을 보여주는 개성적인 측면을 의미한다. 좋은 글이 되기 위해서는 글의 표현은 물론 그 내용도 참신하고 창조적이어야 한다.

글쓰기에서 새로움이란 소재, 제재, 주제, 표현 방법이나 문체 등 다양한 방면에서 나타날 수 있다. 창의력이 있는 글은 소재만 특이한 것이라기보다는 일반적인 것들 가운데 새로운 시각을 보여주는 것이다. 개성 있는 사고로 자기만의 색깔이 묻어나는 글에서 새로움을 느낄 수도 있지 않을까?

인상적인 여운

글이란 누군가에게 보여주기 위해 쓰는 것만은 아니지만, 어떤 글이든 다른 사람의 흥미를 끌지 못해서 잘 읽히지 않는다면 효율성이 떨어지게 될 것이다. 인상적인 표현이나 각인되는 지점이 있으면, 나름대로 글맛이 살아나게 된다. 제목은 그 글의 이름이나 다름없어서, 인상적인 제목이 있는 글도 두고두고 기억하게 된다.

글을 읽는 재미가 있는 글 역시 독자에게는 읽을 맛이 나는 인상적인 글로 기억된다. 좋은 글은 겉보기에는 조금 서툴러 보여도 다른 사람의 마음을 찡하게 울려서 '아, 그렇지!' 하는 감탄사가 저절로 나오는 여운이 있어야 한다.

1 연습해볼까요?

1. 자신이 읽은 책에서 마음에 드는 한 부분을 골라 소개하는 시간을 가져보기로 하자.
2. 해당 부분의 감상을 좋은 글의 요건과 연결시켜 좀 더 구체적으로 밝혀보자.

내 마음에 드는 글	
내 마음에 든 이유	
좋은 글의 요건과 연결시킨다면?	

2부

독서비평 글쓰기의 세계와 기본기 확장

좋은 글을 쓴다는 것은 좋은 글을 읽고 생각하는 토양 위에서 가능하다. 이제 2부에서 다룰 이야기는 바로 독서에 관한 것으로, 기본적으로 공유하고 싶은 문제의식이 있다. 그 하나는 우리들의 독서 환경에 대한 반성적 고찰을 시도하여 우리 나름대로 유익하고 주체적인 독서 환경을 만들어보자는 것이다. 다른 하나는 책읽기의 효율성을 높이는 다양한 방법들을 살펴보고, 보다 체계적이면서도 창의적인 독서법을 실천하되 대학생의 읽기/쓰기 연습을 확장하는 단계로 연결시켜보자는 것이다.

글쓰기 연습은 읽기 연습과 분리하기보다는 통합하였을 때 훨씬 효율적임은 누구나 알고 있다. 다만, 어떤 방식으로 읽기/쓰기 연습을 통합적으로 운용할지 신중한 고민이 필요하고, 효과적으로 운용되어 성과를 보이기까지 지속적인 시간 투자와 관리가 요청된다. 독서비평 글쓰기의 세계를 들여다보고 기본기를 확장하는 연습을 다양하게 시도하면서, 책읽기를 중심으로 우리 삶과 문화를 돌아보는 시간을 갖고 좋은 책이란 무엇이며, 좋은 문화란 무엇인지 소박하게나마 자기 나름의 답을 찾을 수 있기를 소망한다.

1장

독서이력서로 워밍업하기

1. 독서이력서를 주목하는 이유

이 장에서는 책읽기와 관련하여 다양한 지점을 돌아보며 우리의 독서 환경을 재정비할 수 있는 구체적인 활동으로 '독서이력서'라고 이름붙인 성찰적 작업을 주목하고자 한다. 독서이력서라 이름 붙인 작업은 우리가 흔히 이력서를 쓰며 자신의 경력 등 이력사항을 돌아보는 것처럼 자신의 독서 경험을 돌아보며 정리해보는 작업이라 할 수 있다.

이러한 작업을 우선적으로 주목하는 이유는 이를 통해 우리의 독서 환경을 잠시라도 돌아볼 수 있는 여유를 찾을 수 있기 때문이다. 자신의 독서 경험을 소소하게라도 돌아보며 어떤 책을 어떻게 왜 언제 읽었는지를 떠올리게 될 것이고, 이렇게 자신의 독서 인생을 돌아보고 사색하는 시간을 통해 진정으로 필요한 것이 무엇인지에 대하여 자기 나름의 독서 이정표를 세울 수도 있으리라 기대한다.

1-1 독서의 동기에 대하여

▣ 내가 책을 읽는 이유

우리가 흔히 지칭하는 '책(冊)'이라는 단어의 유래를 살펴보자. 고대 중국에서는 책이 죽간(竹簡)으로 만들어졌는데, 대나무를 불에 쪼여 푸른 기운을 빼내버리고 이를 대쪽으로 만들어 글자를 쓴 뒤 몇 십장을 끈으로 묶어 책으로 만들었던 것을 형상한 것이라고 한다.

독서의 습관을 이야기할 때 빠짐없이 거론되는 '위편삼절(韋編三絶)'이라는 말은 공자의 일생과 관련하여 유래된 말인데, 공자가 대단한 독서가이자 대학자로 유명했기에 가능한 것이기도 하다. 공자는 늙어서도 책읽기를 게을리하지 않았고, 사서삼경 중 가장 어렵다는 〈주역〉을 3천 번이나 읽으며 책을 뒤적이다보니 책을 묶은 가죽끈이 몇 번이나 끊어졌다는 데서 유래한 고사로, 사마천의 사기 중 〈공자전〉에 나오는 말이라고 한다.

독서와 관련된 명언으로 '개권유익(開卷有益)'이라는 말도 많이 쓰인다. 책읽기를 좋아한 송나라 황제 태종이 침식을 잊고 책읽기에 몰두하자 쉬어가면서 읽을 것을 간한 신하에게 "책은 펼치기만 해도 유익하다네, 그렇기에 나는 조금도 피로를 느끼지 않는다네."라 답한 말에서 유래한 것이라고 한다.

그렇다면, 우리에게 책은 어떤 의미를 지닌 것일까? 독서의 동기에 대해 자유롭게 소감을 나눠보자. 필요하다면 독서 환경과 관련하여 문제를 제기하고, 해결책을 모색해도 좋을 것이다.

▣ 독서의 가치를 보는 입장

독서는 우리 일상과 매우 긴밀하지만 너무도 익숙하기에 근본적인 것을 놓치게 되는 경우가 많다. 독서 환경에 대한 반성적 고찰이 우선되어야 하는 이유가 바로 여기에 있다. 독서 환경과 관련하여 독서의 동기를 주목하여 살펴보기로 하자.

그 하나는 인간 성숙의 본능적 욕망이라는 측면에서 독서의 자발성을 강조하는 입장이다. 곧, "명상이 자신의 머리로 사고하는 거라면, 독서는 타인의 머리로 사고하는 것이다."라는 표현에서 보다시피, 독서의 효용성을 아는 이상 독서하지 않고 성숙한 인간으로 살아가기는 어려울 것이며, 따라서 우리들 본능에 이러한 성숙에의 의지가 독서 습관으로 연결된다고 보는 것이다.

다른 하나는 교육적 의도의 측면에서 독서의 효용성을 강조하는 입장이다. 곧 부모/학교/사회 등 외부적 주체일수록 효용론적 가치를 강조하는 입장에서 독서를 강제하는 경향이 크다고 한다. 빌 게이츠는 어린 시절 동네 도서관에서 살다시피 했다고 하는데, 그래서인지 스스로 "나를 키운 건 동네의 작은 도서관이었다."는 말을 하기도 하였다. 이렇듯 도서관은 아이들의 꿈과 지적 능력을 키워 주는 가장 좋은 교육장이며, 어릴 때부터 도서관을 잘 활용하는 아이는 수많은 책 속에서 자신이 필요로 하는 책을 찾고, 그 책 속에서 자신이 원하는 내용을 찾아 정보로 활용할 줄 알게 된다고 한다.

그렇다면 과연 우리의 현실은 어떨까? 곧 나는 왜 책을 읽는가? 하는 질문에 답을 구해보는 것이다. 그리고 어떤 책을 얼마나, 어떻게, 언제 읽는가의 문제를 따져보자. 이러한 검토사항은 양적 독서와 질적 독서에 대한 검토가 되기도 하는데, 세부적인 사항으로 나눠 자연스럽게 검토하면서 스스로의 독서 환경을 정비할 수 있는 지점을 찾아야 할 것이다.

1-2 독서에 영향을 미치는 요소들

이번에는 독서에 영향을 미치는 요소들을 주목하여 살펴보기로 하자. 예를 들어, 명작 명문/잡저 잡문의 차이, 베스트셀러/스테디셀러의 정의, 고전 도서/신간 도서에 대한 취향 등 세분화시켜 다양한 각도에서 여러 가지 이야기를 자유롭게 나눠보는 시간이 필요하다.

베스트셀러의 영향력

우리들의 독서 인생을 돌아볼 때 어떤 책을 어떻게 언제 읽는가의 질문에서 우선적으로 떠오르는 것은 아마도 추천도서에 대한 독서 경험일 것이다. 가령 대학 새내기들에게 추천하는 책 목록을 접한 뒤, 해당 목록에 있는 책을 찾아 읽었던 경험 말이다. 추천 도서라는 의미망은 소위 베스트셀러라 불리는 책으로도 연결되는데, 추천도서의 목록은 대개 베스트셀러 혹은 고전명작들이 큰 비중을 차지하고 있기 때문이다.

자발적이고 능동적이며 적극적인 독서환경을 만들기 위해 우리에게 베스트셀러는 무슨 의미인가 하는 문제를 주목해보자. 우리에게 베스트셀러는 무슨 의미인가의 문제를 다루는 것은 다름 아닌 독서의 주도권을 회복하는 지름길이 된다.

다음의 〈예시〉는 순위권 도서들을 광고하는 한 줄 문구를 주목하여, 책 광고의 성향을 분석하고 있는 글이다. 생존과 번식에 대한 인간의 본능적 관심을 베스트셀러 속에서 찾을 수 있다는 발상이 신선하고 재미있다. 만약 한 편의 글로 효율성을 가지려면 이를 뒷받침해줄 만한 근거를 찾아 인용해주는 식으로 보완하면 될 것이다.

예시 1 **제목: 베스트셀러에 대한 진화론적 추리**

내가 생각하는 베스트셀러의 의미는 사람들의 '입맛'에 맞는 책이다. 어떤 책이 입맛에 맞을까? 아마도 자신의 생존과 번식에 조금이라도 도움이 될 책이 되지 않을까 싶다.

국내 유명 서점 사이트에 들어가 종합 베스트셀러 순위를 살펴보기로 하자. 1위에서 20위까지의 도서를 살펴보았는데, 이 책이 어떤 책인지 간단히 설명해주는 한 줄 광고문을 정리하면 다음과 같다. 순위별 제목을 살펴보면, 순위가 높을수록 부, 돈, 몰입, 지혜, 경제, 주식, 토익 완성, 인생의 문장, 행복, 나를 다시 일으켜 세우는 법, 트렌드, 적정 심리학과 같은 키워드들이 나오는데, 생존과 번식과 긴밀한 키워드들이다.

예를 들어, "인생의 문장을 알게 됨으로써 더 지혜로워져서 더 나은 삶을 살 수 있지 않을까?"라는 생각이 들어 이 책을 택할 수도 있고 "적정 심리학을 쉽게 풀어쓴 도서를 읽음으로써 힐링을 하며 더 나은 삶을 생각해 보자."라는 생각에 저 책을 택했을 수도 있다. 비록 한 줄에 불과하지만, 이런 저런 방식으로 사람들의 관심을 끌 수밖에 없는 강렬함이 있는 셈이다.

이러한 추리는 매우 협소하고 '사람들은 생존과 번식에 유리한 정보를 찾아다니고 그 방법 중 하나로 책을 찾는다.'라는 진화심리학적 관점을 전제해 진행한 연역적 추리여서 현실에 꼭 들어맞는 사실이 아닐 수 있다. 그래도 책 광고의 영향력 내지 베스트셀러가 무엇인지 이해하는 한 가지 방법을 제시했다는 점에서 내게는 매우 흥미로운 작업이었다.

베스트셀러는 일정 기간에 가장 많이 팔린 책을 의미한다. 보다 순수한 의미의 베스트셀러는 출간 직후 일정 기간 동안 판매된 책의 수요를 훨씬 초과하는 책이라고 정의된다. 그런데, 책을 구매했다고 해서 모든 사람들이 완독을 했다는 것일까? 판매량이 많다고 해서 베스트셀러가 될 수 있는 것일까? 베스트셀러는 무조건 좋은 책이다/좋아야 한다고 생각하는 게 맞는 것일까? 베스트셀러로 인한 선택의 쏠림 현상(이른바 셀러-킬러: 베스트셀러라면 무조건 읽는 사람들의 등장과 지명도에 대한 선망 충족)은 어떤 문제가 있는 것일까? 등 베스트셀러와 관련하여 가볍게라도 의문을 던질 만한 사항들은 의외로 많은 듯하다.

진정한 베스트셀러의 의미는 무엇이며 어떤 것을 기준으로 삼아야 할까? 한 시기에 가장 많이 팔린 베스트셀러 문학은 항상 관심의 대상이 되어 왔다고 한다. 베스트셀러가 한 나라의 문화를 가늠하는 중요한 척도이며 사회 현상을 진단할 수 있는 지표가 되는 것은 베스트셀러를 중심으로 형성되는 독자층의 독서심리가 있고, 역으로 베스트셀러문학에 반영된 독자들의 지적 욕구가 중요한 변수가 되기 때문이다.

베스트셀러는 독자들의 선택과 구매에 의해 이루어진다는 특성을 지닌다. 아무리 문학적으로 뛰어난 작품일지라도 독자에게 읽히지 않는다면 작품으로서의 생명력을 갖기는 어려울 것이다. 작품은 독자의 독서행위를 통하여 그 의미가 완성되는 것이라고 할 수 있다. 그래서 각 시기마다 당대의 독자들이 어떤 책을 주로 읽었고 당시의 많은 독자들이 왜 그 책을 선택하였는가에 대해 주목하는 것은 독서의 주체성을 회복하는 첫걸음이 될 수 있을 것이다. 한 시기의 베스트셀러는 어떠한 특징을 가지고 있는가를 고찰하는 것은 우리들의 독서 환경을 검토하는 데 유효한 지표를 제공해줄 수 있으리라 기대한다.

수상 작품에 대한 기대치

문학상 등을 받은 수상작품은 우리의 독서 환경에 어떤 영향을 주는 것일까 살펴보는 시간을 가지고 싶다. 이는 우리에게 문학의 역할/가치/기능은 무엇인가를 묻는 것이며, 독서의 사회사를 역추적하는 작업이 되기도 하기 때문이다.

변수가 많은 출판계의 상황에서 작가의 인지도가 높아지거나 유명한 상을 수상했을 때 베스트셀러가 될 가능성이 높다고 한다. 작가의 유명세/현안적 주제/시의적절한 출판타이밍과 같은 조건이 잘 맞아떨어지면서 베스트셀러가 될 확률이 매우 높아지기 때문이다. 독서의 사회사를 살펴보면, 1929년 토마스 만의 〈부덴부르크 일가〉, 1957년 보리스 파스테르나크의 〈닥터 지바고〉 등 우리가 고전명작이라고 부르는 이들 작품도 출간 직후에는 별다른 주목을 받지 못하다가 작가가 노벨상을 수상한 이후에야 베스트셀러로 사람들의 주목을 받았다고 한다.

특별한 의미를 갖게 되는 경험

독서하기에 좋은 전제조건으로 흔히 '아늑한 고독과 여가'라는 상황을 내거는데, 우리의 현실은 이러한 조건과는 거리가 점점 멀어지는 듯하다. 오히려 지금은 다양한 매체나 여행, 취미활동 등과 같은 매력적인 대상으로 우리들의 관심이 다양하게 분산되고 있기 때문이다.

그럼에도 어떤 책은 나 자신에게 특별한 의미를 지니게 되는 경험을 한 적이 있을 것이다. 어떤 상황에서 어떻게 읽었는지도 중요하고, 그 때 그 상황에서 내가 받은 감동과 체험에 대한 기억도 소중하다. 긍정적인 의미뿐만 아니라 부정적인 의미까지 다양한 교류의 흔적을 독서 체험에서 찾을 수 있을 것이다. 만약 내가 '상'을 주고 싶은 책이 있다면 어떤 책인지 소개하고, 어떤 상을 주고 싶은지 살펴보는 시간을 가져보자.

예시 2 **제목: 나의 행운이 되어준 책, <비행운>**

내가 상을 주고 싶은 책은 2012년 출간된 김애란 작가의 단편 소설집 〈비행운〉이다. 제목을 보면 가장 먼저 비행운(飛行雲), 즉 '비행기의 자취를 따라 생기는 구름'이 떠오르는데, 책을 읽는 내내 왜 이 책의 제목이 비행운일지가 궁금했다. 단편집의 제목은 대부분 수록된 작품에서 뽑아오는 경우가 많은데, 이 책에는 해당되지 않았기 때문이다. 해설을 보고 나니 제목과 작품들의 연관성이 이해되었다. 8개의 작품 속 주인공들은 모두 평범한 인물이지만 각자의 비극을 겪고 절망에 던져지고 만다. 하지만 전부 원하는 것이 있고, 그 비극에서 벗어나고 싶어 한다. 해설에선 이것을 "비행운을 일으키려는 것"이라고 이야기하고 있다. 비행기를 타고 날며 일상을 벗어나듯, 소설 속 주인공들도 자신이 마주하고 있는 막막한 상황에서 벗어나기 위해 애쓰고 있었기 때문이다.

하지만 안타깝게도 단 한 명도 그러지 못한다. 주인공들은 비행운(飛行雲)을 일으키고 싶어 했으나 비행운(非幸運), 즉 불행에 갇혀버린 것이다. 이것을 알고 나니 그제야 이 책을 완전히 이해할 수 있었다. 떠나고 싶어 했으나 지상에 발이 묶인 존재들. 비행운(飛行雲)을 원하면 원할수록 비행운(非幸運)의 굴레에 빠져버리게 되는 존재들…. 그들이 바로 이 책의 주인공인 것이다.

수록 작품이 모두 암울한 상황을 다루고 있고, 주인공들이 전부 특별한 재능이 없는 평범한 사람들이기 때문에 전반적으로 우울한 분위기에 거부감을 느끼는 독자들도 있다. 하지만 나에게는 이런 점이 특별하게 다가왔다. 당장 밖에 나가면 마주칠 법한 인물들이 상상조차 할 수 없는 비극을 마주하고, 그런 상황을 어떻게든 이겨내는 뻔한 내용이 아니라 결국 절망에 지고 만다는 것이 오히려 인상적으로 느껴졌다. 힘든 상황을 끈기로 이겨내는 밝고 희망찬 주인공들을 보면 물론 기분이 좋아지지만, 한편으로는 '모든 사람이 모든 상황을 이겨낼 수는 없을 텐데…' 하는 의문이 들었던 적도 있기 때문이다.

그러나 그것과는 별개로 작품 속의 일들은 어쩌면 나에게는 평생 없을 것만 같은 비극들로, 다른 세계의 일처럼 느껴질 수도 있을 상황들이 작가의 참신한 비유와 쉽게 읽히는 문체 덕에 책을 읽는 내내 장면이 영화처럼 내 눈앞에서 재생되는 듯한 느낌이었다. 그래서 나는 이 책에 〈최고의 비유상〉을 주고 싶다. 의아하다고 생각될 법도 한 이야기들을 다양한 비유를 통해 독자의 이해를 돕고 여운까지 느끼게 만든다는 점에서 딱 맞는 상이라고 생각한다.

이 책을 읽고 난 후 나에게는 모든 책 뒷부분의 해설란을 꼭 읽어보는 버릇이 생겼다. 작품을 더욱 깊이 있게 이해할 수 있게 됐고, 이런 습관은 나의 독서 활동에 큰 재미를 불어 넣어 주었다. 나의 독서 이력에 큰 전환점이 되어준 이 책은 제목과 반대로 내게 있어 행운 같은 책이다. 그래서 글의 제목을 짓는 것이 어렵지 않았고, 오히려 내가 인상 깊다고 생각한 책의 제목을 이용해 내가 쓴 글의 제목을 지을 수 있다는 것이 큰 기쁨이었다.

책 광고의 영향력

책에 대한 광고도 우리의 독서 환경에 영향을 미치는 요소라 할 수 있다. 어떤 책을 고를 때, 다음 <예시>의 주인공처럼 책의 뒤표지에 적힌 광고문이 결정적인 역할을 하기도 한다.

예시 3

가장 눈에 띄는 책은 〈대학생이 하지 않으면 안 될 50가지(나카타니 아키히로)〉라는 책이었다. 대학 시절을 어떻게 보내야 할지에 대한 고민이 있었는데, 제목만 보고도 이 책이 조금이나마 풀어주지 않을까 하는 기대가 생겼다.

더구나 이 책의 뒤표지에 적힌 광고문이 결정적이었다. "인생에서 대학 시절만큼 가슴 떨리는 시기가 있을까? 인생에서 대학 시절만큼 미래를 좌우하는 시기가 있을까? 그런 대학 시절에 꼭 해야 할 일은 무엇일까? 그것은 대학 시절이 아니면 할 수 없는 일을 하는 것이다." 그렇다면 사람의 인생에서 대학 시절이 아니면 할 수 없는 일은 무엇일까? 나카타니 아키히로는 '자신의 내면세계로 여행을 떠나라!'라고 역설한다.

자신의 내면세계로 떠나서 자신의 꿈이 무엇인지, 앞으로 하고 싶은 일이 무엇인지, 앞으로 어떻게 살 것인지 치열하게 생각해보라는 것이다. 저자가 강조한 '그 생각'과 '내면세계로의 여행'은 무엇인지에 관한 궁금증이 생겨서 이 책을 선택하게 되었다.

이렇게 책 광고는 책에 대한 정보를 얻을 수 있는 지점이 되기도 하지만, 이것도 광고인 만큼 책에 대한 객관적인 정보만 담겨있지는 않다. 따라서 평소 지나치기 쉬웠던 책 광고들을 들여다보는 시간을 가지면서, 어떤 부분이 과장되었는지 혹시 왜곡된 지점은 없을지 등 다양하게 검토해볼 필요가 있다.

예를 들어, 관심 있는 주제를 찾아 해당 도서에 대한 책광고들을 찾아보자. 광고에서 소개하고 있는 책들이 갖고 있는 공통점이나 특징을 찾아보고, 자신의 소감을 제시해보자. 그리고 인상 깊게 본(또는, 별로라고 생각한) 책광고에 대하여 소개하는 시간을 가져보자. 이런 검토 작업을 통해 책 광고를 무조건적으로 믿고 따르는 의존적인 상황에서 벗어나, 좀 더 객관적으로 자신에게 필요한 책을 선택하는 유익한 시간을 가질 수 있을 것이라 기대한다.

1	연습해볼까요?

다음에 제시한 주제를 살펴보고, 자유롭게 소감을 나눠보자.

1	내가 생각하는 베스트셀러의 의미(=베스트셀러의 재정의 작업)
2	내가 '상'을 주고 싶은 책이 있다면?(어떤 책인지 소개하고 어떤 상을 주고 싶은가?)
3	내가 인상 깊게 본(또는, 아주 별로라고 생각한) 책광고가 있다면

2. 독서 이력서를 작성하려면

2-1 연대기별 정리

독서이력서를 작성하는 작업은 크게 복잡하지 않다. 연대기별로 자신의 독서 활동에 관한 내용을 채워보는 것이 기본적인 방법인데, 자신의 독서 활동을 정리하면서 가볍게 소감을 메모해보는 식으로 추가 작업이 이루어지면 더욱 좋다.

예시 1 독서이력서의 기본 양식

시기	어떤 책을 얼마나 왜 읽었나	소감 메모
유년 시절		
초/중 시절		
고교 시절		
대학 시절		
현재는?		
앞으로		

독서 이력서의 기본양식을 참고하여, 자신이 어떤 책을 얼마나 왜 읽었는지를 대략적으로 정리해보는 작업을 해보자. 현재의 독서 상황에 대한 기록까지 하되, 앞으로의 독서 계획이 있다면 아울러 메모를 해두는 것이 좋겠다.

물론, <예시>의 표에서 제시된 시기는 가장 일반적인 시기 구분을 제시한 것이므로, 자신의 상황을 반영하여 좀 더 다양하게 세분화시키는 게 가능하다. 적절한 시기 설정을 마쳤으면, 그 시기에 해당되는 자신의 관심 분야/독서 동기/독서 목록 등을 자유롭게 정리해보자.

이어지는 부분은 연대기별로 공유할 수 있는 독서이력서의 내용을 모아본 것이다. 나의 경우는 어떠한지 자유롭게 돌아보는 시간을 가져보자.

유년 시절

책을 가장 많이 빠르게 읽었던 시절이다. 책에서 말하고자 하는 바를 찾아내며 읽진 않았지만 '재미'가 있기 때문에 책을 읽었고, 쌓인 책들이 하나씩 사라질 때마다 느끼는 쾌감이 책을 더 많이 읽게 했다고들 한다. 주로 이야기 위주의 그림책을 특별한 의무감 없이 읽고 싶을 때 읽었는데, 이제 돌아보니 이 시절에 좀 더 많은 책을 읽었으면 좋았겠다는 생각이 든다는 이야기도 있었다.

간단하고 쉬운 단어와 짤막한 문장들로 참신한 이야기를 만들어내는 동화책, 그림을 중심으로 자칫 지루해질 수 있는 주제를 재치 있게 풀어내 아이들이 독서에 쉽게 접근할 수 있도록 하는 학습만화는 어린이 독서에 있어서 좋은 교본이라고 생각한다.

예시 2 유년 시절의 독서 이력들

① 엄마가 인터넷으로 책들을 대여해주셔서 읽게 되었다. 책이 집으로 배달 오면 그 앞에 앉아 책을 읽기 시작했다. 대여 기간은 2주 정도였지만 빠르면 하루, 길면 일주일 안에 다 읽었다. 대여한 책의 종류는 주로 동화책과 위인전이었는데 그중 가장 기억에 남은 책은 〈글뿌리 반전동화〉이다.

② 집에 있는 전래동화 시리즈 책을 본 것 같다. 그러나 책을 좋아하지 않았기 때문에 부모님의 성화에 못 이겨 몇 권 보는 정도였고, 아 이런 내용도 있구나 하는 정도로 책읽기를 마쳤다.

③ 이솝우화나 전래동화 등을 부모님과 함께 읽었던 기억이 있다. 부모님께서는 아마 삶의 교훈과 독서의 흥미를 주고자 애쓰셨던 것 같은데, 이때 읽은 책들이 지금까지 기본지식을 이루는 바탕이 되었다. 자기 전 부모님이 읽어주신 책들이 생생하게 기억은 나지 않지만 정서적으로도 책에 대한 흥미를 가지는 데도 많은 도움이 되었다.

④ 거의 90% 이상은 그림책을 읽었던 것 같다. 〈프레드릭〉, 〈배고픈 애벌레〉, 〈책 먹는 여우〉가 특히 기억에 남는다. 어린이집과 유치원에서도 책 읽기를 좋아했다고 한다. 어린 시절의 나는 친구들과 뛰어놀고 그림을 그리고 인형놀이를 하기 보다는, 혼자 책을 읽고 상상에 빠지며 책 속 이야기를 간접적으로 체험하는 것을 상당히 좋아했던 것 같다.

⑤ 〈why〉 시리즈 모두를 읽었다. 당시에 '만화'가 재밌었기 때문에 단지 재미로 읽었다. 독서이력서를 작성하면서, 어렸을 때 책과 거리가 먼 인생을 살았는 줄 알았는데 만화책이랑은 가까웠다는걸 알게 되었다.

초중 시절

학교 수행평가 혹은 생활기록부 작성을 위한 의무적인 독서가 주를 이룬 시기이다. 아무래도 과제로 내려온 책을 위주로 읽다보니 재미있다고 느껴보지는 못했던 것 같고, 오히려 독서에 흥미를 잃었던 경험이 많다고 한다.

권장도서나 추천도서를 일주일에 두 세권씩 의무적으로 읽는 것이 그 당시에는 너무도 싫었지만 이제와 생각해보니 지금의 나에게 큰 도움이 된 것 같다는 소감도 많았다.

예시 3 **초중 시절의 독서 이력들**

① 주로 만화책이나 세계명작 등을 하루에 1-2권씩, 일주일에 최소 4권은 읽었다. 읽으면 재미있고 시간이 잘 갔다. 중학생 때는 주로 추리소설과 가볍게 읽을 수 있는 책들 위주로 읽었다. 〈why〉 시리즈 책도 즐겨 읽었다. 내가 초1때, 유치원생인 동생이 콧구멍에 구슬을 넣었는데 안 빠져 위험했던 경험이 있다. 그때 〈why〉책에서 본 방법을 떠올려 한쪽 코를 막고 흥!하라고 해서 동생 코의 구슬을 빼낸 기억이 있다.

② 중학교 때는 책을 읽지 않았고, 초등학교 때 만화로 된 〈why〉 시리즈가 재미있어서 전부 읽었다. 이 책 덕분에 상식이 정말 많이 늘었다. 〈삼국지〉의 스토리를 정말 좋아해서 10권 전부를 20번 이상 볼 정도였는데, 여러 문제에 처했을 때 삼국지의 내용을 떠올리며 조언을 구했다.

③ 학생용으로 조금 더 이해하기 쉽고 짧게 편집된 세계 명작 도서들을 주로 읽었다. 한 달에 다섯 권 내외로 읽었던 것 같다. 철학적인 내용을 담은 작품들도 있는데, 세상에 대한 편견을 많이 없앨 수 있었다.

④ 진로를 정하기 위해 책을 통해 간접적으로 많은 경험을 하는 것을 목적으로 책을 읽었다. 다양한 분야의 책을 가리지 않고 읽다 보니 한 달에 한 번씩 진로가 바뀌는 시절을 보냈다.

⑤ 초등학교 때는 책을 읽지 않았다. 축구하거나 노래방에 가는 데 더 관심이 있던 것 같다. 중학교때도 마찬가지인데, 게임에 빠져 책을 읽지 않았다. 그래도 한 권, 〈열흘간의 낯선 바람〉을 여행 중에 엄마의 추천으로 재밌게 읽었다. 아무래도 '이야기'를 좋아했던 것 같다.

⑥ 사춘기에 접어들면서 어른스러워 보이고 싶었기에 '청소년 문학'보다는 당시 어린 나의 기준에서 '어른들이 읽는 책'을 많이 읽었다. 〈이방인〉, 〈양철북〉, 〈데미안〉 등이 기억난다. 그리고 학교에서 '독서몰입 캠프'라는 것이 있었다. 그래서 테마에 맞는 책들을 많이 읽었다. 내 인생에서 '나는 글을 잘 쓴다.'라는 생각에 가장 도취되어 살았던 시기였다. 교내 글쓰기 대회는 거의 다 참가했었는데, 어려운 문장을 쓸 때 희열을 느꼈던 기억이 난다.

고교 시절

고교 시절에 대한 공통의견을 모아보면, 아마도 대학 진학에 도움이 되기 위해 진로와 관련된 전문적인 서적들을 읽었다는 점이 우선될 것이다. 의무적으로 읽어야 하는 부분도 있었지만 학교 독서 동아리를 통해 처음으로 독서에 재미를 느꼈다는 사람도 있었고, 스마트폰을 쓰게 되면서 책을 많이 읽지 않게 되었다는 사람도 많았다.

교내 도서관이 깔끔하고 잘 정리되어 있어 자주 찾았고, 이때 접했던 국내 소설은 지금도 가장 좋아하는 작품이 되었다고 한다. 본인이 뭘 좋아하고 뭘 싫어하는지에 대한 신념이 거의 확실하게 형성되었을 고등학생 시절에 읽는 도서들이 향후 한 사람의 독서 습관을 결정짓는다고 생각한다.

예시 4 **고교 시절의 독서 이력들**

① 고교 시절에는 일본의 문화와 소설에 관심을 많이 가지고 있던 시절이라 일본과 관련된 책들을 꽤 많이 읽었다. 또한 교사라는 꿈을 가졌기 때문에 교육에도 관심이 많아 교육 관련 책도 읽었다.

② 교사가 꿈이어서 학교에서 교사와 관련된 책을 읽으라고 했는데, 교사 관련 책들이 하나같이 너무 뻔한 얘기를 하고 있어 독서에 대한 흥미를 떨어뜨렸다. 중학교 때 끊어진 독서에 대한 흥미를 다시 키우고 싶어 소설이나 자기계발서를 읽기도 했는데, 소설은 그다지 흥미를 끄는 것이 아니어서 별로 읽지 못했지만 자기계발서를 읽으며 나 자신에 대해서 성찰한 게 정말 큰 도움이 되었다.

③ 대학 진학을 위해 전공과 관련된 도서들을 열심히 읽었고 〈넛지〉,〈과학하는 여자들〉과 같이 다양한 분야의 책을 읽으며 다양한 지식을 쌓으려고 책을 읽었다. 생기부 위주의 독서와 시간 부족으로 인해 평소 좋아하는 소설책을 많이 읽지 못한 점이 아쉬웠지만 고교 시절에 읽은 책들이 경제학과에 진학하면서 기본 바탕이 되어 학교 적응에 도움이 되었다.

④ 공부를 잘하고 싶어서 공부 잘 하는 방법을 알려주는 자기계발서 등을 읽으며 억지로, 힘들게 성적만을 좇았다. 그러다가 막상 성적을 잘 받으니 내가 왜 공부하고 있지란 생각이 들어 책을 읽으며 '딴 짓'을 하기 시작했다. 지금도 마찬가지이지만 세상이 어떻게 돌아가고 있고 나는 그 속에서 어떤 존재인가 하는 질문이 계속 떠올랐던 것 같다.

⑤ 책을 거의 읽지 않았다. 생기부를 채우기 위해 진로와 관련된 책들을 도서관에서 대여해 읽었다. 한 학기에 10권 정도를 읽었는데 대부분 사회분야, 공통 분야의 책을 읽었다. 수학/과학 분야는 진절머리를 느낄 정도로 싫어했다. 그래서 그 분야 책은 3년 동안 딱 2권 읽은 것 같다.

대학시절

대학에 입학 후 책을 읽은 적이 없거나, 대개 학교 과제를 위해서 독서를 하는 경우여서 재미있거나 흥미롭다기보다는 억지로 읽은 경험이 많다고 한다. 그래도 1년에 책 10권 읽는 것을 목표로 삼겠다거나 '시간이 나면' 책을 읽는 것이 아니라, '시간을 내서' 책을 읽어야 한다는 것을 절실히 깨달았다는 사람도 많다.

과제를 위한 독서가 아닌 창의적 글쓰기를 위한 독서를 꼭 하고 싶다는 소망을 말하기도 한다. 꼭 그럴 수 있기를 바란다.

예시 5 **대학 시절의 독서 이력들**

① 자기계발서나 인문학 서적을 많이 읽어 독서에 대한 흥미를 느낌과 동시에 성장도 해보려고 하고 있다. 대학교에 들어오면서 나만의 색깔을 찾으려고 하고 있는데, 지금 읽고 있는 책이 그 시작점인 것 같다.

② 예전에 읽었음에도 제대로 이해하지 못한 책들과 개인적으로 좋아하는 작품들을 다시 읽어 보고 있다. 주로 과제를 다 끝냈거나 강의가 없는 날 책을 읽는다. 이미 읽은 책을 또 읽는 것은 시간 낭비라고 생각할 수도 있겠지만 책을 두 번째 읽을 때는 처음에는 보이지 않던 복선들과 표현들이 눈에 들어오면서 또 다른 작품을 읽는 듯한 기분을 느낄 수 있다.

③ 도스토옙스키의 '죄와 벌'을 읽고 싶다. 고등학교 시절에 읽었던 것은 제대로 된 것이 아니라 그저 줄거리만 짧게 요약한 요약본이었기 때문에 작품의 처음부터 끝까지 온전하게 실린 것을 읽으려고 하고 있다. 소설의 내용은 어느 정도 알고 있기 때문에 이러한 상태에서 작품을 읽는다면 더욱 쉽게 이해할 수 있을 것이라고 생각한다.

④ 인생은 공부의 과정이지 않을까 싶어 공부란 뭐고 어떻게 해야 지혜롭게 사는 건지에 관한 책들을 읽고 있다. 어떻게 살아갈 건지에 대해 논하는 철학도서, 윤리도서를 찾아보고 싶다. 책에서의 간접 경험이 아닌 직접적 경험에 목말라 있는 상태인 것 같다.

⑤ 읽고 있는 책은 자기계발서이고, 읽어야 하는 책은 제2외국어와 관련된 책이다. 영어 외에는 외국어를 할 줄 아는 게 없어서 그쪽 분야를 좀 더 공부해야 한다고 생각하기 때문이다. 대학생이면 취업 관련, 자기계발 분야를 많이 읽어야 하겠지만 정말 읽고 싶은 책은 나를 편안하게 해주는 에세이와 추리소설이다.

2 연습해볼까요?

다음의 <예시>는 자신의 독서 인생을 돌아보면서 어떤 책을 읽어왔는지 몇 가지로 나누어 정리한 글이다. 이른바 자신의 독서 취향을 살펴보고, 이력서를 쓰듯 자신의 독서이력서를 돌아본 소감문이라고 할 수 있다. <예시>를 차분히 살펴보면서 나의 경우에는 어떤 주제로 어떠한 독서 여정을 가져왔는지 돌아보는 시간을 가져보자.

〈예시〉 제목: 독서이력서로 나를 돌아보기

1. 들어가기

책은 마음의 양식이요, 나를 있게 하는 힘이요, 성공의 열쇠라는 등의 말은 아직까지도 와닿지 않는 표현이다. 하지만 무언가 내게 즐거움을 주고 있는 것만은 사실인 듯싶다.

내가 책을 읽는 이유는 두 가지이다. 그 하나는 아무것도 하지 않고 있을 때 드는 무기력증을 없애주는 것이며, 두 번째는 책을 읽는 나와 읽고 난 후의 나를 즐기는 것이다. 나는 책을 읽을 때의 무언가 내 안에 쌓이고 있다는 그 느낌이 좋다. 그리고 읽고 난 후 그것에 대해 생각하는 것에서 재미를 느낀다. 이런 것은 한번 맛보게 되면, 누구나 다 포기하기 싫은 느낌일 거라 생각한다. 아무튼 요리조리 생각해 봐도 책 읽는 게 내 취미임에는 틀림없는 것 같다. 다독은 아니더라도 즐긴다면 취미가 아닐까?

2. 눈을 넓게 해 주는 책

나는 책의 주제에 대한 편식을 하진 않는다. 다만, 책을 살 때에 내가 관심 있는 분야의 책을 고른다. 요즘은 여행에 관심이 많아 다른 사람이 쓴 여행기들을 읽어 보고 있다. 여행을 가기 전에 다른 이들의 여행기를 읽어보는 것은 굉장히 흥미진진한 일이다. 기대에 더해지는 생생한 현장의 간접 체험은 여행의 목적을 찾는데 도움을 주고 의지를 높여준다.

단, 여기서 유의할 점은 평범한 여행서만 읽지 말아야 한다는 것이다. 어디에 가서 무얼 하고, 보고, 먹는가에 대한 정보는 인터넷에 올라오는 여행기만으로 충분하다. 책은 여행의 다른 면을 보여주는 것이어야 한다. 그래야 내 여행의 테마를 잡고 무엇을 해야 하는가에 대한 분명한 계획이 선다. 그리고 좀 더 넓은 시야로 그곳을 바라볼 준비가 된다.

3. 마음을 길러 주는 책

나는 본래 문학 작품은 잘 읽지 않았다. 소설이건 시이건 그것을 보면서 별다른 재미와 감동을 느끼지 못했기 때문이다. 나는 아무리 슬픈 영화를 봐도 잘 울지 않는다. 내 생각에 눈물이 난다는 건 그 작품 속의 인물에 내가 들어가기 때문이라 생각한다. 그런데 나는 그게 잘 되지 않는다. 나는 나고, 작품 속 주인공은 그일 뿐이다.

그런데 어느 날, 지겹기만 했던 소설 읽기가 너무나 즐거운 일로 바뀌었다. 시작은 『연금술사』라는 책이었다. 파울로 코엘료라는 유명한 작가의 이 베스트셀러에서 이야기하는 바는 '꿈을 향해 나아가라.'는 아주 평범한 내용이었지만 너무너무 깊이 와 닿는 내용이었다. 삶이 무엇을 위한 것인지, 그리고 꿈이란 어떤 것인지에 대한 생각이 부재한 이 시대에 꼭 필요한 이야기였고, 아마도 나처럼 이런 생각에 대해 목마르고 공감하는 이가 많았기에 베스트셀러가 되지 않았나 싶다.

문학 작품들은 일반 사람들의 생각을 대신 말해주는 시원함이 있는 것 같다. 나 스스로가 나와 대화한다는 것은 엄청난 수양을 쌓은 사람이 아니라면 힘든 일이기에 이런 문학작품들을 통해 스스로와 대화를 나누고 솔직한 자신을 들여다보고 함으로써 나의 마음을 기르는 게 아닐까?

4. 머리를 채우는 책

아르놀트 하우저의 『문학과 예술의 사회사』는 인문학의 고전이다. 그것은 사회적, 유물론적 맥락에서의 예술을 이야기한다. 모든 문화가 경제적인 원리로 돌아가는 이 시대에 반드시 알아야 하는 감각을 제시하는 고전이라 생각된다. 우리는 예술을 생활과 동떨어지게 느낀다. 하지만 틀림없이 예술은 사회의 산물이다. 그것을 깨닫는데 교과서 같은 역할을 해 주었던 좋은 책이었다.

나는 역사에 관심이 많다. 자칫 지루할 수 있는 『문학과 예술의 사회사』가 나의 관심을 끌었던 것도 역사적인 맥락에서 여러 가지 변화들과 예술을 아울러 설명하고 있기 때문이다. 역사서들은 참 쓸모가 많다. 모든 역사는 반복이라는 말은 교과서에 나오는 말이 아니다. 실제 그러하다. 역사는 그 자체로 매우 흥미진진한 사람 사는 이야기이며, 우리 시대를 보여주는 뉴스이며, 미래를 보게 하는 수정거울인 것 같다. 처음 보는 사람에게는 스토리가 보일 것이고, 다섯 번 읽게 되면 뉴스임을 알게 될 것이며, 열 번 보면 거울임이 어렴풋이 느껴질 것이다. 나는 물론 세 번째 경지 근처에도 가보지 못했다. 그러나 그럴 것 같은 느낌이 벌써 어렴풋이 온다.

역사서나 인문서는 시각을 트이게 해 준다. 다른 눈을 하나 더 가지게 되면 생각하는 방식은 완전히 달라진다. 다양하게 생각하는 것만큼 지금을 살아가기에 가장 좋은 무기가 또 있을까?

5. 나가기

책은 사람을 기르는 것이 맞다. 이 글을 쓰며 나도 공감했다. 눈을 열리게 하고, 마음을 기르고, 머릿속을 풍부하게 하고, 나를 돌아보는 것은 책을 읽으며 얻게 되는 결과물이면서 최종적인 목적지를 향해 가는 방법이 된다. 그 최종적인 목적지란 바로 '어떻게 사느냐' 하는 문제이다.

인간의 수명은 시간이 지날수록 길어지고 있는데, 인간의 삶의 계획은 시간이 지날수록 더 짧아지는 것 같다. 얼마나 돈을 많이 벌고, 얼마나 사회적 명성을 얻고, 얼마나 편하게 사는지의 문제가 사람에 따라 인생의 목표가 될 수 있음을 인정한다. 그런데, 그리고 나서는? 자신의 목표를 획득한 다음에 목표는 무엇인가? 또 획득하지 못한 삶은 평생 불만족스러운 삶을 살다간 것으로 끝나야 하는지 묻고 싶다.

아직 어떻게 사는 것이 제대로 사는 것인지는 나도 모른다. 다만, 내가 아는 것은 어떻게 살아야 하는 것인지를 끊임없이 고민하며 살아야 한다는 것이고, 그 앞에는 책이 놓여 있다는 것이다. 사람은 생각하는 동물이라 했던가? 그것이 인간을 정의내릴 만한 특징이라면 인간답게 살기 위해선 생각해야 한다. 그 생각의 출발점에 책이 있다.

2-2 독서 인생 논평하기

독서이력서는 자신이 어떤 책을 언제 읽었나 기록하면서 책/책읽기와 관련한 자신의 라이프스토리를 담는 작업이라 할 수 있다. 그런 의미에서 앞서 작성한 〈나의 독서이력서〉를 살펴보고, 자신의 독서인생을 논평할 수 있는 포인트를 잡아보자.

예를 들면, "나는 독서라는 키워드를 기준으로 보았을 때 이런 사람이구나/ 이런 취향이었구나/ 이런 경험을 했구나/ 이런 가치관을 갖게 되었구나" 등등 자신의 독서인생을 논평할 수 있는 기준 내지 포인트를 자유롭게 메모해보자.

예시 1 논평 포인트의 기본 양식

논평 포인트	결과 정리
아마도 이런 사람…	
아마도 이런 취향…	
아마도 이런 경험…	
아마도 이런 가치관…	

아마도 이런 사람…

예시 2 독서이력서를 통해본 나라는 사람은…

① 독서라는 키워드로 봤을 때 주체적인 능력이 부족한 사람이라는 생각이 들었다. 초중 시절에는 부모님의 권유로, 고교 시절에는 대학 진학을 위하여 독서를 하였을 뿐, 나 스스로 능동적인 독서를 한 적이 별로 없기 때문이다. 아마도 대부분의 사람들에게 공통적이지 않을까 싶은 사항이기도 하다.

② 나의 독서 이력서를 살펴보니, 조금은 허세를 부리는 사람이라는 생각이 든다. 예를 들어, 에세이는 일상적인 경험에서 비롯된, 보편적인 교훈적 가치를 주려고 하는 느낌이라 별로 좋아하진 않는다. 흔히들 "어렵다"라고 평가하는 시작품 읽기를 더 좋아하는데, 다양한 해석을 시도해볼 수 있고, 스스로 내 삶을 돌아볼 수 있기 때문이다.

③ 어릴 때부터 다독을 통해 생각이 많은 사람으로 자라왔다. 내가 미처 생각해 보지 못한 세상의 어떤 부분이 있다면 그것에 대해 몰두하고 혼자 가치관을 정립하길 좋아하는 편이다. 그러다보니, 무지한 사람을 깨우치고 싶어 하는 계몽적 사상의 인간이 된 것 같다.

④ 어렸을 때 책과 거리가 멀었고 공부도 성실히 하지 않아 스스로 '모자란 사람'이라는 생각이 든다. 지금도 제대로 하고 있는지는 스스로 확신하지 못하지만, 그럼에도 계속해서 공부해 나가고자 하는 사람일 것 같다.

⑤ 나는 책을 더 이해하고 책에 가깝게 다가가고자 하는 사람이다. 그 시절에 내가 흥미있는 책들을 찾아 읽으며 독서 경험을 쌓았고, 확실한 꿈이 정해진 이후에는 책의 내용뿐만 아니라 편집 과정에도 관심을 가지기 시작했다. 단편 모음집에서는 작품의 순서를 어떻게 배치하느냐도 책을 이해하는 데 도움을 준다고 생각한다. 책이 담고 있는 내용을 넘어서서 어떻게 하면 독자들이 이 책을 더 깊게 이해할 수 있을지에 대해 고민하며 작가에게 도움을 주는 사람이 되고 싶다.

⑥ 문제 해결에 관심이 많은 사람이다. 삼국지나 고전 소설을 읽으며 등장인물이 처한 상황에서 스스로 답을 찾아보려고 하고, 만약 그와 비슷한 일이 나에게 일어난다면 어떻게 대처할지도 생각해보려고 했기 때문이다.

아마도 이런 취향…

예시 3 독서이력서를 통해본 나의 취향은…

① 사람들의 이야기를 좋아하는 취향인 것 같다. 왜냐하면 내가 골라서 읽은 책들은 거의 역사 관련된 사람들의 이야기에 관한 책들이기 때문이다.

② 나는 독자들에게 물음을 던지는, 깊게 성찰하고 생각할 수 있는 여지를 던져주는 책을 좋아하는 것 같다. 너무 간단명료하게 닫힌 결론으로 끝나는 책도 선호하지 않고, 생각할 지점이 명확하지 않은, 과하게 열린 결말로 끝맺는 책도 선호하지 않는 것 같다.

③ 시를 잘 쓰지는 못하지만 마음에 드는 시를 읽으면 나는 유리창처럼 산산조각 나 버린다. 물론 좋은 쪽으로! 태어나려는 자는 하나의 세계를 깨트려야 한다고 헤르만 헤세가 말했던가. 그 순간, 나는 시(詩)적 인간으로 다시 태어나는 것이다.

④ 책을 통해 사회의 문제를 풍자하거나 객관적인 근거를 가지고 지적하는 사회적인 문제를 다룬 책들을 좋아하는 취향이다. 읽을 때 머리가 복잡해지는 단점(?)도 있지만 책을 통해 깊이 있는 생각을 하여 다양한 시각으로 세상을 바라볼 수 있고 편견을 깨는 긍정적인 역할을 하기 때문에 읽으며 머리를 쓰는 그러한 책을 좋아하는 편이다.

⑤ 그동안의 독서 이력을 살펴보니, 나는 아무래도 재미를 추구하는 경향이 강한 것 같다. 처음에는 판타지란 장르를 접하게 되면서 책 읽기의 즐거움을 알게 되었고, 나중에는 세계 명작이나 한국의 소설들도 좋아하게 되었다. 다만, 난해하게 느껴지는 작품이라면 과감하게 외면하는 편이다.

⑥ 나는 스스로 생각할 수 있는 여지가 많은 작품을 좋아한다. 그 상황에 그 인물이 택할 수 있는 최선의 방법이 그것이었는지, 만약 다른 방법을 택했다면 어땠을지 생각하는 것을 좋아한다. 또한 어떤 상황을 간결한 한 문장으로 나타내는 것이 아니라 그 상황의 배경, 인물의 표정, 감정 등이 길고 세세하게 묘사되며 다양한 비유가 있는 문장을 읽을 때면 이런 생각도 할 수 있구나, 하는 생각이 들면서 글의 무한한 가능성을 더욱 믿게 된다.

⑦ 감성적인 것을 좋아한다. 긴 글 보다는 대체로 짧은 글을 좋아한다.

아마도 이런 경험…

예시 4 **독서이력서를 통해본 소중한 경험은…**

① 나는 독서를 통해 어휘력이 늘어나는 경험을 했다. 책을 처음 읽을 때는 잘 읽히지도 않고 어려웠지만 의무적이라도 꾸준히 독서를 하다 보니 글이 술술 읽히게 된 것이다.

② 어렸을 때 〈why〉 시리즈 책에서 본 방법으로 동생이 위험했을 때 사람을 구했던 적이 있고, 시내에서 쓰러진 아저씨께 심폐소생술을 실시했던 적이 있었다. 책을 통해서 얻은 지식으로 사람을 도왔을 때는 엄청 뿌듯했고, 책 속 지식이 우리 현실에 도움된다는 사실이 놀라웠다.

③ 독서이력서 작업을 통해 과거에 썼던 글들(교내 글짓기 대회에 내려고 썼던 글, 학교에서 자체적으로 출판했던 책, 공모전에 냈던 글 등)을 살펴볼 수 있어서 너무 좋은 경험이었다. 과거의 나는 책을 친구 삼아 위안 받으면서 힘들었던 대인관계를 극복했던 것 같다.

④ 책읽기를 즐겨한 편은 아니었지만, 관심 분야를 찾으려고 노력했다. 많진 않지만 매우 다양한 책들을 접하면서, 나의 진로와 방향성을 고민해왔다. 이제는 나의 관심 키워드를 교육과 자기계발, 일본이라는 세 가지로 추릴 수 있게 되었다.

⑤ 어릴 때는 책을 심각할 정도로 많이 읽었기 때문에 세상의 많은 것을 일찍 깨우쳤다고 생각한다. 다독으로 인한 작문력 상승 덕분인지 어릴 적에는 많은 글쓰기 대회에서 상을 받았다.

아마도 이런 가치관…

예시 5 **독서이력서를 통해본 나의 가치관은…**

① 나는 독서를 통해 남을 배려하는 가치관을 배우게 됐다. 역사 관련 책을 많이 읽었는데, 내가 좋아하던 인물들은 대부분 남을 잘 배려해주는 사람이었다. 이러한 인물들을 닮으려고 노력하다 보니 배려의 가치관을 가지게 되었다.

② 어릴 적부터 부모님께서 성경을 읽어주셨고 그 안에 담긴 교리를 많이 가르치셨기 때문에 기독교적 가치관을 따르고 있는 것 같다. 이것을 바탕으로 책을 읽으면서 나름대로 중요하게 여기는 것은 반성이다. 내가 책을 읽는 목적은 재미를 위함도 있지만, 책을 읽으면서 나 자신을 돌아보고 나를 고쳐가는 것에 있기도 하다.

③ 소설 속 사람들의 이야기를 읽으면서 내 경험으로 상대방의 삶을 재단하지 않는 것을 내 가치관의 중심으로 삼게 되었고, 나도 언제든지 틀렸을 수 있으니 항상 지적을 받아들이자는 오픈 마인드로 살아가게 된 것 같다.

④ 인생은 문제해결의 과정이라 생각하는 편이다. 진정한 공부란 무엇인지 계속 생각하고 있고 관련 서적에 관심이 있으니 말이다.

⑤ 나는 긍정적인 사람이 되고 싶다. 몇 년 전까지는 항상 부정적으로 생각했지만 이제는 모든 일을 가볍게 넘기고 그저 앞에 있을 미래만 보며 달려가고 싶다는 생각을 자주 한다. 내가 읽었던 책들과 나에게 원동력을 줬던 주인공들을 바탕으로 더 멀리 나아가고 싶다. 이런 구절을 본 적이 있다. "달을 향해 화살을 쏴라. 빗나가도 별이 될 테니." 이 말처럼 나도 언제나 가장 높은 곳을 향해 화살을 쏘고 싶다.

⑥ 확실한 맺음이 있는 책이 좋다. 열린 결말이나 상상력을 요하는 결말이 나오면 지금까지 읽었던 내용들에 회의감을 느낀다. 이걸 보려고 지금까지 읽었나 싶은 생각에, 열린 결말을 좋아하지 않는다. 평소 옳고 그름을 확실하게 나누기 때문에 선/악으로 등장인물들을 나눠보는 편이다. 등장인물이나 책에서 말하는 사람이 내가 원하는 말을 속 시원히 하거나 답답함을 풀어줄 때 기분이 좋다.

3 연습해볼까요?

1. 우리도 자신이 어떤 책을 얼마나 왜 읽었는지를 대략적으로 정리해보는 작업을 해보자. 앞서 제시한 독서이력서의 기본 양식을 활용하여 현재의 독서 상황에 대한 기록까지 하되, 앞으로의 독서 계획이 있다면 아울러 메모를 해두는 것이 좋겠다.
   이 때, 자신이 읽은 책의 모든 것을 세세하게 기록해놓는다고 생각하지 말고, 기억나는 것 중심으로 대체적인 자신의 독서 성향 내지 독서 이력을 알아볼 수 있는 정도로 편하게 기록해보는 것이 좋다. 독서이력서를 작성하는 목적은 자신의 독서 인생을 돌아보는 데 있다.

2. 그리고 이렇게 작성한 <나의 독서이력서>를 토대로 자신의 독서인생을 논평할 수 있는 포인트를 잡아보자. 앞서 제시한 독서이력서의 기본 양식을 활용하여 자신의 독서인생을 논평할 수 있는 기준 내지 포인트를 자유롭게 메모해보자.

2-3 독서의 의미 찾기

독서의 중요성은 개인적인 성장뿐만 아니라 사회적 문화적 발전을 위해서도 부인할 수 없다. TV가 나오기 이전에는 책이야말로 세계의 또 다른 곳에 사는 사람들의 근본적인 인간적 유사성과 신비감 모두를 발견하도록 해주는 으뜸가는 도구였다고 하니 말이다.

"독서는 두 개의 막대기를 비벼서 불을 만드는 것과 유사하다."라는 말이 있다. 막대기를 비비는 것과 같은 단조로운 작업이 열과 빛이라는 놀라운 성과를 가져다준다는 의미일 것이다. 그런 의미에서 나의 독서인생을 돌아보고, 나에게 책읽기는 어떤 의미를 지니는지 정리하는 작업은 의미 있는 시간이 될 것이라 생각한다.

▣ 나에게 심리학 도서를 읽는 것은 [자아를 찾는 여행]과 같다

예시 1 제목: 이남석의 책 『자아놀이공원』(사계절,2009)을 읽고

어떤 이에게 독서는 나를 찾아가는 여정의 의미를 갖기도 한다. 특히 이런 사람들에게 심리학 도서를 읽는 것은 자아를 찾는 여행과 같기에, 추천도서로 이남석의 책 『자아놀이공원』(사계절,2009)을 소개하고자 한다.

내가 없는 상태에서 내가 갈 길을 정한다는 것은 말도 안 되는 일이다. 특히 선택의 폭이 넓은 지금 현대사회에서는 더욱이 자신을 알고 중심을 확고히 해야만 길을 헤매지 않을 수 있다. 주체적인 결정을 하지 못한 채 자신감을 잃고 수없는 선택의 길에 맞춰 따라가면 결과적으로 중도에 멈추거나 후회하게 된다. 그 결과 자신이 무력하다 느끼고 우울증, 분노, 좌절 등을 느끼게 된다. 그러므로 올바른 길로 가기 위해서 자기 자신인 자아를 아는 게 가장 중요함을 알 수 있다.

우리는 자아를 찾기 위해 우리의 깊은 곳, 마음의 밑바닥까지 내려가 나에 귀 기울일 필요가 있다. "꿈은 자기와 이성적 자아가 만나는 곳이야. 자기는 여러 상징을 통해서 자신의 모습을 드러내어 의식과 대화하려고 하지. 꿈은 그 대화에 쓰이는 메시지를 진열해 놓은 전시장이라고."

그러나 마음의 가장 깊은 밑바닥까지 내려가는 것은 쉽지가 않다. 그렇기 때문에 밑바닥에서 수면위로 올라온 메시지에 주목할 필요가 있다. 이 글처럼 꿈은 자신이 마음에서 하고 싶은 일이다. 꿈은 꼭 직업과 연결되는 것이 아니다. 자기가 좋아하는 일, 하고 싶은 일 그것이 바로 꿈이다. 시간낭비라 생각될 수 있다. 남들은 취업준비에 스펙 쌓기로 눈코 뜰 새 없이 바쁜 마당에 오히려 뒤처지는 것이라 느낄 수 있다. 그러나 꿈을 통해 자아를 찾는 일은 그 어떤 스펙보다 훌륭하다. 자신이 하고 싶은 일을 계속 시도해봐야만 더욱 자신을 잘 알 수 있고 결국엔 자신의 길도 택할 수 있다.

"결국 외부가 아니라 내부의 마음이 중요한 거야. 불행을 피하려면 겉보기에 잘 먹고 잘 사는 것을 추구할 게 아니라 자기실현을 꼭 해야 한다고…. 인생은 찰랑거리는 물 아래 빙하를 떠받치며 가장 깊이 자리 잡고 있는 마음의 중심을 찾는 탐험과 같은 것이지." 인용한 부분에서처럼 마음 깊은 곳의 목소리를 찾는 것, 그것만이 우리가 불행한 삶을 피할 수 있는 방법이다. 그렇게 하기 위해서 꿈을 찾고 늘 자신의 마음에 귀를 기울여야만 한다.

나에게 자기계발서를 읽는 것은 [멘토를 만나는 것]과 같다

예시 2 **『멘토링, 오래된 지혜의 현대적 적용』(김영사, 2005)을 읽고**

어떤 이에게는 자기계발서를 읽는 것이 멘토를 만나는 것과도 같다고 한다. 추천도서로 마고 머레이가 쓴 책 『멘토링, 오래된 지혜의 현대적 적용』(이용철 역, 김영사, 2005)을 살펴보자.

멘토는 지혜와 신뢰로 한 사람의 인생을 이끌어주는 지도자라는 의미이다. "젊은이들에게 좋은 멘토가 없는 것은 마치 어린이에게 부모가 없는 것과 같다."라는 말은 한 인간에게 있어서 올바른 행동을 할 수 있도록 교정해주는 멘토의 중요성을 알게 해준다.

살다 보면 자신의 역할이나 가치 판단에 대해 심각하게 고민할 때가 종종 있다. 자기 역할에 근본적 의문이 생길 수도 있고, 자신이 믿었던 가치관이 송두리째 무너져 내리는 경험을 할 때도 있다. 어느 것을 선택해야 할지 판단이 서지 않거나, 잘못 선택할 경우 나타날 후유증에 대한 두려움이 엄습하기도 한다. 자칫하면 돌이킬 수 없는 실수가 될 수도 있기 때문에 결정 과정은 고통스럽기까지 하다.

바로 이럴 때 지혜롭고 경험이 많은 사람이 조언해준다면 어떨까? 미래를 보는 눈을 열어주기도 하고 힘을 빌려주기도 하는, 또 지친 심신을 위로해주고 다시 도전할 수 있도록 용기를 북돋워주기도 하는 그런 사람, 그래서 실수나 시행착오의 가능성을 줄여준다면 정말 금상첨화다. 대학생 모두에게는 내 잠재력을 간파해서 꿈과 비전을 이루도록 도와줄 수 있는 사람, 속마음을 모두 털어놓을 수 있는 사람, 아니 내 얘기를 경청만이라도 해줄 수 있는 멘토가 필요하다. 인생에서 자신의 삶을 같이 고민하고 바른 방향을 모색할 수 있는 선배나 스승이 있는 사람들은 축복받은 사람들이다. 그 점에서 우리는 대학생활 동안 많은 관계를 통하여 조력자 멘토를 한번쯤 만들어볼 필요가 있지 않을까?

4 연습해볼까요?

나에게 독서의 기능은 무엇인가 라는 질문에 애너 퀸들런은 《독서가 어떻게 나의 인생을 바꾸었나》라는 책에서 독서는 종교적 영생이라고 답하였다. 뉴욕의 저명한 칼럼니스트인 퀸들런이 책의 영생을 증명하는 방법은 종교체험의 차원, 그러니까 신의 존재를 증명하는 방법이기도 하다. '네가 가지고 있는 물건이 바로 너'라는 표현처럼 퀸들런은 '내가 읽은 책이 바로 나'라고 말한다. 그에게 책은 제자리걸음으로 우주와 세계, 나의 내면과 타인을 넘나들게 하는 타임머신이자 기차, 길이고 집이었다고 하는데, 이를 "나는 책을 통해 세상을 배회했다."와 같이 표현했다.

이제 우리도 나에게 독서는 어떤 의미를 갖는지 차분히 돌아보고, 다음의 빈 칸을 채워보는 시간을 가져보자.

나에게 [어떤] 책을 읽는 것은	[무엇]과 같다	이유를 설명한다면?

2장

독서 브리핑으로 워밍업하기

1. 독서 브리핑을 주목하는 이유

제대로 된 독서는 한 권의 책을 읽은 것으로 끝나지는 않는다. 어떤 동기와 목적으로 이 책을 읽었는지 돌아보고(독서 전 작업), 자신이 읽은 글과 교감하고 소통하는 시간을 가지는 것(독서 후 작업)도 중요하기 때문이다. 경우에 따라서는 자신이 읽은 책의 논점을 분석할 수 있어야 하고, 그에 대한 자기의 생각과 입장을 자유롭게 표출할 수 있어야 한다. 글을 읽는 동안 떠오른 의문에 대해 논리적으로 해결할 수 있어야 하고, 다음 단계의 질문까지 논리적으로 이끌어낼 수 있어야 한다.

우리의 여건상 읽기 작업에만 치중하느라 읽기 이전 단계의 준비 작업과 이후 단계의 검토 작업들을 소홀히 여겨 생략해버리는 경우도 매우 흔하다. 많은 양의 커리큘럼을 소화하기도 바쁜 우리 현실에서 독서법의 3단계를 매번 충실히 따르기가 어렵기 때문이다. 무엇보다 모든 책이 반드시 내게 중요하고 필요한 책인지를 알 수도 없을뿐더러, 모든 책에 반드시 이러한 독서 과정이 필수적으로 진행되어야 하는 것인지에 대해서도 의문이 들 수 있다.

그렇다면, 어떻게 독서 작업의 효율성을 높일 수 있을까? 독서의 준비 단계에서부터 책을 제대로 읽어나가는 실천 단계를 조금이라도 수월하게, 효율적으로 진행할 수 있는 방법이 있으면 어떨까? 넓고 넓은 책의 세계에서 저마다 독서의 동기와 목적이 다양한 만큼 자신의 상황에 적절한 독서법을 선택하여 즐겁게 독서를 할 수 있다면 좋지 않을까?

이러한 다양한 질문들에 대한 대답으로 준비한 것이 바로 독서 브리핑 작업이다. 효율성을 높이는 독서법을 보다 핵심적으로 실천할 수 있는 독서 브리핑의 방법을 살펴보자.

1-1 독서의 방향을 잡는다는 것

첫 단추를 채우기 위해 필요한 작업은 어떤 책을 읽을까 선택하는 것이고, 독서의 방향을 잡아 이른바 독서 계획을 세워보는 것이다. 이를테면 어느 날 강의에서 언급된 인상적인 책제목, 중요한 사회적 쟁점에 관한 언론 보도, 독서나 대화에서 얻은 단상 등을 토대로 어떤 책을 읽을 것인지 주제를 정하는 첫걸음이 필요하다.

예시 1　내가 잡은 키워드: 한국 현대사를 알아보자

우연히 보게 된 시사프로그램에서 논란이 되고 있는 국가보안법을 주제로 다루고 있었다. 대학생이 되어 신문이나 뉴스를 자주 접하다보니, 정치사회에 대한 관심이 부쩍 늘었다. 특히 사극 열풍이 불면서 역사적 사실을 주목하고, 그 시대의 정치적 역학 관계에 대한 흥미를 느끼게 되었다. 더구나, 사회에 나가 성인 대접을 받고, 선거철이 되면 한 표로 국민의 선거권을 행사하고, 취업을 대비해 시사 상식을 공부하다보니, 한국의 정치사에 대해 아는 것이 중요하다고 생각했다. 그래서 이번 학기의 독서 주제로 한국의 정치사 중 특히 현대사에 대한 이해를 깊이 있게 해보자고 결정하게 되었다.

예시 2 **내가 잡은 키워드: 말하기의 공포 벗어나기**

사실 처음에 독서 계획을 잡아보라고 했을 땐 정말 막막했다. 그런데 웹서핑을 하다가 말 한마디로 자신을 표현하고 당당히 자신의 의견을 드러내는 것이야말로 가장 중요한 자기 PR방법이라는 내용을 접하면서, 이번 기회를 통해 화술에 관한 책을 읽어보면서 내가 갖고 있었던 말에 대한 공포에서 벗어나는 것이 어떨까 하는 생각을 했다. 나도 말하기의 두려움이 있고, 재치있게 말하는 방법을 잘 알지 못해 고민하고 있었기 때문이다. 만일 이번 독서를 통해 조금이나마 말 잘하는 방법에 대해 터득하게 된다면(물론 앞으로 내가 실천한다는 가정 하에서), 현재 내가 들고 있는 사회과학문제에 관한 토론 학회에서 발표하는 데에 큰 도움을 줄 것이며, 앞으로 다가올 취업에 대비하는 과정이 될 수 있으리라 생각한다. 또한 대인관계를 넓히는 데도 분명 큰 몫을 할 것이다.

독서계획을 세우기 힘들 때는 읽고 싶은 책부터 읽어도 된다. 체계적인 독서가 힘든 여건일 때는 자신의 관심사와 긴밀한 관련이 있고 사고의 진전을 촉진하는 저자의 글이나 저서를 중심으로 꾸준히 읽어나가는 것도 하나의 방법이다. 그렇게 해서 어느 정도의 독서가 축적되면 처음 선택한 저자와 비교되는 저자의 저작으로 점차 독서범위를 넓혀가면서 좀더 체계적인 독서계획을 세워 볼 수 있을 것이다.

예시 3 **내가 잡은 키워드: 매력이란 무엇인가**

지난 주말, 교보문고에 갔다. 대학생이 되면서 자기계발에 관심을 가지게 되었는데, 자기계발서 코너에서 여러 책을 두루 구경하였다. 책과 데이트하는 느낌이 절로 들었다.

평소 많은 유튜버와 방송인들을 보며 그들이 어떤 매력을 가지고 있는지, 그런 매력을 어떻게 자신에 대한 관심으로 연결시킬 수 있었는지에 대해 매우 궁금했기에, 매력과 관련된 자기계발서를 찾아보았다. 그 중 눈에 들어온 것은 임홍택의 〈관종의 조건〉이다. 이 책의 부제는 '관심을 무기로 시장을 장악한 사람들의 법칙'이고, 띠지에는 '이제 관심 받지 못하면 살아남지 못한다! 시대의 코드를 읽고 매력을 자본으로 환원하는 방법'이라고 적혀 있었다. 나의 궁금증에 답을 줄 것 같아서 기대가 커졌다.

책의 목차를 보니 크게 4가지(1부 관종의 등장/ 2부 관종의 조건 4가지/ 3부 관종과 개인: 개인 차원의 관심 획득/ 4부 관종과 조직: 조직 차원의 관심 획득)로 구성되었다. 개인들뿐만 아니라 단체에서도 관심을 끌 수 있는 방법에 대해 소개하고 있어서 더욱 흥미가 생겼다. 이 책은 전체적으로 어떻게 하면 관심을 끌 수 있는지, 그 관심을 이용해 어떻게 돈을 만들어 낼 수 있는지에 대해 잘 설명하고 있는 것 같아서 읽고 싶어졌다.

독서 계획과 연결하여 중요한 지점은, 알고자 하는 지점을 설정하는 것이다. 일단 책을 읽기로 하였다면 책을 선택한 동기와 상관없이 내가 책을 통해 알고자 하는 내용이 무엇인가를 명확히 설정하는 것이 중요하기 때문이다. 따라서 독서를 통해 해결하고자 하는 자신의 문제의식이 무엇인지 분명히 자각하고 있어야 한다. 문제의식이 분명할 때 문제해결의 길잡이가 되는 참고문헌을 제대로 찾을 수 있으며, 한 권의 책이나 한 편의 글에서도 자신의 문제의식과 직결된 핵심을 금방 포착할 수 있을 것이다.

1-2 독서 영역을 확장한다는 것

도서관이나 서점에서 자료를 검색하다보면 해당 주제에 관해 매우 다양한 도서들이 있다는 것을 알게 되어, 저절로 시야가 넓어지게 된다. 그런 의미에서 독서 영역을 확장/심화시키는 새로운 독서과제를 찾아내는 활동을 해보자.

▣ 독서 작업 연결망

독서 브리핑 작업에서는 한 권의 책을 출발점으로 해서 해당 주제와 관련한 다양한 도서들로 독서의 범위를 좀더 확장해나가는 것도 필요하다. 독서 작업 연결망은 자신이 읽은 책의 작은 단서를 시작으로 연결고리를 갖는 대상에 대해 좀더 적극적으로 정보를 수집하고 정리해가는 것을 의미한다.

예컨대 A에 관한 책을 읽었다면, 독서 후 작업으로 이번 독서에 관해 간략하게 메모를 해두고 이후 신문이나 잡지 등 다양한 읽기 자료 등에서 A와 연관되는 정보를 주의깊게 읽고 필요한 경우 스크랩을 해두는 식으로 관심을 이어가는 것이다. 이렇게 하는 것만으로도 시간이 지나면서 자신도 모르는 사이에 A에 대해 상당한 정보의 지식과 정보를 가질 수 있게 된다. 이것이 바로 우리가 독서를 통해 얻을 수 있는 내공이라 할 수 있다.

예를 들어, 독서브리핑의 키워드를 '고전'으로 잡고 도서 목록을 뽑아보자. 먼저, 키워드로 검색하여 독서하고 싶다면 다음과 같은 식으로 진행해보자.

예시 1

- 고전(古典)
- 정 민(《미쳐야 미친다》의 저자)
- 김득신/박제가/정약용/허균 등(조선 지식인 혹은 문인) … 등등

다음으로, 구체적인 작품목록으로 독서하고 싶다면 다음과 같은 식으로 정리해보자.

예시 2

- 강명관, 《조선의 뒷골목 풍경》
- 가와무라 미나토/유재순, 《말하는 꽃 기생》
- 이배용 외, 《우리나라 여성들은 어떻게 살았을까》
- 신병주·노대환, 《고전소설 속 역사기행》
- 허시명, 《역사를 추적하는 조선문인 기행》
- 오주석, 《오주석의 한국의 미 특강》 … 등등

관련자료 목록 만들기

특정한 문헌에만 의존해서는 폭넓고 깊이 있는 독서 활동을 진행하기 힘들 것이다. 따라서 문제 발견에 도움이 되는 1차 독서를 거친 이후에는 자신의 논지 전개에 필요한 심층적인 독서가 뒷받침되어야 한다. 자신의 논거를 뒷받침하는 견해를 찾는 데만 만족하지 말고, 쟁점이 되는 논거에 관해서는 다른 입장을 취하는 저자의 글도 찾아 읽는 것을 추천하고 싶다.

이때, 자료 목록을 정리할 때는 저자명의 가나다순으로, 국내-국외 순으로 정리해두는 것이 보다 효율적이다. 국내 자료라고 하면 단행본/학위논문/정기

간행물 등으로 분류하고, 여건이 된다면 국외 자료도 찾아서 마찬가지로 자료 목록을 정리해보자.

또한 단순히 목록을 정리하는 선에서 그치지 말고 자료를 일정한 기준에 따라 분류하면 효율성을 더욱 높일 수 있어서 좋다. 예를 들어, 역사와 관련된 독서 활동을 계획한다면 자신이 찾은 자료들을 그냥 나열하기보다는 개론적 이해/시대별 이해/사건별 이해/인물 중심의 이해를 돕는 책 식으로 분류해놓으면 훨씬 더 체계적으로 접근할 수 있게 된다.

여기에 더해 자신이 우선적으로 읽을 책을 표시해두면 훨씬 더 체계적인 독서 작업을 진행할 수 있고, 나아가 자신의 독서 이정표를 세울 때도 참고할 수 있게 된다.

다음의 〈예시〉에서 주인공은 다음과 같은 기준을 설정하였다. 우선은 많은 사람 앞에서도 떨지 않고 말할 수 있는 가장 기본적인 자질을 키우는 데 도움이 되는 책을 고르고, 인간관계를 유연하게 해줄 수 있는 화술에 대하여 다룬 책을 고른 뒤, 마지막으로 연설이나 토론 등 전문적인 말하기 방법을 다룬 책을 고르는 식으로 기준을 잡아본 것이다. 화술에 관한 단행본이 많아 고르기 어려웠지만 주제를 잡고 다시 그 안에서 임의대로 소주제를 잡아보니 우선적으로 읽을 2권의 책을 선정하기가 훨씬 수월해졌다고 한다.

예시 3 **화법과 화술 관련 리스트**

	내가 찾은 책 목록	체크
1	안은표, 『나의 가치를 높여주는 화술』(시아출판사, 2003)	
2	이정환, 『재치있는 말 한 마디가 인생을 바꾼다』(시아출판사, 2003)	
3	데일 카네기, 『카네기 연설법』(성공전략연구소, 2002)	
4	데일 카네기, 『화술 1,2,3의 법칙』(도서출판 들녘과 미디어, 2002)	V
5	래리킹, 『래리킹, 대화의 법칙』(청년정신, 2001)	
6	바바라 베르크한, 『화나면 흥분하는 사람, 화날수록 침착한 사람』(청림출판, 2001)	

	내가 찾은 책 목록	체크
7	잭 그리핀, 『나의 몸값을 10배 높이는 대화의 기술』(거름, 2001)	
8	카나이 히데유키, 『남 앞에서 떨지 않고 말하게 해주는 책』(국일미디어, 2002)	V
9	해리 홀초이, 『자연스럽게 말하고 확실하게 설득하라』(사람과 책, 2003)	

1-3 효율적인 독서법을 선택한다는 것

어떤 책은 맛보고, 어떤 책은 삼키고, 어떤 책은 잘 씹어서 소화해야 한다는 식의 조언을 들어본 적이 있는가? 누구나 상식으로 들어온 말이지만, 막상 자신의 독서 과정에서 그러한 조언을 충실히 따르기는 쉽지 않다.

대학입시에 맞춰진 독서법으로는 대학에서 새롭게 시작하는 공부를 따라가기가 어렵기에 독서 방법에 대한 변화를 모색해보기도 한다. 대학생이 되면 책읽기의 효율성을 높이는 방법이 무엇인지에 대해 시간과 노력을 투자하고, 자신의 독서 상황과 목적에 맞게 적절한 독서법을 탐색하고 실천하는 과정이 필요하기 때문이다.

이러한 고민을 해결하기 위하여 대학에서의 다양한 활동을 도모하고 대학생 수준의 글쓰기 훈련에 도움이 되는 독서법을 살펴보고자 한다. 대학시절 우리가 설정한 목표를 향해 바쁘게 움직이는 우리의 생활을 돌아볼 때, 효율적으로 책을 선택하는 방법을 익히고 효과적으로 이해력을 높여주는 독서법을 알아가는 것은 분명 유익한 지점이 크게 될 것이다.

적절한 독서법 타진

독서 브리핑 작업을 제대로 마쳤다면 본격적으로 독서 작업을 진행해도 된다. 이때 모든 책을 반드시 완독하거나 정독하거나 통독해야 한다는 부담을 버리는 것이 중요하다.

우리가 독서브리핑을 하는 이유는 이 책이 나에게 얼마나 어떻게 왜 도움이 될 것인지를 미리 가늠해보는 것이고, 이러한 가늠 작업을 통해 어떤 독서 방법이 적절할 것인지를 결정하기 위함이기 때문이다.

경우에 따라서는 완독할 수도 있고, 필요한 부분만을 발췌독할 수도 있게 된다. 정독할 부분이 있다면 해당 부분을 미리 체크해두는 것이 효율성을 높이는 방법이 되기도 한다.

예시 1 나의 책읽기 습관 돌아보기

문득 매년 독서계획을 세우는데 지키는 시간은 길어야 2주였다는 사실도 떠오르면서 조금 민망했다. 항상 한 달에 단편소설 한 권씩 읽기, 2주에 시집 한 권씩을 읽겠다고 다짐했지만 대출한 책을 다 못 읽고 급하게 반납한 적이 한두 번이 아니었다. 완벽하지 않은 완벽주의자 성향이 약간 있어서, 책을 한 권 사서 다 읽을 동안 몰입의 흐름이 자주 깨지면 그 책은 계속 덮어뒀다.

흔히 어떤 책이든 빨리 읽어내는 사람이 잘 읽는 사람이라고 생각하는 경향이 있다. 글을 잘 읽는 사람은 자기가 읽어야 할 글이 어떤 독서 속도를 요구하는지 파악한 후 그에 맞춰 글 읽는 속도를 조절할 줄 아는 사람이다. 그리고 진짜 글을 잘 읽는 사람들은 어렵거나 낯선 내용 또는 중요한 내용이 나올 때는 평소보다 읽는 속도를 낮추는 경향이 있다고 한다.

어떤 종류의 책이냐에 따라 읽기 방법이 달라질 수도 있기 때문에 독서 브리핑 작업을 통해 독서방법을 결정하는 것은 매우 중요한 전제를 재확인시켜주는 작업이 된다. 책을 잘 읽는 방법은 스스로 그 책을 읽는 데 충분한 시간이 있는지를 따져보고, 그 책을 읽는데 많은 시간을 할애하여 읽을 가치가 있는지 등을 아울러 살피는 것과 연결된다. 그리고 그러한 검토 결과에 따라 속독이나 정독, 발췌독이나 통독 등 효율적인 독서법을 결정하게 되는 것이다.

책읽기의 수준 파악

우리가 대학에서 접하는 책들은 굉장히 다양하다. 자신의 전공에 필요한 전문적인 도서도 있고, 다양한 교양 과목을 수강하며 여러 영역의 책들을 접하기도 한다. 뿐만 아니라 자신의 취향과 상황에 따라 다양한 책들을 접하게 된다. 효율적인 독서법을 선택한다는 것은 이렇게 다양한 책들을 접하면서 각각의 책에 맞는 책읽기의 수준을 파악하는 것으로 연결된다.

다음의 〈예시〉는 '저자가 전하는 것을 어느 정도 이해할 수 있는가'를 기준으로 책읽기의 수준을 나누어 정리해본 것이다. 독서의 수준을 정보에 대한 기초적인 습득을 위한 읽기 단계에서 세분화시켜 분석적인 읽기와 통합적인 읽기의 단계로까지 독서의 목적과 수준에 맞게 발전시켜야 할 것이다.

예시 2

단계	독서법	세부적인 독서활동
초급	개관적 독서	• 골라 읽기 • 대충 읽기
중급	분석적 독서	• 주제와 구조 파악하기 • 주제를 자신의 말로 풀어서 다시 써보기 • 사례를 들어 주제를 설명해보기 • 저자의 입장에 동의하거나 반대해보기
고급	통합적 독서	• 주제별로 여러 글 모아 읽기 • 한 주제를 다룬 여러 글을 비교하며 읽기 • 여타 장르나 매체와 비교하며 읽기

더불어, 다양한 분야의 도서들(예를 들어, 실용서적, 문학서적, 역사서적, 철학서적 등)에 관심을 갖고 각 분야에 맞는 독서법을 적용하여 실천할 수 있기를 기대한다.

예를 들어, 소설작품을 읽는다고 생각해보자. 소설을 읽을 때는 빨리 그리고 완전히 몰두한 채 읽는 것이 좋다고 주장하는 사람들이 있다. 바쁜 사람이 장편을 읽을 때는 불가능하겠지만, 한 권을 앉은 자리에서 끝까지 다 읽어 내려가는 것이 가장 이상적이라고까지 말하는데, 이는 그렇지 않으면 무슨 일이 있었는지 잊어버리고 줄거리의 흐름을 놓쳐 헤매게 되기 때문이다. 소설을 정말 좋아하는 어떤 독자들은 잠깐 멈추고, 음미하면서, 가능한 한 아주 오래 읽는 편이라고 한다. 이렇게 사람마다 작품마다 어떻게 읽는 것이 가장 좋을지를 결정하는 것은 독서의 몰입과 성과를 효율적으로 이끌기 위한 기본적인 고민이라 할 것이다.

2. 독서 브리핑의 효율성을 높이려면

2-1 환경적 조건 탐색

환경적 요건의 측면에서 독서 작업을 수행할 수 있는 공간을 다양하게 넓혀보자. 그동안의 독서 환경을 돌아볼 때, 우리는 좋은 책이라고 추천받은 책을 읽거나 필독도서를 읽어야 한다는 생각으로 어떤 책이 있는지 여유롭게 둘러보고 골라보는 경험에 투자하지 못해왔다. 이제 대학시절 보다 다양하고 효율적인 독서 작업을 수행하기 위하여 선택지를 좀더 다양하고 자유롭게 넓혀보는 것이 필요하다.

예를 들어 도서관에 가서 이책 저책 살펴볼 수도 있고, 서점에 가서 책구경을 할 수도 있을 것이다. 아니면 인터넷서점이나 포털 검색을 통해 책에 대한 정보를 수집해도 되는데, 30분 정도 짬을 내면 충분하지 않을까 싶다. 특별히 좋아하는 책을 찾아보거나 사야 하는 책이 있지는 않더라도 책에 관한 정보가 많은 온라인/오프라인 공간의 분위기를 진하게 느껴보기로 하자.

다음의 <예시>들은 다양한 공간에서 독서브리핑 작업을 수행한 짧은 결과를 모은 것이다. 이렇게 오프라인/온라인 서점과 학교도서관/지역도서관 등 좀더 다양하게 선택지를 넓혀보면 훨씬 더 즐겁게 독서 작업의 첫걸음을 뗄 수가 있다. 신문 매체나 다양한 포털 사이트 검색을 통해서도 책에 대한 정보를 충분히 수집할 수 있으므로, 자신의 상황과 여건에 맞게 독서브리핑/책구경을 할 수 있는 공간을 정해보자.

예시 1 지역 도서관에서 독서 브리핑해보기

오랜만에 지역 도서관에 가보았다. 발표/대화/말하기에 관한 책을 찾다가 〈대화의 신: 토크계의 전설 래리 킹에게 배우는 말하기의 모든 것〉과 〈데일 카네기의 성공 대화론〉을 골랐다. 전자의 책은 '래리 킹' 검색 결과 토크로 유명했다고 해서 '한 번 읽어볼까'하는 심정으로 집어 들었다. 목차를 보니 '어떤 상대도 사로잡는 대화의 기본 원칙'부터 시작해서 여러 대화법(말 잘하는 사람들의 영리한 대화법, 낯선 사람도 두렵지 않은 대화법 등)까지 흥미로워보였다. 후자의 책은 인간관계로 유명한 저자가 쓴 대화론으로, 목차를 보니 '유명 연사들의 연설 준비 방법'의 경우처럼 다른 유명 연사들은 어떻게 말을 하는지에 대한 내용도 있으며 연설에 집중된 내용도 많아서 얼른 읽어보고 발표 팁을 얻어가고 싶어졌다.

예시 2 알라딘 사이트에서 꿈을 향한 독서브리핑해보기

알라딘 사이트로 책 구경을 해보았다. 알라딘 홈페이지에 들어가자마자 '2021 제12회 젊은 작가상 수상 작품집'과 관련한 이벤트 광고가 보여서 이 소설집을 먼저 구경하였다. 젊은 작가상은 젊은 작가들을 널리 알리자는 취지로 문학동네에서 2010년에 제정한 문학상으로, 올해가 12회차인데 현재(2021년 3월 5주~4월 1주) 알라딘에서 판매 종합 순위 1위에 올라섰다고 한다.

이번 작품집에는 대상을 받은 전하영 작가의 〈그녀는 조명등 아래서 많은 시간을 보냈다〉를 포함하여 7편의 소설이 수록되었다. 출판사의 책 소개란에는 "누구도 아닌 자기 자신이 되려고 하는 문학적 의욕, 그 열망을 감지하게 하는 일곱 편의 강렬하고 신선한 성취"라며 한국 문학을 이끌어 갈 작가들에 대한 기대를 한껏 담고 있어서, 얼른 읽고 싶은 마음이 들었다.

예시 3 **여행이 주제인 독서브리핑 작업**

요즘 코로나로 인해 여행은커녕 외출도 제대로 못하고 있어서 온라인 서점에서 여행을 주제로 책구경을 해보았다. 먼저, 김영하 작가의 〈여행의 이유〉라는 책은 제목이 흥미로웠다. 책 소개란에 있는 "여행은 나에게 무엇이었나."라는 구절이 스스로 여행의 의미에 대하여 생각해보게 해주었기 때문에 꼭 한번 읽어보고 내가 생각하는 여행의 의미와 비교해보고 싶다는 생각이 들었다. 사이트에서 제공하는 미리보기를 살펴보니, 여행의 의미에 대해 딱딱하게 풀어가는 것이 아니라 작가가 겪었던 여행 이야기와 함께 풀어가는 방식이라 이 책을 꼭 읽어봐야겠다는 생각이 들었다.

다음으로, 오소희 작가의 〈떠나지 않고도 행복할 수 있다면〉이라는 책도 제목이 무척 흥미로워 살펴보게 되었다. 베테랑 여행가인 작가가 일상의 행복함을 찾아가는 이야기를 담은 책으로, 현재의 답답함이 어딘가로 떠나면 막연히 해결될 것이라고 생각했던 내게는 그 해결책에 대한 궁금증이 커져서 시간이 나면 바로 읽어야지 라는 생각이 들었다.

예시 4 **마음을 비우는 시간을 가질 수 있었던 독서브리핑 작업**

오랜만에 서점에 방문했다. 고등학생 때까지는 문제집을 사야 될 때만 들렀던 곳이라 어색한 느낌이 들기도 했다. 대학생이 되어 학업과 일을 병행하는 것이 버거운 상황이라 그런지 가볍게 읽을 만한 책들에 절로 눈길이 갔다. 드라마 〈김비서가 왜 그럴까〉에 나온 책이 있길래 펼쳐보았다. 〈모든 순간이 너였다〉라는 책은 짧은 시와 글로 구성되어 있어 선 채로 부담 없이 전체를 훑어볼 수 있었다. 그리고 이 책의 한 부분을 읽으며 위로를 받았는데, "네가 이제껏 맺고 끊었던 모든 인간관계들도 아침 일찍 일어나 무거운 몸 이끌고 가끔은 밥까지 걸러 가며 했던 일들도 행여나 남들에게 뒤처질까 노심초사하며 보냈던 그 시간들마저도 충분히 잘했다."라는 부분이다.

〈오늘은 이만 좀 쉴게요〉라는 에세이집도 선물로 받아 다 읽은 책인데, 이렇게 서점에서 다시 보게 되니 흥미로웠다. 아직도 기억나는 내 마음에 들었던 구절을 찾아보았다. "더 중요한 사실은 당신도 모르는 어떤 부분을 누군가는 이를 갈면서 부러워하고 있다."라는 부분이다. 요즘말로 '인스타 감성' 글귀만 모아놓은 책이라고 생각했던 나의 편견을 깨게 해준 책이라는 생각이 새삼 든다.

2-2 외부적 조건 탐색

이제부터 살필 사항은 한 권의 책을 선택하여 독서 브리핑을 할 때 필요한 작업이다. 한 권 책의 외부적 조건과 내부적 조건을 나누어 탐색하는 방법을 살펴보기로 하자. 한 권의 책을 읽어나갈 때 외부적 조건을 탐색하는 것은 표지에서부터 서지사항 등을 살펴보는 것을 말하며, 내부적 조건을 탐색하는 것은 서문과 후기, 목차 부분 등을 중심으로 살펴보는 것을 말한다.

한 권의 책도 상품이라는 차원에서 보자면, 출간 이벤트나 사은품 제공, 멋진 표지나 특이한 제본 방식 등 다양한 마케팅 작업이 필요할 수 있다. 새로운 것, 멋진 것은 사람들의 주목을 받게 마련이고, 공들여 만든 한 권의 책을 더 많은 독자에게로 이끌어주는 만남의 끈이 될 수도 있기 때문이다. 외부적 조건에 대한 탐색은 바로 이러한 차원에서 책과 만나는 첫 번째 작업으로, 특히 표지에서부터 저자와 출판사항 등을 살펴보게 된다.

앞뒤 표지 살피기

한 권의 책을 처음 만나는 지점이 바로 표지라고 할 수 있다. 표지의 구성이나 책의 디자인뿐만 아니라 앞뒤 표지 부분에 적힌 사항 등을 두루두루 살펴보는 일이다. 책의 앞뒤 표지에서 받은 인상을 편안하게 체크하면서 어떤 책일지 상상해보는 시간을 갖는 것도 매우 즐거운 일이 될 것이다.

예시 1 인상적인 이 작품의 표지에 대하여

이번 주에 시간을 내서 서점에 가고 싶었는데, 시간 조정을 못 해서 인터넷 서점으로 책을 구경했다. 교보문고 사이트에 들어가서 국내도서 중 소설을 선택했는데, 오래 전부터 다양한 매체에서 소개된 〈아몬드〉가 보이길래 표지부터 살펴보았다. 소설 〈아몬드〉는 공허한 눈동자로 독자들을 바라보는 듯한 표지 속 인물이 인상적으로 느껴졌다. 표지의 그림에서 느껴지는 감성은 뭐랄까, 본격적으로 소설을 읽기 전 초면인 작가와 주인공을 만나 인사하는 기분이라고나 할까? 나중에 여유가 생기면 꼭 읽어보고 싶다.

예시 2 **표지 중심으로 떠나는 독서 브리핑 작업**

나는 알라딘 중고서점에 방문해서 책을 구경했다. 중고서점에 방문한 것은 처음이었는데, 새 책이라 해도 믿을 정도로 책들이 깨끗하고 상태가 좋아서 놀랐다. 출판편집자라는 꿈과 관련해서 책의 표지를 위주로 구경해 보았는데, 책 한 권의 표지를 제작하는 데에도 많은 고민들이 있었을 거라는 생각이 들었다.

〈나미야 잡화점의 기적〉의 표지는 제목 그대로 작은 잡화점의 모습이 담긴 표지였는데, 이렇게 제목을 그대로 따라가는 직관적인 표지는 제목과 연관 지어 책의 내용이 어떨지 쉽게 떠올릴 수 있어서 좋을 것 같았다. 또 다른 종류로는 표지와 내용의 연관성을 쉽게 예측할 수 없는 책들도 있었다.

가장 기억에 남은 표지는 〈참을 수 없는 존재의 가벼움〉이라는 책이다. 이 책의 표지에는 마치 피카소가 그린 듯한 화풍의 남녀가 껴안고 있는 그림과 형태를 알 수 없는 도형 두 개가 그려져 있다. 제목은 많이 들어봤는데 표지가 난해하니 이 책은 어떤 내용일까 하는 호기심이 들었고, 책을 다 읽은 후 표지의 의미를 깨닫는 것도 독자에게 좋은 경험이 될 거라는 생각이 들었다.

서지사항 살피기

서지사항을 중심으로 체크해보는 것도 중요하다. 서지사항이란, 다음과 같이 한 권의 책을 만드는 데 필요한 기본사항을 지칭한다.

저자명	책제목	출판사항(출판사와 연도)

대개의 경우 책의 앞이나 뒷부분에 지은이의 약력을 간단하게 소개하는 부분이 나온다. 전공서적 같은 경우에 있어서는 그 책의 권위를 드러내기 위해 이 부분에 많은 신경을 쓰게 된다. 그 사람의 약력은 물론 그 사람이 쓴 책, 학위논문까지 언급하고 현재의 관심사 등 학문적 성과를 비교적 자세히 언급한다.

예시 3 **저자 소개: 〈생각을 넓혀주는 독서법〉(멘토, 2000)의 경우**

모티머 J.애들러 (Mortimer Jerome Adler)는 철학자이며 저술가로, 1902년 뉴욕에서 출생하였고. 컬럼비아 대학을 졸업한 후 동 대학 교수를 거쳐 시카고 대학 법철학 교수로 재직하였던 사람이다. 1952년 미국 철학협회를 설립, 회장을 역임하였고, 아스펜 인문연구소 원로 회원이기도 하였다. 저서로는 〈독서법〉〈변증법〉〈철학의 조건〉〈우리들의 시대〉 등이 있다. 찰스 반 도렌 (Charles Van Doren)은 1926년 뉴욕에서 출생하였고. 컬럼비아 대학에서 수학과 영문학을 전공했다. 1955년 동 대학 영문학 교수를 지냈으며 브리테니카 백과 사전 부사장을 역임했다고 한다. 저서로는 「The Idea of Progress」「Great Treasury of Western Thought」 등이 있다.

예시 4 **저자 소개: 〈하버드 스트레스 수업〉(와이즈맵, 2021)의 경우**

대입이 끝나고 자신에 대해 생각할 시간이 많아진 요즘, 학업과 일상에서 받는 스트레스를 어떻게 하면 긍정적인 방향으로 해소를 할 수 있고 보다 행복한 삶을 살아갈 수 있는지에 대한 고민을 하게 되었다. 인터넷 교보문고 사이트를 살펴보았는데, 자기계발 분야와 건강 분야에서 스트레스 관련 책들이 많이 있었다.

가장 눈에 띈 책은 〈하버드 스트레스 수업〉이라는 책이다. 책 표지에는 '구글, 페이스북이 선택한 하버드 의대 40년 연구 성과'라는 문구와 함께 '세계 최고의 조직들이 선택한 하버드 스트레스 프로그램!'이라는 문구가 있었다. 신뢰할 수 있는 대기업들이 책에서 소개하는 스트레스 관리법을 따르고 있다는 정보도 있어 흥미로웠다. 목차를 살펴보니 사람들이 스트레스를 관리해야만 하는 이유를 과학적인 근거와 함께 제시하며, 누구나 쉽게 스트레스를 관리할 수 있는 실용적이고 구체적인 방법에 대한 내용을 다루고 있어 나의 상황에 적합한 책이라고 생각하였다.

무엇보다 책의 저자인 왕팡이 전문가인지 궁금하여 알아보았다. 왕팡 박사는 불면증, 우울증, 불안 장애, 강박증, 공포증 등 정신적 심리적 질병을 치료하고 해결하는데 깊은 관심을 가지고 있고 하버드대학교 의학대학원 매사추세츠 종합병원(MGH) 심신의학 연구원이라고 한다.

예시 5 **저자 소개: 〈당신의 생각을 정리해 드립니다〉(비즈니스북스, 2021)의 경우**

〈당신의 생각을 정리해 드립니다〉라는 책을 살펴보았다. 표지에 '대한민국 최고의 생각정리 컨설턴트 복주환이 알려주는'이라는 문구가 있어 인상 깊었다. 경영 컨설턴트나 부동산 컨설턴트처럼 경제 분야에서는 흔한 직업이 '생각정리' 뒤에 붙어 있어 신기했기 때문이다. 하지만 복잡하게 뒤엉킨 생각들을 어떻게 하면 효율적으로 정리하는지 독자들에게 도움을 주는 책이라고 하니, 충분히 저자 이름 뒤에 컨설턴트가 붙을 만하다는 생각도 들었다.

어떤 책을 읽기 전에 저자 소개 부분을 미리 살펴보면서, 이 책의 저자에 관해 내가 알고 있는 것은 무엇인지 점검해보게 되면 책의 신뢰도나 설득력 등을 조금은 미리 가늠해볼 수 있지 않을까? 나아가 해당 주제에 관하여 저자가 발표한 다른 글이 있는지, 또 해당 분야에서 저자의 권위는 어떠한지 등에 대하여 확인해보면 문제해결에 자극과 도움이 되는 문헌을 제대로 찾아갈 수 있다.

이때, 선택한 책의 성향에 따라서는 어느 출판사에서 언제 나왔는지 등을 확인하는 것도 책에 대한 정보를 제대로 체크하는 방법이 된다. 다음의 <예시>는 출판사에서 제공하는 도서목록을 주목하여, 책의 기본성향 등을 파악하는 단서로 활용하고 있다.

예시 6 출판사 정보: 〈다시 쓰는 한국현대사〉의 경우

이 책은 1권은 돌베개라는 출판사에서 1988년에, 2권은 1989년, 3권은 1992년에 출판되었다. 특히 관심을 끄는 부분은 돌배개라는 출판사에서 출판한 도서목록이다. 이것은 1권의 제일 뒷장에 나와 있는데, 이 출판사에서는 순수문학이나 대중성 강한 문학작품들이 아니라 인문사회과학분야와 우리나라의 노동운동에 관한 책들을 출판하고 있었다.

2-3 내부적 조건 탐색

내부적 조건을 중심으로 탐색하는 독서 브리핑 작업은 본격적인 책읽기에 들어가기 전, 이 책이 나에게 얼마나 도움이 되는지, 나의 관심사나 취향에 맞는지 등을 가늠해볼 수 있는 여러 지점들을 살펴보는 작업이라 할 수 있다.

내부적 조건을 탐색하는 독서 브리핑 작업에서는 내용 부분을 곧바로 읽어나가기보다 서문과 후기 등이 있는지를 살펴보는 작업을 우선적으로 진행해야 한다. 우리들의 독서 작업에서 서문과 후기 부분을 읽는 것은 책의 의도를 파악하는 지름길이 된다는 점에서 중요하기 때문이다.

서문 부분의 브리핑

서문을 읽어보면 이 책이 어떠한 내용을 어떻게 전개해 나갈 것인지를 개괄적으로 알 수 있고, 어떠한 배경과 의도에서 이 책을 저술하였는지도 파악할 수 있게 된다. 저자의 의도를 알게 되면 한 권 책에서도 핵심적인 내용을 좀더 잘 가려낼 수 있게 될 것이다.

특히 내부적 조건을 탐색하는 독서 브리핑 작업에서는 어떤 독자를 대상으로 서술된 책인가를 확인하자. 전문적 지식을 일반 대중에게 쉽게 풀이한 책인지, 특정한 주제에 관해 심층적으로 탐구한 책인지, 또 저자와 같은 수준의 전공 학자를 대상으로 삼았는지 아니면 대학생을 대상으로 쓴 것인지를 미리 파악해보자는 것이다.

대학생의 글쓰기 작업에서는 자신의 사고력을 발휘하는 것이 중요한 전제가 되므로, 자신의 지적 수준에서 충분히 소화할 수 있는 단계를 적절하게 고려해야 즐거운 독서 작업과 충실한 공부 활동으로도 이어질 수 있다는 것을 유념해야 한다.

예시 1 **『다시 쓰는 한국현대사』의 경우**

이 책은 모두 8부로 구성되어 있다. 1부 해방과 분단, 2부 한국전쟁, 3부 부활의 기적, 4부 반혁명 공세, 5부 그래도 역사는 전진한다, 6부 항쟁의 불꽃, 7부 어둠과의 대결, 8부 급변하는 대외정세와 민족의 진로, 이러한 구성에서 알 수 있듯이 이 책은 한국의 현대사를 투쟁의 역사로 인식하고 있다. 민중의 투쟁으로 급격한 경제 성장으로 인한 부를 그나마 재분배 할 수 있었고 우리나라의 민주화 또한 군부와 그 시대마다의 기득권층의 압제에 대한 민중의 항거가 있었기에 가능하였다고 서술하고 있다.

일제 강점기 해방이후 우리 민족의 가장 큰 수난은 한국전쟁 때문이라고 평소 생각하고 있었기에, 제2부 한국전쟁에 관한 부분을 관심 있게 보았다. 제2부 한국전쟁 부분은 전쟁전야부터 전쟁후의 냉전체제에 이르기까지의 내용을 서술하고 있다는 것을 소제목들로부터 알 수 있었다. 제2부 한국전쟁 중 제1장 전쟁전야 부분을 살피고, 자료카드를 만들어 볼 예정이다. 같은 민족끼리 총부리를 겨눈 현대사의 가장 가슴 아픈 장면에서 미국은 어떠한 역할을 하였는지 궁금하였고 특히 '역사를 미리 쓰는 미국'이라는 소제목이 있는데 이 소제목에 의하면 미국의 계획이라는 것이 추측되기 때문이다.

예시 2 **『남 앞에서 떨지 않고 말하게 해주는 책』의 경우**

나의 말하기 생활에 있어서 가장 큰 문제점은 지나치게 많이 긴장한다는 점이다. 그런데 책제목이 『남 앞에서 떨지 않고 말하게 해주는 책』이라니, 제목만 보고는 마치 처방전을 받은 듯한 느낌이었다. 남 앞에서 말을 하기 위해서는 긴장하지 않고 당당해지는 것이 가장 기본적인 요소가 될 수 있다. 그러므로 이 책은 효과적인 말하기의 탄탄한 밑바탕이 될 수 있는 책이라 할 수 있다.

저자는 현재 아카데미를 설립하여 일본 여러 곳에서 화술교실을 개설하고 있다고 한다. 이런 점에서 저자가 실전에서 쌓은 다년간의 경력이 아무것도 모르는 독자가 책을 보다 더 쉽게 이해하는데 도움을 주리라 생각했다.

저자는 책머리에서 현대를 '무언의 커뮤니케이션'이 범람하고 있는 세상이라 표현한다. 말하기의 중요성은 강조되어 가고 있지만 아이러니하게도 사람들과 대화하는 시간은 줄어들어 말하는 것에 긴장하고 두려움을 갖게 되는 것이 당연하다는 것이다. 결국 현대인은 자연스레 효과적 말하기를 터득하길 바라기 보다는 적극적으로 말하기를 배우는 것이 전적으로 필요한 것 같다.

예시 3 **『화술 1, 2, 3의 법칙』의 경우**

책표지를 보면 화술 1,2,3의 법칙을 이렇게 말하고 있다. '한 번 말하고 두 번 듣고 세 번 맞장구쳐라.' 이것만 보고는 책이 확실히 어떤 종류의 말하기 방법을 담은 것인지 알 수 없었다. 화술에 대한 수많은 책들 가운데 이 책은 비교적 평범한 제목을 갖고 있었고 처음 책을 봤을 때에는 화술에 대한 법칙을 3가지 항목으로 나누어 열거해놓은 책일 거라 생각했다.

저자는 미국에서 유명한 저술가이자 강연가이며 수많은 저서를 통해 처세론, 인생론, 대화술, 지도론 등의 이론을 체계화했다고 한다. 저자는 분명 자기계발의 여러 분야에 많은 관심을 가지고 있었던 것 같다. 이 때문에 나는 저자가 화술에 관한 내용만을 책에 실었을지라도 좀더 폭넓은 시각을 가지고 썼으리라는 생각을 하게 됐다.

옮긴이 이상각이 쓴 서문에서 '눌변이란 천성은 존재하지 않는다.'라는 말이 눈에 들어왔다. 데일 카네기는 화술교육을 통해 이를 분명하게 증명해 보였고, 문득 그 글을 읽을 나 역시도 능란한 화술의 소유자가 될 수 있으리라는 희망에 사로잡혔다. 또 에필로그에서 붉어지던 뺨이 점점 투명해지며 당신은 점점 세상에 적응해 갈 것이라는 말에 사람들 사이에서 조리 있게 말하고 있는 내 모습을 상상해 보기도 했다.

특히 어떤 책을 처음부터 끝까지 읽기 힘든 경우 책의 제목과 부제, 머리글, 목차 등을 훑어보는 것이 유익함을 얻는 지름길이 되기도 한다. 또 색인란에서 핵심 개념이 서술되어 있는 페이지를 확인하여 읽어보면 필요한 대목을 빨리 찾는 데 도움이 되기도 한다. 목차 검토 작업의 장점이 있고, 독서 브리핑 훈련에서는 이 부분이 가장 중요하다고 할 수 있다.

목차 부분의 브리핑

목차 검토의 장점을 살려 제대로 연습하려면, 좀 더 시간을 투자하여 글의 짜임새와 세부적인 내용의 연관성을 탐색해보는 것이 필요하다.

예시 4 목차 브리핑을 해보았더니…

① 책의 목차는 매우 잘 분류되어 있었다. 쉽게 긴장한다는 것이 어떤 상태인가에 대한 설명부터 시작해 남 앞에 서면 흥분되는 이유, 그리고 그 극복방법과 준비, 연습방법 등을 설명해 놓았다. 무엇보다 매력적이라 생각했던 점은 긍정적으로 사고하라는 정신적 차원과 평소 훈련을 통해 극복할 수 있는 실천적 차원까지 극복방법을 비교적 구체적으로 제시해 주었다는 점이었다. 만일 이 책에 나온 대로 잘만 실천한다면 남 앞에서 얼굴이 붉어지고 몸이 떨리는 내 증상이 좀 치료될 수 있을 것 같은 생각이 든다.

② 목차를 보면 이 책의 제목인 〈화술의 1,2,3 법칙〉은 책 속 소제목중의 하나임을 알 수 있다. 아마도 소제목 중에 책 전체를 아우를 수 있는 것을 채택한 모양이다. 목차가 세부항목으로 잘게 나누어져 있다. 목차만 보면 이 책은 주로 대인관계의 윤활유가 될 수 있는 화술을 다룬 것 같다. 특히 성공화술의 전제조건이라든지 잡담의 미학과 같이 섬세한 부분에도 신경 쓴 흔적이 보여 읽어보면 마치 가려운 곳을 긁어줄 수 있지 않을까 하는 생각이 들었다

독서 브리핑 작업을 진행할 때는 자신의 여건에 맞게 진행하는 것이, 부담스러워 생략하게 되는 것보다는 훨씬 낫다. 막연하게라도 목차를 훑어보는 것이 그러한 작업이 없는 것보다는 훨씬 더 독서 작업의 효율성을 높이는 데 도움이 되기 때문이다.

그래도 기왕에 독서브리핑 작업을 해보고 싶다면 다음과 같은 단계로 구체적인 목차 검토 작업을 진행하면 더욱더 짜임새 있는 브리핑 작업을 진행할 수 있게 될 것이다.

예시 5 **세부 목차를 보고 체크해보기: 〈생각을 넓혀주는 독서법〉의 경우**

	세부 목차(구체적인 항목)	내가 체크해 본 것
서문	책을 내며	독서의 방법을 강조하는 이유
1부	제1장 책 읽는 행위와 기술 제2장 독서의 수준 제3장 기초적인 읽기 제4장 살펴보기 제5장 의욕적인 독자가 되는 법	기초 읽기란? 살펴보기란? 의욕적인 독자란?
2부	제6장 책 분류하기 제7장 책을 꿰뚫어보기 제8장 저자와의 협약·용어 파악 제9장 저자가 전하는 메시지를 찾아라 제10장 공정하게 비평하라 제11장 저자에게 찬성하기, 반대하기 제12장 책을 읽을 때 도움이 되는 것	분석하며 읽는 방법 독서의 수준별 단계
3부	제13장 실용 서적 읽는 법 제14장 문학 서적 읽는 법 제15장 소설, 희곡, 시 읽는 법 제16장 역사 서적 읽는 법 제17장 과학과 수학 서적을 읽는 법 제18장 철학 서적 읽는 법 제19장 사회과학 서적 읽는 법	분야별로 다르게 읽는 법 비중에 따라 다시 세분화
4부	제20장 통합적인 읽기 제21장 책 읽기와 정신의 성장	책읽기의 궁극적인 목적 통합적으로 읽기
부록	색인	키워드로 찾아보기

목차 작업에서 기본적인 체크를 하고 나면, 다시 중요한 사항들을 메모해놓는 것이 좋다. 아마도 이미 중요한 부분을 체크해놓았으므로, 그에 해당하는 요점을 정리하기가 훨씬 쉬울 것이다. 예를 들면, 아래와 같은 작업을 해놓는 것이다.

예시 6 체크사항을 중심으로 요점 정리해보기

	요점 정리해보기
서문	어느 교육학자의 연구결과에 의하면 학력 향상에 가장 필요한 것은 독서라고 한다. 자신에게 알맞은 학습방법을 찾아내어 꾸준히 노력한 학생이 아니라면, 실력을 높이기 위해서는 평소에 늘 책을 가까이한 경우만 월등히 성적이 올라갔다고 한다. 이렇게 서문을 읽어보니, 독서법에 대한 관심과 실천이 중요하다는 것을 알 수 있었다.
1부	저자에 의하면 독서방법은 기초적인 읽기/살펴보기/분석하며 읽기/통합적인 읽기라는 단계를 거치며, 통합적인 읽기는 다시 5단계(관련된 문단 찾기, 저자로 하여금 단어의 의미에 맞추도록 하기, 질문을 명확히 하기, 쟁점을 규정하기, 논의되고 있는 내용 분석하기)로 나뉜다고 한다
2부	저자는 어려운 책의 경우 책을 먼저 살펴본 후 분석적으로 읽으라고 말한다. 어려운 부분이 나와도 계속 읽기를 권하고 있는데, 스스로 몇 차례 읽으면서 나름대로 이해를 시도하며 독서력을 키울 수 있다고 주장한다. 어려운 책들을 읽어내면서 독자의 인생과 정신이 성장한다는 저자의 주장대로 분명한 목적의식을 갖고 독서를 한다면 인터넷 시대에도 '종이에 인쇄된' 책의 중요성을 깨닫게 될 것이다.
3부	분야별로 책 읽는 방법을 다양하게 제시하고 있다.
4부	좋은 책은 열심히 읽으면 그 대가가 있다. 좋은 책은 이 세상과 독자 자신에 대해 가르쳐 주기 때문이라고 한다.
부록	중요한 핵심어들이 세세하게 나열되어 있다.

1 연습해볼까요?

다음의 <예시>는 한 가지 주제로 여러 책을 비교하는 방식으로 독서브리핑을 한 결과물이다. 독서 브리핑 작업을 잘 해내고 있는지 차분히 살펴보자. 우리도 한 가지 주제로 여러 책을 비교하는 방식으로 독서 브리핑 작업을 진행해보자.

〈예시〉 제목: 20대를 위한 자기계발서 독서브리핑으로 살펴보기

1. 들어가기

먼저, '20대'라는 키워드로 도서 목록을 검색해보았다. 주제에 잘 부합하는 대상자료를 고르고자 20대라는 단어가 들어간 책들로만 검색했다. 놀랍게도 많은 책들이 검색되었다. 이 책들이 20대를 주 독자로 하는 이유는 무엇일까? 재테크, 주식 등 특정 분야에 관련된 내용을 위주로 한 책은 배제하고 일상생활에 관련되는 큰 틀을 가진 책들로 다음의 3권을 선정하였다.(이하 부분에서는 A/B/C로 지칭하여 설명하기로 한다.)

A	이지성.『20대, 자기계발에 미쳐라 〈20대를 변화시키는 30일 플랜〉』.맑은소리, 2008.
B	정지영.『20대, 성공하는 습관에 미쳐라 〈20대 ROLE 모델〉』.동아북스, 2008.
C	김훈태.『20대는 짧다 거침없이 살아라』.한언, 2007.

2. 대상자료의 공통점

우선, 공통적으로 '20대 ~하라'라는 제목을 가지고 있다. 이것은 '20대 독자에게 자기계발의 멘토가 되어 나은 미래를 위한 비전을 가지게 할 것'이라는 저술 동기가 비슷하기 때문이다.

다음으로, 문체 측면에서 '해라', '할 것'과 같은 말투가 많다. 이것은 일종의 의무를 주는 명령조이며 독자에게 강하게 독려할 수 있도록 한 것이다. 또 '해야 한다/해서는 안 된다'라는 식으로 그 일이 자신에게 주어진 당연한 과제임을 강조하였다.

이 책들을 한 권씩 읽다보니 이 책에서 나왔던 말이 저 책에서 나오는 경우가 많았다. 각 개인의 성향이 다르고 다수의 사람들에게 통용되는 법칙을 만들기 위해서는 평범하다 싶은 방법을 제시할 수밖에 없다는 생각이 든다. 그러나 범위를 좁혔을 경우에는 현실에 맞는 다양한 자기계발 원칙이 발견되기도 했다.

3. 대상자료의 개별적 특성

우선 서술방식에서 차이가 드러난다.

A의 저자는 작가가 되겠다는 꿈을 가지고 20대부터 자기계발 플랜을 실천하여 서른에 그 꿈을 이룬 자신의 경험담을 바탕으로, 설득력을 높이기 위해 다양한 참고문헌에서 자신의 주장과 밀접한 부분들을 가져다 썼다. 책에는 모두가 불가능하다고 말했던 자신의 꿈에 끝없이 도전하고 결국에는 승리를 거둔 저자의 20대 스토리가 고스란히 녹아 있다. 저자는 이 경험을 바탕으로 마인드뿐만 아니라 행동과 인간관계의 변화까지 이끄는 자기계발 30일 플랜이라는 것을 제시한다.

B의 저자는 우리나라에서 20대에 최정점에 서 있는 사람이 누구인가라는 질문을 시작으로, 우리나라 사람 중 20대에게 롤 모델이 될 만한 사람들의 사례를 들어 이들을 닮아가도록 서술하고 있다. 유명인이나 미화된 연예인이나 노출빈도가 잦은 사례들은 최대한 배제하였으며 가능하면 생활에서 활용할 수 있는 경우만을 골라내었다. C의 저자는 이야기를 먼저 제시하고 그에 관한 생각을 독자에게 직접 적어보도록 하고 있다.

다음으로, 구성적인 측면에서도 차이가 드러난다.

A의 경우 제목에서처럼 30일을 플랜으로 짜서 하루하루마다 다른 일을 실천해 보도록 권하고 있다. 목차를 보면 "제1일: '관점 변화시키기'에 미쳐라/제2일: '크게 생각하기'에 미쳐라" 등과 같이 날짜별로 구체적인 실천사항을 제시하고 있다. 목차만을 보고도 충분히 내용을 유추해 낼 수 있을 만큼 30일 간의 계획이 명확하고 간략하게 제시되어있다.

'제○일 ~하라'로 시작하여 저자의 의견을 제시한 후 '오늘은…'이라는 면이 나오면서 독자가 실천을 잘 할 수 있도록 방법적인 면을 서술한다. 그리고 '생각해보자'라는 면에 몇 단락 안 되는 짧은 글이 이어지면서 마지막으로 독자에게 생각해볼 수 있는 시간과 여운을 남겨준다. 디자인을 보면 만화로 산과, 자동차를 타고 화살표방향으로 가는 모습, 그리고 모래시계를 그려

놓은 면이 많다. 이것은 20대들이 올라가야할 높이, 그리고 가야할 방향, 속도 등을 이미지화한 것이다.

B의 경우에는 3부로 나누어 총 22명의 롤 모델을 한 명씩 제시하고 그 사람의 성공사례를 이야기해 준 다음 '이 사람처럼 한번 해보라.'는 식으로 서술하고 한다. 예를 들면, "role 13:이론에 앞서는 동물적인 감각에 귀를 열어 두어라/role 14:성격은 숙명적인 것이 아니다"와 같은 식이다. 내가 생각하기에 이 책의 목차는 강한 어필을 하는 말도 없을뿐더러 간명성이 떨어져 지루했다. 나라면 책의 특성을 살려 "국내 최연소 모바일 서비스 기획자, 김태주"처럼 롤 모델의 간략적인 설명과 이름을 써서 독자의 관심을 끌었을 것이다.

책 안쪽을 보면 매 파트마다 '오늘만은 ~ 해 보세요.'라는 것으로 시작하는데, 다음 장을 넘기면 사진과 함께 박스 안에 롤모델의 설명을 간략히 제시한다. 이 책은 디자인적인 측면에서 할 말이 많다. 아니 할 말이 많다기보다 책에서 디자인이 차지하는 비중이 높다. 매 파트마다 사진을 한 장씩 붙여놓았는데 책 내용을 시작하기에 앞서서 독자에게 잠시 생각할 시간을 주는 나름대로 주제가 있는 사진들이다. 색채도 매우 아름다워 여성 독자의 감성적인 측면을 자극하기 위함인 것 같다.

뒤표지에 적힌 다음과 같은 말이 인상적이었다. "목표가 정해지면 쓸데없는 생각은 집어치우고 집중하자. 단순하게 생각하는 사람들이 성공하고 한 단계 올라가고, 걱정이 많고 생각을 집중하지 못해 늘 생각의 짐을 짊어지고 가는 사람들은 부정적인 얘기들을 하며 주저앉는다."

C의 경우에는 처음에 명언을 하나씩 제시하고 저자의 의견을 피력한 다음 해외의 여러 가지 사례를 몇 가지씩 나열했다. 그리고 문체는 마치 친구에게 이야기하는 듯 "기록은 힘이 세다!/돌고래가 만약 종이와 펜을 쓸 수 있다면?" 식이라서, 목차만 읽어도 재미가 느껴졌다. 새로운 용어를 만들어내는 참신함과 정형화되지 않은 유머러스함이 느껴진다.

서술방식을 보면 세계사, 수학문제, QBQ, 학생증후군 등 다양한 분야의 용어들이 나오고, 여러 가지 표와 그림도 함께 나온다. 마치 교과서를 보는 듯하다. 저자는 이렇게 독자가 항상 연필을 들고 자기계발 공부할 수 있는 책을 쓰고자 한 것 같다. 그리고 각각의 면에서 자주 나타나는 픽토그램은 책에 깔끔함을 더해주고 책의 과제들에 집중할 수 있게 만들어주는 역할을 해준다.

4. 나오며

세 가지 책을 비교해 보니, 자기계발서들은 저술동기뿐만 아니라 제목이나 문체가 비슷하지만, 독자에게 다가가기 위한 서술방식이나 구성, 디자인에서는 개별적인 특성이 있다는 것을 알게 되었다. 자기계발서라는 것이 방대하지만, 그래도 스스로 주제에 부합하는 책을 찾아 읽고 대략적인 평가를 해 보았다는 점에서 뿌듯하다.

3장

독서일기로 워밍업하기

1. 독서일기를 주목하는 이유

앞선 부분들에서는 독서 이정표를 세우는 작업과 독서 브리핑 작업에 대하여 살펴보았다. 독서 이력서를 통해 독서 이정표를 세우는 것은 지나온 독서 환경과 독서 성과를 돌아보고 좀 더 계획적인 독서를 할 수 있게 도와주는 작업이었다. 그러한 독서계획이 없다 하더라도 독서 이정표 작업을 살펴보면서 자신의 독서 생활에 대한 반성적 탐색 작업을 시도할 수 있을 것이다. 그리고 독서 브리핑 작업은 한 권의 책을 본격적으로 읽어 나가기 위한 준비 작업을 지칭하는 것으로, 어떤 책을 선택하여 읽는지에 대한 기본정보를 자기 스스로 체크하여 독서 작업의 효율성을 높이는 방법이라 할 수 있다.

이번에는 독서 작업과 연속적으로 이어서 할 수 있는 독서 후 활동을 살펴보면서, 독서 이후 성과를 높이는 몇 가지 지점을 주목하고자 한다.

1-1 책과의 교감 흔적

우리가 다양한 독서 활동을 하면서 얻을 수 있는 지점 중에 가장 중요하고 필요한 일을 꼽으라면, 아마도 자신의 취향과 선택에 대해 스스로 객관적으로 바라볼 수 있는 능력을 키울 수 있는 계기가 된다는 점이 아닐까? 다양한 선택지 중에 어느 하나를 적극적으로 선택하고 스스로 독서 활동을 어떻게든 일단락지으면서 그 선택지에 대한 자신의 성과와 소회가 어떤지를 돌아보는 작업은 우리 스스로를 성장시키는 기폭제가 될 것이기 때문이다.

이런 맥락에서 한 권의 책을 읽을 때마다 꾸준히 실천할 수 있는 독서 후 활동으로 독서일기 작성을 추천하고자 한다. 독서일기란, 독서 작업을 하면서 경험한 다양한 소감과 평가, 의문과 발상 등을 그냥 흘려보내지 않고, 소소하게나마 메모하고 자유롭게 기록해두는 작업을 말한다. 우리가 일상생활에서 일기를 쓰듯이 독서와 관련한 것을 자유롭게 다양하게 갈무리해두는 작업이 바로 독서일기를 작성하는 방식이다.

독서일기는 이러한 취지에서 개인적으로 소박하게 실천할 수 있는 독서 후 작업으로 의미를 지닌다. 예를 들어, 박민규의 소설 〈카스테라〉를 읽고, 궁금한 점을 중심으로 친구들과 소감을 나눠보자.

예시 1

① 이 소설을 재미있게 읽었어. 그런데, 왜 하필 냉장고인지, 냉장고의 의미가 무엇을 의미하는지 궁금하더라.

② 나도 그래. 처음에는 냉장고 대신 쓰레기통이 적절할지도 모르겠다고 생각했지. 그런데 '냉장고를 통해, 비로소 인류는 부패와의 투쟁에서 승리한다.'라는 표현을 보고 세상을 정화한다는 의미에서 냉장고를 선택한 게 아닐까 이해하게 되었어.

③ 어이없겠지만 처음에 화자가 냉장고에 아버지를 넣었을 때 순간 '이거 혹시 살인사건이야?'라는 생각이 들었어. 냉장고를 사전적 의미의 가전제품으로 생각했으니까. 하지만 점점 용도를 변경해가는 냉장고를 보며 화자가 말하고자 하는 소설 속 냉장고의 의미를 짐작할 수 있었는데, 바로 '부패와의 투쟁'이야.

④ 맞아. 냉장고는 어떤 것이 변질되거나 부패하는 것을 막아주니까, 소중한 것은 변질되지 않고 보존되도록 지키고, 해악인 것은 그 이상 부패하지 않도록 하기 위해 그렇게 한 것 같아.

이렇게 친구들과 나눈 이야기도 잘 갈무리해두지 않으면 어쩔 수 없이 기억 속에서 사라지게 된다. 그래서 독서일기는 자신이 읽은 책을 소박하게나마 기록의 형태로 남겨놓는 작업이다. 다음의 <예시>처럼 가볍게 메모하듯이 책을 읽은 소감 등을 남겨놓는 독서 행위가 바로 독서일기라고 할 수 있다.

예시 2

2021년 1월 20일 – 박민규의 소설 〈카스테라〉에서 냉장고의 의미는 뭘까?

인간은 냉장고의 발명을 통해 부패와의 투쟁에서 승리한다. 하지만 인간 자신의 부패는 어떠한 제약도 가할 수 없었다. 내가 생각하기에, 소설 속 냉장고는 인간세계의 부패된 모습을 비판하기 위해 사용된 도구와도 같다. 냉장고 안에 유익하거나 해로운 것들을 아무렇지 않게 집어넣고 문을 닫으면서 부패하거나 부패중인 인간세계를 간접적으로 비판하고 있는 것이다.

'오늘밤만은 이 세계의 부패도 그 진행을 멈추겠지, 라고 나는 생각했다.' 이 문장이 냉장고의 의미를 설명해 주지 않을까. 냉장고에 넣음으로써 부패의 진행이 멈춰진 상태 말이다.

독서일기를 남기는 과정을 통해 보통 때는 느낄 수 없었던 더 많은 재미와 즐거움을 얻을 수 있다. 흔히 하는 말처럼 아는 만큼 보고 아는 만큼 느낄 수 있는 법이다. 많이 알고 많이 생각하면 그만큼 많이 느낄 수 있고 더 많은 즐거움을 얻을 수 있다고 하니, 이것만으로도 독서일기를 쓰는 이유가 되지 않을까 싶다.

1-2 독서 취향의 발견

독서일기는 단지 책을 읽는 데서 그치는 것이 아니라 책과 교감하고 책의 저자가 전한 메시지와 의견을 교환하는 여정을 남긴다는 데 더 큰 의미가 있다. 따라서 좀 더 즐겁고 편하고 자유롭게 자신의 독서 후 작업을 남겨보는 방식을 고민하는 것이 필요하다.

다음의 〈예시〉는 이 책을 고르게 된 이유와 감상에 대해 굉장히 명확하고 구체적으로 서술한 글로, 작품을 읽고 난 후 찾아온 변화까지 명확하게 설명하고 있어 좋다. 단지 한 권 책의 독서에서 끝나는 것이 아니라 관련 영화까지 찾아보는 적극성을 칭찬하고 싶다.

예시 1

독서일	2021. 4. 6
제목	다시 문학작품을 즐길 줄 알게 된 나를 발견하다
서지사항	정여울, 〈정여울의 문학 멘토링〉(메멘토 출판사, 2013)
독서일기	요즘 들어 너무 감정이 메마르고 자꾸 감정을 억압하려는 게 아닌가 해서 걱정이다. 고등학교 시절, 낯선 기숙사 생활에 적응한다고 스스로를 통제하다 보니 습관이 된 모양이다. 예전에는 여행을 하며 소설도 읽고 감동도 받았는데, 무엇부터 읽으면 좋을지 답답하기만 했다. 문학작품들은 너무 많고 내가 재밌어할 만한 작품들을 찾는 일이 어렵게만 느껴져서, 길잡이가 되어줄 책을 찾다가 〈정여울의 문학 멘토링〉이라는 도서를 발견했다. 서문을 보니 문학에 다가가고는 싶지만 어떻게 하면 좋을지 모르는 사람들을 위한 책이었다. 나는 이 책을 통해 멘토링을 받기로 했고 오늘 70% 정도를 읽었는데, 꽤 만족스럽다. 그리고 이 책에서 언급된 영화 〈벤자민 버튼의 시간은 거꾸로 간다〉도 보게 되었다. 이 책에서 설명한 대로 감동적이었고 코끝이 찡한 경험도 하게 되었다. 아직은 내 감정이 완전히 메마르지 않았구나 하는 안도감, 그리고 이제는 나도 문학작품을 다시 즐길 수 있게 되었구나 뿌듯해졌다.

좀 더 다양한 아이디어를 메모하면서 독서일기를 채워가는 것도 창의력을 아울러 키울 수 있는 훈련이 될 것이다. 예를 들면, 저자에게 보내는 편지글이어도 좋고, 다음의 〈예시〉에서처럼 문학작품이라면 등장인물을 선택하여 편지를 보내는 방식이어도 좋다. 당신의 이러한 점을 본받고 싶다, 혹은 어떤 상황이 주어졌을 때 그렇게밖에 행동할 수 없었는지 물어보는 식으로 자유롭게 작품과 소통하는 것이다. 좀 더 발전적인 아이디어를 제시하는 식으로 적극적인 상상력을 발휘해도 좋다.

예시 2

2021. 7. 26 김 훈의 소설『칼의 노래』를 읽고 쓰는 편지

칼을 울릴 줄 아는 이순신 장군님께

종묘사직의 제단 위에 가토의 머리를 바치고 술 한 잔을 따르고 싶어하는 임금, 강한 신하의 힘으로 다른 강한 신하들을 죽여 왔던 임금, 기나긴 한숨으로 적과 싸우고 있는 임금에 대해 당신이 먼저 휘두른 칼은 제가 희열을 느끼기에 충분했습니다.(이하 생략)

독서일기라고 하여 독서에만 국한시킬 필요는 없다. 독서에서 한걸음 더 나아가 자신이 즐기고 수용하는 문화 전체로 확대하면 그만큼 더 많은 생각과 경험의 기록을 남겨놓을 수 있게 된다. 예를 들어, 자신이 좋아하는 여러 장르를 연결하여 소감을 정리하는 식으로 독서일기를 다양하게 꾸려나가도 좋다. 다음의 〈예시〉에서처럼 문학작품을 읽으면서 음악이나 미술, 철학, 영화 등 다양한 장르와 연관시켜 연결고리를 살려보는 식으로 말이다.

예시 3

① 조정권의 〈산정묘지〉라는 작품을 읽고, 동양적 정신주의를 엿볼 수 있는 신화와 연결하여 소감을 정리해보니 색다른 경험이 되었어.

② 소설을 많이 읽는 편은 아니지만 한 권을 택해 읽을 때는 작가, 인물, 표현, 주제에 각각 중점을 두고 작가에 대한 정보와 함께 소설 속의 인물 중 가장 나와 맞지 않는 인물을 하나 골라 그 인물이 왜 그렇게 해야만 했을까를 (때로는 심리학책을 찾아보면서까지) 이해해 보려고 애쓰는 편이야. 사람의 성격유형에 관심이 많은 취향 탓이겠지만, 이렇게 하다 보면 실생활 속에서도 사람의 심리를 보다 많이 이해할 수 있게 되거든.

③ 나는 마틴 기어의 〈귀향〉이란 영화 속 주인공의 행동을 푸코의 감시주의와 연결해보았어. 주인공의 심리적 변화를 해석하는 데 도움이 되는 것 같았어.

④ 박범신의 소설 『흰 소가 끄는 수레』를 인상 깊게 읽었는데, 다소 생뚱맞아 보이지만 클래식하고 연결해보고 싶더라. 나는 클래식을 좋아하니까, 특히 표현주의에 속하는 음악들과 이 작품이 잘 연결되는 것 같아서 말이야.

⑤ 〈뱀에게 피어싱〉(가네하라 히토미 지음)이라는 책을 아주 재미있게 읽었는데, 소유라는 말에 대해 곱씹게 되더라. 일단, 소유라는 것은 좋은 말인 것 같아. 욕심이 많은 나는 금방 무언가를 소유하고 싶어지는데, 금세 슬퍼지기도 해. 왜냐구? 일단 손안에 들어오면 자기 것이라는 사실이 너무도 당연하게 여겨져서, 손에 넣기 전의 흥분이나 욕구는 이미 사라져버리고 마니까 말이야. 그래서 법정 스님이 말씀하셨던 무소유나 공자의 사상과 연결 지으면 어떨까 하는 생각이야. 너는 어떤 아이디어가 있어?

⑥ 나는 시나리오를 쓰듯이 여러 책의 인물들을 모아서 대화를 나누는 식으로 써본 적이 있어. 나는 책의 표현적 측면을 중요하게 여기는데, 읽다가 감탄이 절로 나오는 멋진 문장이라든가 가슴에 와 닿는 부분을 그대로 적어두거든. 그리고 사람들과 이야기할 때 어울리는 상황에서 꼭 써먹어야지 생각하는데, 그럴 일이 많지 않더라고. 그래서 여러 책의 인물들을 소환해서 내 나름대로 주제와 상황을 잡아놓고 멋진 표현들을 적용해보았거든. 의외로 재미있는 상황이 많이 나오고, 인물이 달라지니까 다양한 관점의 사고가 가능해지는 것 같았어.

그런 의미에서 독서일기는 일기라는 형식이 내포하는 것처럼 가장 개인적이고 주관적인 글쓰기 행위라 할 수 있다. 중요한 것은 책을 읽으면서 자신의 마음이 어디로 향하고 있는가, 무엇을 생각하게 되었는가에 중점을 두고 그것에 대하여 조금 더 깊이 있게 생각을 발전시켜보는 시간과 경험들이다. 그리고 이러한 시간과 경험으로 만들어진 기록이 가장 오래도록 기억에 남고 두고두고 펼쳐보고 싶은 독서일기가 되지 않을까?

1-3 글쓰기를 위한 워밍업

독서일기는 단지 일기 형식의 개인적인 기록으로 끝날 수도 있지만 제대로 쓰고 충분히 다듬어주면 그 자체로 한 편의 훌륭한 글쓰기 결과물이 되기도 한다. 그래서 다른 사람이 써놓은 독서일기를 제대로 살펴보는 것만으로도 글쓰기 훈련에 유익한 지점을 얻을 수도 있다.

다음에 제시하는 사례는 독서일기 단계에서 각각 감상 작업과 비평 작업을 극대화한 경우로, 우리가 대학에서 흔히 수행하는 과제 작업과 연결시켜 준비 작업으로 추천하고 싶다. 특히 대학시절 다양한 과목의 과제로 작성하게 되는 감상문이나 서평 작업을 수행할 때, 이런 식의 준비 작업이 되어있다면 많은 도움을 받을 수 있을 것이다. 어떤 스타일로 책에 대한 이야기를 담고 있는지 특징을 메모해보자.

예시 1

스기야마 마사아키 저/ 이진복 역, ≪유목민이 본 세계사≫, 학민사, 1999.

"유목민은 흐리멍덩해서는 살아갈 수 없다. 격렬한 능력주의·실력주의의 세계이다. 먼저 말을 타지 못하면 쓸모가 없다. 기상과 자연환경의 전반에 걸쳐 민감하지 않으면 안 된다. 가족과 가축에 주의 깊은 눈빛과 동정도 필요하다. 그리고 무엇보다도 계획성, 내구력, 순간의 판단력, 결단성이 필요하다. 집안에의 귀속성과 강렬한 개인의 의식, 일견 모순되는 양면이 개인의 인격 속에 병존한다. 농민도 고통스러우나 유목민은 훨씬 더 고통스럽다. "아, 유목민이나 해볼까?"라고는 절대 말하지 말라."(30쪽)

유목민 하면 겨우 목축이나 하면서 정처 없이 떠도는 사람들 정도로 생각할지도 모르지만, 그들은 우리 생각처럼 그렇게 만만한 존재가 아닙니다. 드넓은 중앙아시아가 유목민의 무대였던 만큼, 그들은 국가라는 이름으로 쉽사리 구속되지 않았던 선 굵은 사람들이었습니다.

세계의 중심이라고 자부하던 중화 세계를 위협했던 흉노도, 인류 최대의 세계 제국을 건설했던 몽골도 모두 유목민이었습니다. 그런데도 우리가 왜 유목민을 우습게 보는지 이 책은 그 이유를 하나하나 분석하고 있습니다. 서구나 중국이 중심이 아닌 유목민의 시각에서 본 세계의 역사는 어떠했는지 궁금하지 않은가요?

유목민의 역사는 그야말로 도전과 개척의 연속이었습니다. 그러나 나는 무엇보다 유목민의 빈틈없었던 생활방식을 여러분에게 가장 먼저 알려주고 싶습니다.

앞에서 발췌한 글을 보면 유목민이야말로 오늘날의 어떤 기업가, 정치가보다도 전략적이었고, 어떤 엘리트보다도 앞서 나갔다는 것을 금방 알 수 있습니다. 자유롭기 위해서는 우선 자기 자신을 혹독하게 훈련시킬 줄 알아야 한다는 교훈도 유목민의 삶을 통해 확인할 수가 있지요.

지금 스스로 삶에 자신이 없어 어디론가 떠돌아다니며 자유를 만끽하고 싶다는 유혹에 사로잡힌 친구가 혹 있지는 않은지요? 그렇다면 더욱더 당당하고 자유롭게 떠나기 위해서라도 자기 자신을 점검한 후 유목민이 되는 게 어떻겠습니까.[3]

예시 2

성, 혹은 유전적 협동사업
-매트 리들리 저/ 김윤택 옮김, 『붉은 여왕』, 김영사, 2002 -

이 책은 성과 진화에 관한 수수께끼를 알기 쉽게 풀어쓴 진화생물학 저널리스트의 흥미진진한 저술이다. 체스 판 위의 붉은 여왕은 거울나라에 들어갔다가 진화생물학의 세계로 뛰어나온다. 왜 대부분의 생물들은 여러 성이 아니라 암컷과 수컷 두 개의 성으로 나뉘어 있을까. 성은 우연의 산물인가. 아니면 유전자의 적극적인 세계 내 생존전략의 산물인가. 여성과 남성은 어떤 근거로 서로를 선택해 짝짓기에 이르는 것일까.

인간은 성의 재조합과 이종교배를 통해 진화한다. 새로 태어난 아기는 어머니와 아버지 사이의 이종교배를 통해 양가 할머니와 할아버지 네 사람의 유전자를 재조합한 결과물이다. 모든 사람은 성의 이종교배와 재조합의 칵테일인 것이다. 인간은 "성별, 짝 선택, 근친상간 기피, 중혼, 사랑, 질투" 등을 이용해 이것의 효율성을 높인다. 문화란 결국 유전자의 명령에 따르는 생존과 번식을 위해 만들어진 하나의 산물에 지나지 않는다. 인간 본성의 진화를 감싸고 있는 수수께끼는 성 선택이란 이론을 빼고는 설명이 되지 않는다. 진디나 윤충의 번식활동에서 인간의 성의 기원을 찾아내거나, 지느러미발 도요새와 밑들이벌레와 같은 생물계의 하찮은 존재에게서 인간의 성생활에 작동하는 본성과 특징들을 유추해내는 매트 리들리에 대해서 기분 나빠할 필요는 없을 것 같다.[4]

---

3 김학민이 쓴 《길을 찾는 책읽기》(아침이슬, 2004)에 수록된 글이다.

4 장석주가 쓴 《강철로 된 책들》(바움, 2003)에 수록된 글이다.

1 연습해볼까요?

다음의 <예시>를 참고하여, 독서일기 형식으로 이루어진 책을 찾아보고 어떤 특징이 있는지도 살펴보자.

저자명	책제목	출판사항	특징 검토
공병호	공병호의 독서노트	21세기 북스, 2003	
김광일	책을 읽은 다음엔 제발 아무 말도 하지 마	이가서, 2004	
김경재	DJ의 독서일기	인북스, 2000	
김윤식 외	내 스무 살을 울린 책	작가정신, 2002	
김학민	길을 찾는 책읽기	아침이슬, 2004	
김현	행복한 책읽기	문학과 지성사, 1998	
장석주	강철로 된 책들	바움, 2003	
장정일	장정일의 독서일기·6	범우사, 2005	
장정일	빌린 책, 산 책, 버린 책·3	마티, 2014	
전사섭	장충동 김 씨를 위한 책이야기	시공사, 2003	
정희진	정희진처럼 읽기	교양인, 2014	
조희정 외	대담한 책읽기	이가서, 2004	

2. 독서일기의 효율성을 높이려면

독서일기를 쓰는 규칙이나 원칙은 특별히 정해진 것이 없다. 오히려 이제부터 제시하는 효율성을 높이는 기본 작성법을 살펴보면서 자신에게 맞는 스타일을 찾아하는 것이 유익할 것이다. 중요한 것은 독서일기를 남기는 것에 의미를 두는 것이니 말이다.

2-1 독서일과 서지사항 기록

독서일과 기본적인 서지사항을 중심으로 명확성을 갖춰야 하는 지점을 반드시 체크하자. 다음의 <예시>에서처럼 언제 읽었는지, 어떤 책을 읽었는지를 기록해두면 오랜 시간이 지난 뒤에도 독서 당시의 소감 등을 더욱 생생하게 기억할 수 있을 것이다.

예시 1

독서일	2021.04.15.~ 04.22
제목	벌레의 의미에 대해 생각해보기
서지사항	프란츠 카프카의 〈변신〉(문학동네,2005)
독서일기	책의 간단 줄거리를 소개하자면, 그레고르는 어느 날 잠에서 깨자 흉측한 벌레로 변해있었다. 변한 그레고르의 모습을 본 어머니는 기절, 아버지는 폭력적 태도, 챙겨주려 한 여동생마저도 오빠라고 생각하지 않는 태도를 보인다. 가족의 생계를 책임지던 그레고르는 회사에서 잘리게 되었고 가족들은 대책을 세우기 위해 일을 시작하고 둘러앉아 대화를 나눈다. 그의 가족들은 그와 단둘이 있을 상황이 싫어 룰을 만들기도 한다. 어느 날 바이올린 소리에 나간 그를 보고 아버지는 사과를 던져 그레고르의 등에 큰 상처를 입히고 만다. 점점 가족들은 그를 배척하고 후에 그는 방 안에서 쓸쓸한 최후를 맞는다. 프란츠 카프카는 유대계 독일 작가로, 비현실적이면서도 현실적인 상황 설정 속에서 인간의 존재를 끊임없이 추구한 실존주의 소설가로 유명하다. 실제로 그는 부모님과 원만한 관계를 맺지 못했던 것으로 전해진다고 한다. 만약 작가 프란츠 카프카의 이런 배경을 몰랐더라면, 단순히 주인공 그레고르가 벌레로 변해, 가족들이 배척한다고 생각했을 것이다. 작가에 대해 조금이나마 안 후 책을 읽으니 벌레가 단순 벌레만을 의미하기보다는 경제적 활동을 하지 못하는 인물, 무능력자를 인간의 존재와 소외에 대해 주목하기 위한 장치인 벌레로 표현한 것이라는 생각이 들었다. 외모와 경제적 능력의 변화로 상대방들의 태도가 바뀌고 적대적으로까지 변한다면 소외감과 더불어 분노, 설움, 배신감까지 느낄 것 같다. 작가의 배경을 살펴보며 읽으니 작품을 다양하게 해석해 볼 수 있었다. 벌레가 된 그레고르가 사회적 약자로 격리되고 소외되는 모습을 보며 나는 벌레가 되지 않을 수 있을까, 또 다른 누군가를 벌레로 바라보고 있진 않나 하는 질문을 던지게 되었다. 나도 그레고르가 될 수 있다. 상황이 변하면 사람도 변한다는 말이 있지만, 사람의 외적인 모습과 능력보다 내면을 바라볼 수 있는 그런 사람이 될 것이다.

2-2 발췌와 메모 작업 활용

독서일기 작업에서 특별한 작성법이나 원칙은 없다고 했지만, 좀더 효율성을 높이는 지점들은 존재한다. 그 중 강조하고 싶은 것이 바로 독서의 목적과 책의 종류에 따라 필요한 부분을 메모해놓는 습관이다.

메모 작업은 독서의 목적과 책의 종류에 따라 중요한 부분을 골라놓거나, 필요한 부분을 잘 갈무리해놓는 것을 말한다. 독서일기를 작성할 때 이렇게 메모 작업을 병행하면, 단지 소감만을 적어놓는 방식보다 쓰임새가 훨씬 더 넓어지게 된다. 그런 의미에서 유용성을 높이고 활용도를 다양하게 넓히려면 필요한 부분을 적절하게 메모해두는 작업이 꼭 필요하다.

물론, 모든 책이 다 그런 것은 아니다. 독서의 목적이나 책의 종류에 따라 메모 작업을 융통성 있게 조정하면 좋을 것이다. 다음의 방법을 참고하여 메모 작업을 융통성있게 적용해보자.

▣ 가장 일반적인 방법

먼저, 가장 일반적인 방법은 다음과 같은 사항에 대하여 메모 작업을 병행하는 것이다.

예시 1 독서 작업에서 유용한 메모 리스트

1	책의 기본적인 정보와 대략적인 내용 메모하기
2	작가에 대한 정보 메모해보기
3	내용 분석 및 평가 작업과 관련하여 메모하기
4	특징적인 부분이 있다면 메모하기
5	작품의 가치에 대해 메모해보기
6	논쟁적인 지점이 있다면 메모하고, 자신의 의견을 남겨보기
7	감동적인 부분이 있다면 메모하고, 자신의 소감을 남겨보기
8	주장하는 지점이 있다면 메모하고, 자신의 입장을 남겨보기
9	나의 경험과 연결되는 부분이 있다면 메모하기

위에 열거한 사항들은 넓고 넓은 독서의 세계에서 중요하다고 생각되는 부분을 뽑아놓은 것이므로, 이 모든 것들을 빠짐없이 다 메모하려고 애쓰지 않아도 된다. 그런 부분을 신경 써서 메모 작업을 하느라 시간과 노력을 과도하게 쓰다보면 오히려 독서의 즐거움과 소박함을 놓치게 되는 역효과가 나올 수도 있기 때문이다.

중요한 것은 어떤 부분을 메모하는 것이 효율적일지 열거한 사항들을 알아두는 것만으로도 유익하다는 점이다. 그리고 독서의 상황과 목적에 따라, 책의 종류에 맞춰 필요한 사항이 있다면 그에 해당되는 메모 작업을 병행해보면 될 것이다.

기본적인 독서량이 있다면, 한 권의 책을 읽고 그와 연관되는 여러 가지 생각을 아울러 덧붙이는 것도 가능하다. 이러한 연결 작업을 메모해두는 습관이 결국에는 세상에 대한 안목을 키우고 자신의 사고를 정교하게 다듬는 성과로 이어지게 되지 않을까 기대한다.

예시 2

7. 17 - 서정인의 『달궁』(민음사, 1987)은 묘한 소설이다.

짧은 단편들의 모음이지만, 이야기의 올은 복잡하고, 화자의 시점도 자주 바뀐다. 이야기가 복잡해진 것은 처음의 계산과 뒤의 진행이 달라진 데서 연유한 것처럼 보인다. 첫머리의 횟집, 오빠, 언니네 아이들과 여주인공의 관계 등이 뒤에서는 증발해 버리는 것이 그 증거이다.

줄거리를 확실하게 하기 위해 몇 개의 정보 단위들을 모아보면:

1) 여주인공 인실은 육 남매 중 막내이다[39]. 그 중에서 셋만 살아남았다.
2) 인실은 일곱 살 때 실종되었다. 언니의 나이 열다섯 때이다. 그 해는 한국전쟁이 터진 해이다[45]. 식당 같은 데서 일하다가 찾아보니 없어졌다.(중략)
10) 그녀는 김 사장네를 떠나 윤선생과 산다[214]. 그러니까 소설에서 윤 선생네와 횟집 주인 사이의 삶이 사상되어 있다. 조양 식당에서의 삶도 빠져있다.

이 소설에서 주목할 것:

1) 이 소설은 마르트 로베르의 호로 자식 유형에 속하는 소설이다: "나는 이미 피난지의 헐벗고 굶주린 가련한 기아도 미아도 아니고, 운명을 만나기 위해서 스스로 집을 뛰쳐나온 전설 속의 어린 왕자였다. 어린 용사였다."[58] 혹은 이 소설은 중단된 악한 소설, 결핍된 통과 제의 소설로 읽힐 수 있다.

2) 이 소설에서는 자유간접화법이 빈번히 나온다: "그는 내가 한때 […] 나는 공포에 사로잡혔다"(69. 1~3행); "색시가 […] 색시는 다시는 부모와 떨어지지 않을 작정이었다"(79. 3~5행)(중략)
3) 이 소설에서 "나는~"이라고 나오는 부분은 그리스 비극에서 코러스가 맡고 있는 역할을 맡고 있다.[5]

발췌의 방식 활용

앞선 항목에서 독서일기 작업의 가장 일반적인 방법을 소개하였는데, 독서의 목적이나 책의 종류에 따라 발췌의 방식을 활용하는 것도 효율성을 높이는 지점이 된다. 발췌의 방식은 한 권의 책을 읽으면서 중요한 부분이 있다면 이를 추려내어 옮겨 적는 것을 말한다.

발췌하기의 방식은 다음과 같이 인상적인 문구를 인용하고 자신의 소감 등을 아울러 쓰는 식으로 변용하기도 한다. 소박하지만 다음의 <예시>에서처럼 마음에 드는 문구를 적어보고, 그 의미를 생각해보는 시간을 가지는 것이다. 자신이 좋아하는 문구 속에서 인생(혹은 경험담)과 연관시켜 의미를 파악해보는 것도 좋을 것이다.

예시 3

2021. 7. 18 완전한 것에 대하여 생각해보다

"작가의 행복은 완전한 감정이 될 수 있는 생각을 가지는 것이며, 완전하게 생각이 될 수 있는 감정을 가지는 것이다." (토마스 만의 『베니스에서의 죽음』에 나온 말)

이 부분을 읽고, 완전한 감정이란 것은 무엇인지를 주목하게 되었다. 과연 완전한 생각이 될 수 있는 것은 무엇인지, 진정한 작가의 본질이라는 것은 무엇인지에 대해서도 고민하고 있다.

---

5 김현이 쓴 《행복한 책읽기(김현의 일기 1986~1989)》(문학과 지성사, 1998)에 수록된 글이다.

발췌하는 부분이나 방식은 필요에 따라 다양할 수 있다. 인상적인 부분이나 기억하고 싶은 부분 등을 자유롭게 찾아 다양한 방법으로 정리해놓으면, 독서일기의 활용도를 좀더 높일 수 있을 것이다. 간략하게 책의 내용을 소개한 후 중요한 부분을 발췌하고 자신의 느낌을 쓰는 방법을 잘 활용하면 자신의 감상 작업을 좀더 피력하면서 독서일기를 만들어나갈 수도 있다.

발췌의 방식은 특히 책의 종류에 있어서 비문학 서적들을 읽을 때 훨씬 더 유용하다. 중요하다고 판단되는 것들을 발췌하여 정리하는 작업을 하되, 본문의 내용과 페이지를 기록하여 두면 해당 부분을 인용하여 글쓰기 작업을 진행할 때 유용해진다. 여기에 더하여, 자신의 소감이나 의견을 메모해두는 식으로 추가 작업을 병행하면, 훨씬 더 효율성을 높일 수 있을 것이다.

비문학 분야의 책들은 직접적이고 많은 양의 지식과 정보를 얻기에 더없이 좋은 독서분야이다. 그리고 그러한 지식과 정보를 오랫동안 기억하기 위해서는 기록의 방식이 병행되어야 한다. 그런 측면에서 다소 번거롭게 느껴지겠지만 중요한 내용들을 재구성하여 정리하고, 자신이 깊이 새겨 보아야 할 내용들을 따로 정리해 두는 방법은 유용해보인다.

2-3 타인의 독서일기로 확장하기

앞서 다양한 독서일기 스타일을 살펴보았는데, 우리가 읽는 책이 다양한 만큼 독서일기를 만들어가는 스타일도 굉장히 다양한 것을 알 수 있었을 것이다. 이렇게 독서일기 형태로 나와 있는 책들을 활용하면 독서 관련하여 얻을 수 있는 유익한 지점이 많이 있다.

우선 독서 주제나 영역을 다양하게 넓힐 수 있고, 해당 주제나 영역에서 좋은 작품을 소개받을 수도 있게 된다. 우리가 찾아본 독서일기 형태의 책을 살펴보면, 독서 리뷰와도 같이 책에 대한 기본 정보를 소개해주는 것들도 있다.

깊이 있는 독서 비평의 흔적을 찾기는 어렵다 하더라도 오히려 큰 선입견 없이 새로운 책 한 권을 소개받고 가볍게 워밍업할 수 있는 도움을 준다는 점에서, 기꺼이 활용해도 좋을 것이다.

예시 1

독서일	2021. 7. 18
서지사항	장정일, 《빌린 책 산 책 버린 책·1》(마티, 2010)
선택 이유	제목이 눈길을 끌었다. 나 또한 어떤 기준으로 책을 빌리고, 사고, 버려야 하는가에 관한 고민이 항상 있었기 때문이었다. 저자의 직업이 작가라는 점, 장정일의 독서일기가 한 권에서 그치는 것이 아니라 3권까지 출판되었다는 점을 고려했을 때, 정말 독서에 열정이 있는 선배가 독서일기를 통해 책을 추천해주는 것 같아서 이 책을 선택하게 되었다.

다른 사람의 독서일기를 읽다 보면, 내가 알지 못했던 책에 대한 정보를 접하면서 새로운 책의 세계로 여행을 떠나는 느낌이 들기도 한다. 책의 세계는 참으로 넓고 깊은 것이, 책을 나름 많이 읽는다고 하는 사람들도 이런 종류의 독서일기를 접하면서 새로운 책에 대한 정보를 얻게 된다고 한다. 자신이 읽은 책을 다른 각도에서 살펴보고 있다면, 그 자체로도 흥미로운 일이 될 것이다. 꼭 책에 대한 내용이 아니더라도 저자의 글쓰기를 통해 다양한 장르의 지식이나 사상에 대한 이해를 하는 게 가능해진다. 가끔은 어떤 주제에 대한 영감을 떠올리거나, 당면한 과제에 대한 아이디어를 얻게 되는 경험도 가능해진다.

다음의 〈예시〉는 전반적으로 책에 대한 자신의 솔직한 감상과 비판적으로 받아들이는 태도가 인상적이다. 책에서 나온 정보들을 무조건적으로 수용하는 것이 아니라 자신의 생각과 비교해보고 취사선택하는 것이 중요한데, 그러한 점들을 잘 표현하고 있는 글이다. 문장 또한 안정적이라 군더더기 없이 표현되어 있으며 맥락상 불필요한 정보를 덧붙이는 것도 없는데, 이는 글쓰기의 매우 큰 장점이라 칭찬하고 싶다. 물론, 문장 자체를 조금 더 깔끔하게 다듬어

보면 훨씬 더 좋을 것이다.

예시 2

독서일	2021. 7. 18
제목	괜히 읽은 책
서지사항	장정일, 《빌린 책 산 책 버린 책·1》(마티, 2010)
독서일기	이 책은 저자 장정일의 독서일기다. 그러나 저자는 "독서일기란 실현 불가능한 글쓰기"라고 말한다(11쪽). 솔직하게 독서일기의 어려움을 토로하면서도 꾸준히 써낸 저자가 새삼 대단하게 느껴졌다. 이 책을 읽고 나서 가장 기억에 남는 책 한 권은 야마무라 오사무의 〈천천히 읽기를 권함〉이었다. 저자 장정일은 읽기 속도뿐만 아니라 '독서하는 행위' 자체에 대한 질문을 던진다. 일본도 그렇겠지만 우리나라도 속독이 한창 유행했었다. 짧은 시간에 많은 책을 읽는 것이 더 유익한 것으로 여겨진 것이다. 그러나 단순히 '하얀 건 종이요, 검은 건 글씨다'식의 감상을 피하기 위해서는 단 한 권의 책을 읽더라도 온전한 시간과 마음을 들여야 한다고 생각한다. 이 책은 총 83권의 책을 300쪽에 걸쳐 소개하고 있다. 읽으면 읽을수록 책에 집중하지 못하고 힘들어하는 나를 발견했다. 책에 집중하지 못했던 첫 번째 이유는 책의 제목과 내용의 연관성을 느끼지 못했기 때문이었다. 많은 사람이 책을 고를 때 제목과 표지, 목차 등을 보고 선택한다. 나 또한 이 책을 고를 때 제목을 가장 유심히 보았다. 어떤 책이 무슨 이유로 좋아서 사게 되었고 또 버리게 되었는지, 평생 소장하고 싶은 책은 무엇인지 등 저자가 책을 고르는 방법과 그렇게 선택한 책에 관한 독서일기가 쓰여 있을 것이라고 예상했다. 그러나 저자는 도서관에서 빌려 보고 좋으면 사고, 소장한 책이 마음에 들지 않으면 공중전화 부스에 버리는 자신의 독서 버릇에서 제목을 따왔다고 말한다(10쪽). 게다가 독서일기에는 어떻게 해서 이 책을 접하게 되었으며 마음에 들었는지 들지 않았는지 정도의 개인적인 감상조차 없었다. 두 번째 이유는 소개된 책들을 내가 읽어보지 않았기 때문이었다. 독서일기는 대부분 주관적 감상보다는 객관적 요약이 되어있다는 느낌을 많이 받았는데, 그마저도 줄거리가 아닌 부분 인용 후에 그 책에 관한 저자의 질문들을 적어놓은 것이었다. 다른 사람의 독서일기를 통해 '어, 이런 책도 있었어?' 혹은 '나도 이 책 한번 읽어봐야지' 정도의 생각은 가질 수 있을지 모르나, 무슨 내용인지도 모르는 책에 관하여 공감하며 동의하기란 불가능한 일이었다. 결국 부족한 나의 독서 경험으로 인하여 독서일기에 푹 빠질 수가 없었다. 소개될 책들을 미리 읽어본 후에 독서일기를 접했다면 더욱 재미있게 읽을 수 있지 않았을까 아쉬움이 남는다. 개인적으로 나만의 독서일기를 써보고 싶다는 생각이 들었다. 대신 일기처럼 책을 접하게 된 소소한 경위도 써보고, 영화에 별점 달 듯 책에도 별을 매기며 빌려 본

독서일	2021. 7. 18
제목	괜히 읽은 책
서지사항	장정일, 《빌린 책 산 책 버린 책·1》(마티, 2010)
독서일기	것으로 끝낼지, 아니면 사서 소장할 것인지에 관해 작성하며 책과 함께한 이야기를 써 내려 가보고 싶다.

2 연습해볼까요?

앞선 <예시>들을 참고하여, 우리도 최근에 읽은 책을 토대로 독서일기를 작성해보자.

독서일	
제목	
서지사항	
선택 이유	
독서일기	

4장

감상문으로 워밍업하기

1. 감상문이 중요한 이유

앞선 부분들에서는 다양한 방법을 동원하여 독서 작업을 워밍업하는 방법들을 살펴보았다. 독서비평의 글쓰기를 살펴보는 4장과 5장 부분에서는 감상문과 서평 작업을 선택하여 본격적인 글쓰기 작업으로 심화시킬 수 있는 연습활동을 배워보기로 하자.

감상문은 대상자료의 종류나 범위가 다양하다. 문학작품을 대상으로 하면 독서감상문 혹은 독후감이라 부르고, 영화를 보고 나서 작성하는 경우 영화 감상문이라 부른다. 대상자료의 특성에 맞춰 감상 작업을 행한 후 만들어지는 글쓰기가 바로 감상문이다.

감상문이 대학시절의 글쓰기 훈련에서 중요한 이유는 무엇 때문일까? 다음과 같은 2가지 지점을 키울 수 있기를 기대하기 때문이다.

자신의 소감을 이야기할 수 있는 능력

첫째, 대학 시절 스스로 무엇을 느끼고 어떻게 생각하는지에 대해 이야기할 수 있는 능력이 중요하기 때문이다. 대학에서 감상문 과제를 많이 권장하는 이유이기도 한데, 이런 맥락에서 '나는 왜 이 시가 좋은 거지?' '나는 왜 이 소설이 재미없게 느껴지는 걸까?' '지금 나는 이 책에서 어떤 즐거움을 얻고 있는 걸까?' 이런 식으로 스스로에게 질문하는 연습에 익숙해지는 것이 필요하다.

다음의 <예시>는 독서를 통한 자신의 생각과 느낌을 구체적으로 표현하고 있다. 죽음과 인간의 존엄에 대해 짧지만 진지하게 자신의 생각과 고민들을 매끄럽게 정리하고 있는 것이 큰 장점이다.

예시 1 **안 베르가 쓴 〈나의 마지막은, 여름〉을 읽고**

이 책은 불치병에 걸린 저자가 존엄사를 향해 가는 과정을 일기 형식으로 담고 있다. 저자가 살고 있는 프랑스는 존엄사가 허용되지 않는 국가였다. 저자는 루게릭병 진단을 받고 '자신의 죽음을 자신 스스로 결정할 수 있는 권리'를 주장하다 벨기에에서 생을 마감했다.

이 책을 읽고 죽음과 인간의 존엄과 생명에 대해 정말 많은 생각을 하게 되었다. 존엄사는 마땅히 허락되어야 하는 인간의 자유 권리 중 하나인가, 혹은 한 인간의 부당한 죽음을 묵인하는 참사인가? 나는 그럴 만한 이유가 충분히 있는 경우라면, 전자에 한 표를 던지고 싶다. 이 책의 저자처럼 불치병에 걸렸거나, 그래서 의식 없이 억지로 삶을 연명하는 것이 의미 없게 되어 버리는 상황이라면 충분히 죽음을 선택할 자유가 필요하다. 이 책의 마지막 장을 볼 때는 나도 모르게 울고 말았다. 죽음을 앞둔 그녀의 마음이 어떨지 감히 가늠조차 할 수 없었다.

나 또한 죽고 싶을 때가 있다. 그래서 이 책을 읽은 뒤 미약한 죄책감을 느꼈다. 저렇게 간절히 삶을 원하는 사람들이 있는데, 또 어떤 이는 주어진 삶을 포기하고 싶어 하다니, 마음이 복잡해지면서 울렁거렸다. 여러 가지로 많은 생각을 하게 만드는 책이었다.

이렇게 자신의 소감과 생각을 표현하는 훈련을 하기 위해 보다 쉽고 흔하게 쓰는 방법이 바로 간략하게라도 소감문을 써보는 것이다. 수업시간에 부과되는 의무적인 과제가 아니더라도 감명 깊게 읽은 책에 대해서는 짤막한 소감문을 써보면 책을 자기 것으로 소화하여 자신의 생각을 더욱 발전시키는 데 큰 도움이 된다.

감상의 다양성에 대한 인정

둘째, 동일한 대상작품을 감상하고도 저마다 비슷하면서 또 다른, 다양한 감상의 편린들이 드러날 수 있으며, 이러한 다양성이야말로 저마다의 소중한 감상이라는 점에서 인정받을 수 있다는 전제 때문이다. 다음의 〈예시〉를 살펴보자.

예시 2 박민규의 소설 〈카스테라〉 읽고 소감 나누기

① 이 작품을 읽으면서 기억나는 부분을 말해볼까? 나는 카스테라는 하나의 결과물이라는 표현이 인상적이었어. 전구는 토마스 에디슨의 카스테라라는 식으로 비유하고 있는데, 멋진 표현 같아. 인류를 위한 마음으로 계란과 밀가루를 반죽한 후 빛이 나올 때까지 오븐에서 구워 만든 훌륭한 단 하나의 에디슨의 카스테라라니!

② 맞아, 나도 그 부분이 인상적이었어. 팔지 않거나 살 수 없는 카스테라는 없다고 사람들은 생각한다고 하면서, 이 시시한 논리를 시시하게 만드는 유일한 방법은 한 조각의 카스테라를 스스로 만들어 보는 것이었다고 말하고 있잖아? 지구라는 오븐은 언제나 우리를 위하여 예열되어 있으며, 우리 주변의 물질들을 어떻게 리믹스할 것인가가 관건이라고 하면서 말이야.

③ 차가운 냉장고 속에 남겨진 카스테라는 따뜻하고 보드라우며 눈물을 흘릴 만큼 모든 것을 용서할 수 있는 맛을 지니고 있다고 표현했어. 결국 냉장고 안에 가둬놓은 것으로 문제가 해결되는 것이 아니라 정말 필요한 것은 그러한 카스테라와 같은 존재라고 깨달은 게 아닐까?

같은 책을 읽고도 저마다 느끼는 바가 다를 수 있고, 겉으로는 감상이 비슷해보여도 그러한 감상의 근원을 파헤치다 보면 사람들마다 주목하고 싶은 지점들이 다양할 수 있다. 감상문은 바로 이러한 감상의 편린을 부각시켜 자신의 글쓰기로 만들어가는 작업이라는 점에서 자신의 생각이 무엇인지를 파악할 수 있는 가장 근본적인 훈련이 될 수 있다.

그런 의미에서 감상문은 자신의 주관적인 감상을 독자에게 설득력 있게 전달하고 독자의 공감을 받을 때 좋은 평가를 받게 마련이다. 이를 위해서는 대상작품을 어떻게 감상하였는지를 스스로에게 물어보고, 감상문에서 부각시킬 감상의 포인트가 무엇인지를 고민해보는 것이 필요하다. 아울러 이를 설득력 있게 글쓰기로 표현해내는 연습이 뒷받침되어야 한다.

2. 감상문 작성의 진행 과정

2-1 충분히 감상하기

감상문을 쓴다고 할 때, 우리가 흔히 시작하는 작업은 뭘까? 예를 들어, 영화 한 편을 보고 감상문 과제를 하여야 한다고 생각해보자. 대상작품을 감상하는 시간은 즐겁지만, 이를 감상문 과제로 연결시켜야 된다고 생각하면 마음이 무거워질 수밖에 없고, 무엇보다 자신의 감상을 글쓰기로 연결시키는 것이 막막하고 막연하게 느껴진다. 그래서 우리가 손쉽게 시작하는 작업이 다양한 정보를 수집하고 그에 대한 정리 작업을 해두는 일로 부담감을 줄이려는 것이다.

그러나 감상문 작업의 원래 취지를 살리려면, 오히려 자신의 주관적 감상을 최대한 살려줄 수 있는 워밍업 작업을 먼저 하는 것이 중요하다. 나의 감상을 주목하여 내가 무엇을 어떻게 느꼈는지 나의 소감과 생각을 먼저 챙겨야만, 대상작품에 대한 정보 수집도 효율적으로 이용할 수 있게 될 것이다.

▣ 자문자답으로 워밍업하기

충분히 감상하기가 중요한 만큼 이를 위해 권장하고 싶은 작업이 바로 자문자답 방식으로 감상 작업을 워밍업해보는 것이다. '왜?'라는 의문을 스스로에게 던지고, 그 답을 다른 사람이 아닌 스스로가 내려 보는 작업을 해보는 것이다. 동일한 텍스트에 대해서도 해석은 얼마든지 달라질 수 있으며, 감상문에서는 자신의 느낌과 생각이 보다 중요하기 때문이다.

다음의 <예시>는 박민규의 단편 소설 <카스테라>를 읽고 이러한 물음표에 대한 의견을 친구들과 나눈 결과물이다. 수업 중 활동에서는 스스로 3가지 질문을 만들어보고, 이러한 질문에 자답 형식으로 3가지 질문에 대한 답변을 마련해보는 것이었다. 어떤 감상의 흔적들을 남기고 있으며, 수업성원들과 어떻게 소통하고 있는지 들여다보자.

예시 1 **카스테라를 먹으며 눈물을 흘리는 마지막 장면의 의미는?**

① 솔직히 이 눈물의 의미는 무엇인지 잘 모르겠다. 주인공이 결과가 어떻게 될지 뻔히 알고 있었는데도 마치 이제야 어쩔 수 없는 현실을 받아들여야겠다는 좌절감? 후회? 또는 이게 바로 세상이라는 깨우침 속의 기쁨? 등이 아닐까 생각한다.

② 냉장고에 모든 부패한 것들을 집어넣고 보니 카스테라만 남아있었다고 한다. 모든 것을 아주 맛있게 삼켰다는 듯이 소리를 내지 않는 냉장고와 카스테라. 허무함도 있었겠지만 아무것도 남지 않았다는 외로움, 냉장고에 모든 것을 다 넣고 보니 아무것도 남아있지 않는 세상. 여기에서 이 세상에 부패하지 않은 것은 없다는 것을 깨닫고 흘리는 눈물이라고 생각했다.

③ 이전 세기에 대한 미련(?) 아니면 또 다른 세기가 오는 것에 대한 두려움. 자신이 집어넣은 여러 가지 것들이 하나의 카스테라로 변한 아쉬움. 이런 게 아닐까?

배경지식 활용하기

대개의 경우 감상문이나 서평 작업을 수행할 때, 다음과 같은 사항을 조사하고 해당되는 내용을 준비하는 데 치중하는 경향이 있다.

예시 2 **감상문/서평 작업에서 유용한 활동 리스트**

① 대상작품의 발표 시기 및 배경 소개

② 작가의 의도 혹은 대상작품의 주제의식에 대하여

③ 대상작품의 내용 소개 및 분석 작업에 대하여

④ 대상작품의 구성방식과 특징에 대하여

⑤ 기존의 다른 작품들과 비교하는 작업에 대하여

⑥ 가장 인상적인 부분에 대한 소개와 이유에 대하여

⑦ 대상작품이 이 분야에서 이룬 성과와 의의에 대하여

⑧ 대상작품의 한계나 아쉬운 지점에 대하여

⑨ 대상작품을 통한 앞으로의 전망 및 시사점에 대하여

하지만 위에 나열된 사항을 한 편의 글에 모두 담는 것은 현실적으로 어렵고, 효율성도 떨어진다. 감상문이나 서평 작업의 중심이 되는 것이 무엇인지를 주목하면 자신의 감상이나 평가 작업을 비중 있게 서술하는 방향으로 글쓰기를 하게 되면서, 위에 나열된 것들을 억지로 채워나가는 식의 수동적인 글쓰기에서 벗어날 수 있을 것이다.

대상자료의 특성을 제대로 파악하는데 배경지식에 대한 이해가 필요하기는 하지만, 그렇다고 해서 자신의 감상이나 생각이 빠진 채 전문가의 견해를 무조건 가져와 인용하는 태도는 피하는 것이 좋다. 감상문 과제에서 가장 중요한 것은 자신이 무엇을 어떻게 느꼈는가에 대한 충실한 해명이다. 멋지게 쓰려는 욕심이 지나치게 되면 스스로도 이해하지 못하는 내용이나 현학적인 표현을 남용하기 쉽기 때문이다. 이런 글일수록 무엇을 썼는지 알 수 없거나, 알 수는 있어도 재미가 없는 글이 되고 만다.

다음의 <예시>들은 영화 감상문을 쓰기 위해 필요한 배경지식을 크게 4가지로 나눠 조사하고 있다. 이러한 조사 작업에서도 자신에게 필요한 부분을 중심으로 작품을 제대로 이해하는 정도로만 조절하여 요약해놓는 것이 감상문을 보다 효율적으로 쓸 수 있는 지름길이 된다.

예시 3 **배경지식 정리하기: 〈아버지의 이름으로〉의 경우**

① 짐 쉐리단(Jim Sheridan) 감독에 대한 조사: 1949년 아일랜드 더블린 출생. 더블린에서 대학을 나와 NYU(뉴욕대)에서 영화를 전공하고, 극작가로 활동하였다. 미국에서 영화를 전공하였지만 그의 영화를 보면 아일랜드의 색깔이 강하게 드러난다. 데뷔작은 아일랜드 출신의 화가 크리스티 브라운의 삶을 다룬 영화 〈나의 왼발〉이다. 뇌성마비로 왼발만 움직일 수 있었던 화가의 삶을 영화에 잘 담아내어 아카데미 최우수감독상 후보에 올랐다. 그 이후 〈아버지의 이름으로〉 등 작품활동을 이어간다.

② 작품의 기본 정보 조사: 이 작품은 1975년 발생했던 일명 '제리 콜론 사건'으로 불리는 실제 사건을 바탕으로 만들어졌다. 작품은 혼란스러운 시대적 상황 속에서 겪게 되는 일과 아버지와 아들의 관계를 풀어나가면서 성장하는 개인의 모습까지 담고 있다.

③ 배경지식에 대한 조사: 70년대 잉글랜드의 상황을 이해할 필요가 있다. 아일랜드가 잉글랜드(영국)로부터 독립을 했지만 완전한 독립은 아니었다. 아일랜드의 북쪽은 아직 잉글랜드령이다. 그 중 북아일랜드의 벨파스트 지역은 IRA(아일랜드 무장투쟁단체)와 같은 단체들이 활동하는 무장 투쟁의 격전지로 매우 혼란스러웠다. 잉글랜드는 군대를 파견하여 이를 무력으로 대응하였고, 이에 맞서 IRA는 아일랜드와 잉글랜드에 테러를 일으켰다.

④ 주제의식에 대한 조사: 폭탄테러 사건으로 인해 제리의 삶이 완전히 바뀌게 되고, 심지어 불량아라는 이유만으로 가해자로 지목받게 되는 상황이 당시 잉글랜드의 허술한 체계를 대변해주고 있음을 알 수 있다. 그리고 보잘 것 없고 하찮다고 생각했던 자신의 삶도 가치가 있다고 믿기 시작한 한 인물의 성장 과정이 굉장히 인상적인 작품이다. 이것을 당시 사회가 가진 시스템적 문제, 또 가족의 관계성으로 바라볼 수 있다는 점이 좋았다.

기본이해를 돕는 배경지식을 활용하면 대상 작품을 제대로 감상하는 작업이 더욱 순조롭게 진행될 수 있다. 제대로 감상한다는 것은 대상자료의 특성을 제대로 파악하는 것을 의미하기 때문이다. 그런 의미에서 특별히 소설작품이나 오페라 공연, 미술 전시회 등을 제대로 감상하기 위한 기본 용어를 미리 점검해두거나 기본이해를 돕는 배경지식을 미리 정리해두는 작업이 유용할 수 있다.

절대적인 것은 아니지만, 이렇게 대상작품의 기본적인 이해를 바탕으로 특성을 파악하고 감상 작업을 진행하면 보다 풍부하고 충실한 감상문 과제를 수행할 수 있다. 다만, 자신의 감상과 맞물리는 지점을 찾아 배경지식을 자신의 것으로 확실히 소화시켜야 자신의 감상 작업이 보다 풍부하고 적극적이고 흥미롭게 펼쳐지게 된다.

예시 4

그들은 왜 그렇게 영원한가
-에밀리 브론테 『폭풍의 언덕』을 읽고-

내가 중고등학교 시절에 본 소설치고 밤새워 읽지 않은 건 없다. 집에 교과서 외에 책이 없었고 소설책을 사본다는 건 상상도 할 수 없는 형편이어서 거의 다 빌려서 봤기 때문이다.

1990년대 초 영국에서 석 달 가량 머문 적이 있는데 그 기회에 브론테 가의 묘지와 생가가 보존돼 있는 요크셔 지방의 하워드 마을을 여행하게 되었다. 속칭 무어 지방이라고 부르는 황량한 고장은 7월인데도 두툼한 스웨터를 껴입어야 할 정도로 기온이 낮았으나 『폭풍의 언덕』의 엔셔 가의 아이들이 뛰어 놀았을 것 같은 분위기를 그대로 간직하고 있었다. 그러나 브론테 기념관으로 올라가는 길은 샬롯, 에밀리 그리고 앤 등 브론테 가의 천재적인, 그러나 박명한 자매들을 온갖 방법으로 상품화한 기념품 가게, 식당 등이 번창하고 있었다.

책 한 권도 자유롭게 사 볼 수 없었던 소녀시절 시험공부를 희생하고까지 빌려온 『폭풍의 언덕』을 읽으면서 내 생전에 그 와더린 하이츠의 현장에 이르게 될 줄을 어찌 꿈이나 꾸었을까.

기념관의 매장에서 자매들의 저서를 초등학생에서부터 중고등학생 수준까지 몇 단계의 수준 차로 나누어 요약을 해놓고 파는 것도 인상적이었다. 나는 1,800단어 내에서 요약해놓은 제일 수준 낮은 『폭풍의 언덕』을 한 권 샀다. 그 정도의 단어도 내 수준에는 넘쳐 대충 읽는데도 꽤 시간이 걸렸다.

다 읽고 나서 이상한 기분이 들었다. 내가 소녀 적에 밤새워 읽은 것은 일본말로 완역된 거였다. 이건 영어이긴 해도 대강의 줄거리만 아주 쉽게 단순화시켜놓은 그림책이었다. 이를테면 피와 살은 다 떼버리고 뼈대만 남은 거였다. 나는 이 소설에서 아무리 다 털어내도 사랑의 집념만은 남아 있을 줄 알았다. 그러나 이 어린이용 동화책에서 내가 발견한 건 그 무렵 영국사회의 관습과 상속법, 그리고 뿌리 없는 젊은이가 상류사회에 뿌리 내리기 위한 용의주도한 계략과 재산과 신분에 대한 집념이었다. 히스클리프를 움직인 원동력이 지독한 사랑이 아니라 돈과 복수심으로 읽힌 것은 내 나이 탓일까. 아니면 소녀 적의 독서가 오독(誤讀)이나 착시였을까.[6]

2-2 감상 메모의 중요성

자신의 감상을 충분히, 설득력 있게 서술하기 위해 자신이 무엇을 어떻게 느꼈는지에 대한 구체적인 메모를 하여두는 것이 필요하다. 감상문 작업을 수행하기 위해 필요한 감상메모 작업은 앞서 독서 브리핑 작업과 독서일기 작업을 진행하면서 연습했던 것들을 그대로 활용하는 것이 가능해진다.

6 김윤식 등이 엮은 《내 스무 살을 울린 책》(작가정신, 2002)에 수록된 글로, 〈박완서의 독서일기〉 중 일부이다.

예를 들어, 대상작품을 감상하면서 머릿속을 스치는 다양한 물음표에 대하여 메모를 해둔다거나, 그에 관해 친구들과 나눈 이야기를 가볍게 정리해두는 식으로 감상 메모를 남기는 작업을 해보자. 이렇게 대상작품과 교감하고 교류한 흔적을 남기는 것이 보다 주체적이고 발전적인 감상 활동이라 할 수 있다.

감상문 쓰기 작업에서는 구체적인 메모 작업이 선행되어 있으면 훨씬 더 효율성을 높일 수 있어 좋다. 다음의 〈예시〉들에서처럼 저마다 주목하고 싶은 지점들이 다양한 만큼 스스로 감상의 흐름을 메모하여 두면 감상문 작업을 훨씬 수월하게 만들 수 있다. 이렇게 감상 메모를 만들면서 자연스럽게 포인트로 부각시킬 지점도 같이 살필 수 있게 되기 때문이다.

예시 1 감상 메모를 만든다면: 〈벤자민 버튼의 시간은 거꾸로 간다〉의 경우

① 배경지식: 감독 데이비드 핀처는 막 고등학교를 졸업하고 20살도 되지 않은 나이에 〈스타워즈〉 감독인 조지 루카스의 견습생으로 들어갈 만큼 뛰어났지만 판타지가 적성에 맞지 않아 그만 두었다고 한다. 그 후 광고계에 '뱃속의 태아가 담배를 피우는 금연광고'로 충격을 주어 여러 영상 관련 인사들의 주목을 받았다고 한다. 할리우드에서도 핀처를 주목했고 한국에서 흥행했던 〈에일리언 3〉의 감독을 맡기도 했다. 이후 페이스북 창업기를 다룬 〈소셜 네트워크〉와 〈벤자민 버튼의 시간은 거꾸로 간다〉 같은 작품들을 연출하면서 아카데미상 후보에 이름을 올리며 '거장'의 반열에 올랐다. 가장 인상적인 평가로는 "데이비드 핀처와 폴 토머스 앤더슨은 할리우드 스튜디오를 운영하는 멍청이들을 설득해, 지적이고 도전적인 영화에 투자하도록 만드는 능력을 가진 둘뿐인 인물들이다."라는 평가가 있다. 왜 그의 영화 투자 성향이 '지적'인지는 〈벤자민 버튼의 시간은 거꾸로 간다〉를 보면 알 수 있을 것이다.

② 이 작품은 '벤자민 버튼'이라는 주인공이 노인으로 태어나 아이로 죽는 과정을 줄거리로 하고 있다. 벤자민의 삶을 통해서 우리의 삶과 죽음 그리고 그 사이의 시간을 소재로 하여 이에 대한 생각을 환기시키는 영화라고도 볼 수 있다. 특히 남들의 시간과는 다르게 거꾸로 흐르는 벤자민을 주인공으로 설정함으로써 소재를 더욱 부각시키는 영화인 듯하다. "3시간에 가까운 영화 시간 때문에 보기 힘들다."라는 평도 있지만 "한 사람의 인생을 담기엔 3시간이 모자라다는 느낌을 받았다."라는 평도 있다.

③ 인상 깊은 대사: "가치 있는 것을 하는데 있어서 늦었다는 건 없다. 하고 싶은 것을 시작하는데 시간제약은 없다. 넌 변할 수 있고 혹은 같은 곳에 머물 수도 있지. 규칙은 없는 거니까, 최고로 잘 할 수도 있고 최고로 못할 수 도 있지. 난 네가 최고로 잘해 주길 바란다."

④ 특히 규칙은 없는 거니까 라는 말이 인상 깊다. 대학에 입학하고 나니 그 누구도 규칙을 강요하지 않아 규칙이 없는 듯이 느껴지기 때문이다. 무엇을 할지, 누구와 만날지 그 무엇도 정해진 것이 없다. 나만의 규칙을 만들며 그냥 내가 가치 있게 여기는 것을 하면 되는 것일 뿐, 누군가 정해놓은 규칙 지키기에 얽매이는 것은 공허한 개념일 뿐이라 느끼며 살고 있기 때문이다.

⑤ 이 영화가 '인생의 거울'로 느껴진 이유는 '죽음을 통해 삶을 돌아보게 하기' 때문이다. 벤자민은 흉측한 외모를 갖고 태어났기에 아빠에 의해 요양원에 버려지게 되어 노인들과 함께 자라게 된다. 이 과정에서 벤자민은 죽음이 무엇인지 느끼게 되고 이를 통해 삶에 대한 감독의 생각을 대신 전해주는 역할을 하게 된다. 감독의 '인생철학'이 담긴 벤자민의 삶을 통해 '우리 나름의 인생철학'과 벤자민의 인생철학을 비교하게 된다. 벤자민의 인생이 줄거리인 영화를 보며 자연스레 우리 스스로를 돌아보게 된다.

예시 2 **감상 메모를 만든다면: 〈집으로〉의 경우**

① 외딴 시골에 사는 할머니와 2개월 동안 같이 살게 된 아이가 처음에는 예의 없고 잘못된 행동을 하지만, 점차 성장하는 모습을 그린 작품이다.

② 이 작품에서는 침묵이라는 단어가 키워드라고 할 수 있다. 무엇보다 주인공 할머니는 작품이 끝날 때까지 한마디도 하지 않고 행동과 표정으로 자신의 캐릭터를 연기한다.

③ 침묵이 키워드인 두 번째 이유는 관객들에게 있다. 고등학교 문예부 동아리 시간에 부원들과 이 영화를 보았는데, 영화가 끝나고 난 후 평소와 다르게 아무도 떠들지 않고 침묵하였던 경험이 있다. 할머니에게 말썽만 부리던 철부지 아이가 점점 철이 드는 모습은 우리 모두가 겪었던 것이기에 큰 감동으로 다가왔고, 우리 모두를 침묵하게 만든 것이다.

④ 이 영화는 출연배우들이 유명했던 것도 아니고 배경도 시골 산골짜기였기 때문에 제작할 당시에 큰 기대를 받지 못했다고 한다. 심지어 영화에 나오는 초코파이 협찬을 오리온이 거절했는데, 개봉 이후 성공을 거두자 이번에는 영화사에 홍보를 요청해온 오리온을 영화사가 거절했다는 이야기가 있었다. 영화 제작 과정의 비하인드 스토리가 흥미로운데, 이것이 전체적인 이야기 속에서 어떤 의미로 재조직될 수 있는지 고민해보고 싶다.

⑤ 이 영화를 보면서 침묵에 대한 역설적인 발상이 자꾸 떠올랐다. 때론 침묵이 또 다른 언어적 기능을 하며, 침묵 속에서 더 많은 인생의 가치를 깨달을 수 있기 때문이다. 그래서 이런 지점을 포인트로 좀더 살려보고 싶다.

2-3 감상의 포인트 잡기

자신의 감상에 집중한다는 것

자신의 감상을 충분히, 설득력 있게 서술하기 위해 자신이 무엇을 어떻게 느꼈는지에 대한 구체적인 메모를 하여두는 것이 필요하다. 그리고 여기에서 한걸음 더 나아가 감상의 포인트를 어떻게 잡을 것인지를 고민하는 시간이 필요하다. 한 편의 작품에서도 다양한 감상이 가능해지는 만큼 스스로 감상의 흐름을 메모하여 특별히 주목하고 싶은 지점들을 찾아내면 감상 작업의 효율성을 높일 수 있기 때문이다.

그리고 이렇게 감상의 포인트를 제대로 잡기 위해서는 대상작품을 최대한 충분히 감상할 수 있도록 시간적 여유를 확보하는 것이 필요하다. 한 번을 감상하더라도 시간적 여유를 확보하여 자신의 감상 작업에 집중할 수 있어야 한다.

다음의 〈예시〉에서는 자신의 감상 작업을 메모하면서 포인트로 부각시키고 싶은 지점까지 도달하고 있는데, 감상문 작업에서 필요한 집중력을 보여주고 있어 칭찬하고 싶다.

예시 1 감상 메모 만들기와 감상의 포인트 잡기

A	• 〈한 남자〉에서 주인공은 바람, 햇빛 등을 자신의 재산목록 1호라고 여기지만, 세속적 기준에서 보자면 이것조차도 재산이라 할 수 없어. 그럼에도 그는 더할 나위 없는 행복을 느끼고 있다. 그렇기에 주인공은 아무것도 가지려 하지 않는 무소유의 삶을 살았다고나 할까? • 그래서 나는 현대의 물질 지향적 삶을 돌아보며 각박함을 느끼는 현대 사회와 비교해 진정한 삶의 의미가 무엇인지를 감상의 포인트로 잡았다. 행복의 의미를 다시 되새기게 되었거든. • 이를 위해 시에 나타난 주인공의 삶의 태도를 관심 있게 살펴보았어. 예를 들어, 자연을 벗 삼는 무소유의 삶이 그 하나라면, 소소한 것에도 행복을 느끼는 삶이 다른 하나가 되겠지. 이런 부분들을 보여주는 시의 표현들을 예시하고 분석하고 싶어졌어. • 이번 감상문에서는 시인 소개나 표현법을 설명하기보다는, 이렇게 내 마음을 울리는 두 가지 사항을 감상의 포인트로 삼아서 집중적으로 서술하게 될 거야.

B	• 나의 경우에는 이 시를 두 가지 차원으로 나누어 감상하니 훨씬 흥미로웠어. 예를 들자면, 같은 말을 반복하는 표현상의 특징을 볼 때 어떤 효과가 있지 않을까 궁금해졌고, 서술형의 선택에서도 뭔가 독특한 것 같거든. • 이런 표현상의 특징 말고도 이 시에서는 나름대로의 스토리가 있는 것 같아서 주인공의 일생이 과연 어떠했을지 절로 상상하게 되었어. 표면적으로는 그렇게 보이지 않는 남자의 삶을 행복했을 거라고 말하는 부분을 보고 우리의 인생에서 행복의 의미가 무엇인지 생각해보았는데, 쉽게 결론이 나지는 않았어. • 시의 주인공은 정말 행복했을까? 이런 의문에 대한 내 스스로의 답을 적는 것으로 이번 감상문은 써보고 싶어.

그리고 이렇게 자신의 감상 작업을 제대로 집중하여 메모해주게 되면, 다음에서 보다시피 감상의 포인트도 명확해지고 제목 잡기도 훨씬 수월해지게 된다.

예시 2 감상의 포인트 정리와 제목 붙이기

	감상의 포인트 정리	제목을 붙인다면?
A	① 무소유의 삶 ② 행복의 의미	〈내 마음을 울리는 작은 종소리들〉
B	① 이 사람의 말투(반복과 서술형) ② 주인공의 인생 스토리가 궁금하다	〈행복을 찾아 떠난 사람〉

감상의 키워드를 주목해보기

난해한 작품이라면 이런저런 방식으로 반복 감상을 시도하면서, 다양한 감상의 지점들을 찾아보고 그러한 감상이 소구된 지점과 이유를 집중적으로 파헤치면 설득력 있게 감상문 작업을 진행할 수 있을 것이다. 대상작품에 집중하여 반복적으로 감상하다보면 감상의 결이 달라지거나 명확해지는 것을 느끼게 되기도 하는데, 글쓰기 차원에서는 훨씬 더 구체적인 소감과 의견을 피력할 수 있게 된다.

다음의 <예시>들에서는 감상 메모 작업을 진행하면서 반복적으로 나오는 표현이나 핵심어를 주목하고 있다. 이는 감상의 키워드로 살릴 수 있는 부분이 되기도 하는데, 이렇게 감상의 키워드가 나오게 되면 감상의 포인트 잡기도 수월해지고 이를 주제로 삼아 한 편의 글을 써나가기도 수월해지게 된다. 제목도 명확하고 개성적으로 붙이게 되면서, 글 전체적으로 훨씬 더 생동감과 자신감이 생기게 되지 않을까 기대한다.

예시 3

나는 이 작품을 읽으면서 작가의 세계관이라고나 할까, 이런 부분이 굉장히 흥미로웠다. 작가는 세상을 어떻게 바라보고 있나? 묻는다면, 답은 간단하다. 작가는 세상을 '부패한 것'으로 보고 있다. 그래서 감상의 포인트로, 작가가 세상을 어떻게 바라보고 있는지를 보여주는 키워드를 뽑아보고자 한다. 내가 뽑은 키워드는 나쁜 것과 해로운 것, 부패한 것이다.

우선, 작가는 '소중하다'고 전혀 의심 없이 받아들여지는 존재에 대해서 비판한 것은 아닐까? 그렇다면 세상에 나쁜 인간은 없다고 보는 것일까? 하는 부분이 궁금했다. 그런데, 중간 부분에서 '세상의 여느 친구들처럼-냉장고도 알고 보니 좋은 놈이었다. 알고 보면 세상에 나쁜 인간은 없다.'라는 말이 나온다. 뜬금없이 '세상에 나쁜 인간은 없다.'라는 말이 왜 나온 것일까? 솔직히 냉장고를 의인화한다는 것도 이해가 안 되는데, 그 속에서 또 나쁜 놈은 없다고 말하니 이걸 이해하기 위해 어떻게 연결시켜야 하는지 모르겠다. 또, 냉장고가 엄청난 소음을 내도 결국엔 외로워하는 자신에게 친구가 되어줬다는 말은 이해가 간다. 하지만 자신을 괴롭히고 귀찮게 하는 싫은 사람이 있다 할지라도 좋은 사람이 될 수 있다는 것일까? 여전히 고민스럽다.

그래도 마냥 고민만 할 수는 없어서 다음과 같이 정리해보았다.

	과정별 작업	내용 메모
A	키워드 뽑기	부패와 해악
B	감상의 포인트 정리	작가가 세상을 바라보는 세계관
C	제목을 붙인다면	1안: 〈부패한 세상, 냉장고가 해줄 수 있는 일〉 2안: 〈나쁜 것, 해로운 것, 부패한 것〉

예시 4

시기적으로 세기말은 아닌데, 어째서 세기가 바뀌게 되는가? 여기서의 세기란 사전적 정의가 아니라, 주인공이 냉장고에 넣은 것들이 카스테라로 바뀌게 되는 전환점의 의미를 담고 있는 것이 아닐까 싶다.

훌리건이 아닐까 생각이 들 정도로 거대한 소음을 일으키는 냉장고 덕에 "나"는 외롭지 않은데, 왜 고치려고 하는 것인지도 궁금했다. 냉장고에 매달리는 것이 그 존재 자체에 대한 관심이 아니라 수리를 위한 것이었다는 점에서 이해가 안 된다. 냉장고의 소음 덕에 외롭지 않다는 건 말 그대로의 의미가 아니라, "나"는 단지 그 어떤 새로운 자극이 필요했기 때문에 (너무 무미건조하게 혼자 살고 있었으므로) 그런 측면에서 냉장고의 소음이 도움이 됐다는 것을 표현한 것 같다.

감상의 키워드와 포인트를 정리해본 결과는 다음과 같다.

	과정별 작업	내용 메모
A	키워드 뽑기	세기말 소음 훌리건
B	감상의 포인트 정리	전환점의 의미를 주목하고 싶다. 시기적으로 세기말이 아닌데도 냉장고에 넣은 것들이 카스테라로 바뀌는 시점에 세기가 바뀐다.
C	제목을 붙인다면	〈비포 & 애프터〉

감상문 작업에서는 이런 식으로 시간과 노력을 투자하는 것이 우선되어야 한다. 그런 의미에서 감상문은 자신의 감상을 나타내는데 중점을 두어야 한다. 자신의 감상이 빠진 채 내용만을 요약하거나, 작품외적인 사실만을 소개하는데 그쳐서는 안 된다. 작품외적인 사실을 소개하고 내용을 요약해주는 것은 감상문에서 대상 자료를 소개하는 쪽으로 연결시키면 된다.

다음의 〈예시〉는 작가의 특이한 이력과 작품 줄거리를 소개하고는 있지만, 그것에만 치중하기 보다는 오히려 작품 감상의 깊이를 더하는 쪽으로 연결시키고 있다. 더욱이 감상을 풍부하게 하기 위해 연결되는 노랫말을 소개하여 독자로 하여금 어린 시절의 추억에 빠져들게 하는 효과도 던져주고 있다. 글쓴이 스스로 자기 감상의 포인트가 되는 작업을 잘 잡아가고 있기 때문이기도 하다.

예시 5

어른이 되어 돌아보는, 어린 시절 실수에 대한 기억
- 김소진의 소설 〈눈사람 속의 검은 항아리〉를 읽고 -

많은 날이 지나고 나의 마음 지쳐갈 때
내 마음속으로 스러져 가는 너의 기억이 다시 찾아와
생각이 나겠지
너무 커버린 미래의 그 꿈들 속으로
잊혀져가는 너의 기억이 다시 생각날까
너의 마음속으로 들어가 볼 수만 있다면
철없던 나의 모습이 얼만큼 의미가 될 수 있는지

- 김동률, 〈기억의 습작〉 중에서

영화 〈건축학 개론〉에 나오는 한 장면처럼 지금은 희미해졌어도 아련하게 떠오르는 어딘가의 장소가 그리워질 때 어느덧 우리는 어린 시절의 시간 속으로 추억여행을 떠나게 된다. 1963년 강원도 철원에서 태어나 34세의 나이로 짧은 생을 마감했던 작가 김소진은 자신의 마지막 소설 〈눈사람 속의 검은 항아리〉에서 '미아리 산동네는 여태껏 나를 지탱해왔던 기억이고, 그 기억을 지탱해 온 육체'라고 고백하고 있다.[13] 김소진은 길음동 산동네에서 몇 집 건너 두 번 이사했다는데, 재개발 중인 길음동이 이 작품의 배경으로 등장한다.

줄거리를 살피면 이렇다. 결혼하고 경기도 일산으로 이사해 살던 민홍은 경의선 기차를 타고 나와 신촌에서 미아리행 버스를 탄다. 기습 한파에 언 보일러 수리비를 달라고 미아리 셋집 사람이 보채서인데, 어머니는 재개발 지역에 낀 집을 언제 팔면 좋을지 정보도 알아봐줬으면 한다. 이에 민홍은 길음초등학교 담벼락을 끼고 마을버스 종점인 콘크리트 물탱크 밑 '차부'까지 올라갔다가 임마누엘교회와 구멍가게를 빼놓고 이미 철거가 다 끝난, 자신이 어릴 적 살았던 옛 동네를 돌아보며 자신의 어린 시절 저지른 한 '사건'을 회상하게 된다.

어린 시절의 '나'는 눈 내리는 어느 날 아침, 항아리를 깨고 만다. 오줌이 마려워서 화장실을 가던 중 눈 속에 파묻혀 있던 '빠루'라는 연장을 밟는 바람에 욕쟁이 할멈의 짠지 단지를 깬 것이다. 금이 간 항아리를 바라보던 '나'는 그 항아리를 눈사람으로 만들어버릴 생각을 한다. 마침 눈은 찰기가 좋아 잘 뭉쳐졌고, 항아리를 눈사람으로 덮어버리면서 이웃집 남자에게 방학 숙제로 눈사람 만들기를 했다는 일기를 써야 한다는 거짓말까지 한다. 그리고 '나'는 가출 아닌 가출을 한다.

예기치 않은 실수로 의도치 않은 잘못을 연거푸 하게 될 때가 있다. 예를 들어, 눈 내리는 날 한밤중에 볼일이 급해진 주인공이 실수로 짠지항아리를 깬 것이 그 한 가지라면, 이어지는 거짓말과 가출은 어쩔 수 없이 저지르게 되는 또 다른 실수의 연쇄반응일 뿐이다.

항아리를 깬 아이는 가출을 한 후 일부러 더러운 곳만 골라서 돌아다녔는데, 그것은 나중에 떨어질 매와 꾸지람을 이겨내고자 스스로에게 가하는 자기반성의 시간을 철저히 겪어내는 것이나 다름없다. 그래서 주인공이 마침내 큰 용기를 내어 집으로 돌아갔을 때, '나'의 예상과는 달리 아무 일도 없었던 것처럼 평온한 어른들의 반응은 이렇게 미숙하고 어리석은 실수를 거치면서 커가는 것임을 자연스럽게 보여주는 것이기도 하다.

> 아주머니들의 웃음소리 사이에서 나는 울음을 딱 그쳤다. 그러고는 어른처럼 땅을 쿵쾅거리면서 뛰쳐나와 이 골목 저 골목을 헤집으며 어딘가를 향해 가슴이 터져라 마구 달리고 또 달렸다. 그렇게 컸다.[14)]

일부러 더러운 길을 골라 걷거나 하찮은 물건들을 가방에 담으며 '진짜' 가출을 상상하는 것, 또는 내가 죽으면 모두 슬퍼할 거라며 보도블록의 경계석을 따라 하염없이 길을 걷는 것 등등…. 지금 돌아보면 유치하고 미숙해서 살포시 웃음이 묻어나지만, 그 당시에는 너무도 절박하고도 절실했을 그러한 기억들이 우리를 조금은 더 단단하고 야무진 어른으로 만들어 준 것이 아닐까? 너무 커버린 지금에서야 잊혀져가는 기억이 새로워지는 시간이다.

....

13) 김소진, 『눈사람 속의 검은 항아리』(도서출판 강, 2004), 작가연보.
14) 같은 책, 30면.

문체나 분위기를 느껴보기

감상의 포인트를 잡는 과정에서는 다양한 각도로 자신의 감상 작업을 들여다보는 것이 도움을 줄 수 있다. 어떤 지점이 나의 소중한 감상을 소구하는지 역으로 살펴볼 수 있기 때문이다. 그런 측면에서 대상작품의 문체나 분위기를 주목하여 충분히 느껴볼 것을 권장하고 싶다.

다음의 〈예시〉는 〈가담항설〉이라는 웹 툰을 대상작품으로 선택했는데, 이 작품의 독특한 분위기에 매료된 자신의 감상 작업이 집중적으로 잘 드러나 있다.

예시 6

	내가 생각하기에, [랑또]의 [가담항설]은 [오래오래 씹어 먹고 싶은 오징어]이다
작가 소개	재미와 감동을 모두 끌어내는 아수라 백작이다. 흔히 '병맛'이라고 불리는 개그 웹 툰을 그려 '이 작가는 정말 미쳤어!'라는 반응을 이끌어내고 병맛 만화에서 랑또를 빼놓을 수 없다는 칭송을 얻었는데, 가장 최근의 완결 작품에서는 정반대의 분위기로 '이 작가는 정말 미쳤어.'라는 반응을 이끌어냈다.
작품 소개	〈가담항설〉은 동양 판타지 웹 툰으로, 웹 툰 덕후들 사이에서는 모르는 사람이 없을 정도의 명성을 갖고 있다. 그의 개그와 웃음 코드가 웃기다고 그가 우스운 사람이 절대 아님을 이 작품을 통해 뼈저리게 느낄 수 있다. 작품 자체가 단순히 웃음으로 소비되지 않는 지점들이 있다는 특성을 주목하고 싶다. 그의 정신과 가치관이 깃든 명언을 매 회마다 만날 수 있는 아낌없이 주는 나무이고, 나를 다독여주는 엄마의 자장가와 같다. 잔잔히 흘러가는 호수였다가도 물수제비를 뜬 것 마냥 큰 물결을 일으키기도 한다.
이유는?	배경이 과거(조선시대 즈음)이고 사군자들이 등장한다. 하오체와 해체가 섞인 말투를 주인공들이 사용하며 내레이션 또한 등장한다. 인물이 말하는 것처럼 생동감이 느껴지기도 하고, 하늘에서 호통을 치는 듯한 문체도 존재한다. 만화의 특성상 문체가 한 가지로 고정되어 있기보다 자유자재로 여러 문체를 넘나드는 것이 특징이며, 말에 뼈가 있는 듯한 대사들이 자주 등장한다. 그래서 오래오래 씹어 먹고 싶은 오징어라고 표현한 것이다.
감상 메모	'먼 길로 돌아가게 만들고, 험한 길로 가게 만들고, 목적지에 도달하지 못하게 만드는 것이 바로 양심이다.'라는 대화 내용이 있다. 그냥 지나칠 수 있지만 다시 되새기며 읽음으로써 작가가 말하고자 하는 바와 전달하고자 하는 바를 알고, 양심의 정의에 대해 생각해 보며 '정말로 양심이 그렇게 만드는 것일 수 있겠구나, 나의 양심은 과연 어떤 역할을 하고 있지?' 하는 생각까지 도달하게 만든다. 그리고 '제가 홍화씨의 영원은 아니지만 순간이면 안 되나요? 홍화씨의 전부는 아니지만 일부이면 안 될까요? 지금 저의 마음이 저의 행동이 제게는 과분한 욕심이고 홍화씨를 속상하게 만드는 건가요?'라는 사랑과 관련된 대사가 있다. 나는 이 부분을 읽으며 말하는 이의 절절함이 이미 나의 가슴까지 적심을 느꼈다. 영원, 순간, 전부, 일부라는 단어가 한없이 작아지는 나, 그렇지만 그렇게라도 상대와 함께 하고 싶은 마음이 묻어나는 것 같고, 대사를 여러 번 읽을수록 인물에 빨려 들어가는 것만 같았다. 그래서 오래오래 아껴 먹고 싶은, 그런 음식이라고 표현했다.

특히 자신의 관심사와 밀접한 관련이 있는 저자의 글을 읽을 때는 저자의 독특한 사유가 어떠한 문체적 특성으로 구현되고 있는가를 살펴볼 필요가 있

다. 이러한 작업을 통해 글쓰기에 자신감이 생기고 흥미도 배가시킬 수 있기 때문이다.

예시 7

내가 생각하기에, 이 사람 [유진목]의 이 작품[연애의 책]은 〔공들여 짜여진 따뜻하고 오래된 스웨터〕이다	
작가 소개	유진목은 여성 시인으로, 〈연애의 책〉〈작가의 탄생〉〈식물원〉 등을 출간하였다.
작품 소개	내가 읽은 책은 '연애의 책'이다. 《연애의 책》이라는 시집은 시인의 시작품인 〈리의 세계〉를 우연히 보고 깊은 감명을 받았기 때문이다. 시에서 받은 감명이 시집을 찾아보게 만들었던 것이다. 이 시집은 전체적으로 산문시가 대부분을 차지하고 있는데, 가족, 친우와의 사랑까지 연애에 포괄시키고 있다. 연애는 아주 가깝게 밀착되다가도 급격히 멀어져 싸늘해질 수도 있는 독특한 인간관계로 보고 있기 때문이다. 연애를 남녀 간 사랑에서 끝나지 않고 다른 인간관계로까지 확장시키는 것이 좋았다. 피상적인 느낌보다는 보다 더 확실한 진술과 묘사가 돋보이는 시집이었다.
이유는?	시집을 완독하고 나니 왠지 유진목 시인은 아주 깊고 맑은 눈동자를 가지고 있을 것이라는 생각이 들었다. 그의 시선은 늘 '보통의 슬픔', '보통의 체온'을 바라보고 있다. 우리가 늘 마주하는 '보통'인 것들 속에서 '슬픔'과 '따뜻함'을 포착하는 일은 매우 섬세한 사람만이 할 수 있는 일이다. 전반적으로 시에서 아픈 곳을 어루만져 주는 손길의 느낌을 받았다. 서러울 때 등을 두드려 주는 손바닥 같이 '포근함'을 느꼈다. 설령 그게 아주 슬픈 내용의 시더라도 진실된 사람의 체온이, 온기가 남아 있어 파워풀한 에너지가 느껴졌다고나 할까?

다음의 〈예시〉는 박민규의 소설집 《카스테라》를 읽고 수업성원들이 이 소설가의 문체에 대하여 남긴 소감 중 일부이다. 어떤 부분을 주목하여 빈 칸을 채우고 있는지 잘 살펴보자. 이렇게 소감 나누는 활동을 하는 것도 글쓰기 실력을 키우는 소중한 연습이 될 수 있으니, 어떤 식으로 자신의 의견을 제시하고 있는지도 잘 살펴보기로 하자.

예시 8 **내가 생각하기에, 박민규의 문체는 [ ]이다.**

박민규의 문체는 [상상력의 원천]이다

기린과 개복치와 대왕오징어와 우주인과 어울리는 그를 보며 황당함과 동시에 같이 한번 놀아볼까 하는 충동을 느꼈다. 그러다 결국에는 "이래도 되는 거야."하는 마음으로 두 손 두 발 다 들었다. 이 책을 다 읽은 후 허탈함과 웃음이 공존하는 느낌을 뭐라 표현해야 할까? 박민규의 문체가 아니라면 누가 어떻게 기린과 개복치와 대왕오징어와 우주인을 소환할 수 있을 것인가 말이다.

박민규의 문체는 [조리도구]이다

박민규의 문체는 온갖 세계의 물질들을 그의 카스테라로 만들어 주는 귀중한 조리도구임이 틀림없다. 어떻게 그렇게 더러운 물질들이 그의 손에 들어가면 하나의 아름다운 카스테라로 탄생하는지 무식한 나로서는 알 수가 없으니, 그저 돈 주고 사다 먹을 밖에 도리가 없다. 난 결국 이 모든 박민규의 문체가 주는 힘에 이끌려 그의 책『카스테라』를 나의 냉장실에 보관해 놓을 뿐이다. 이제부터는 좀 제대로 돌아가야 할 텐데… 내 냉장고의 전생은 훌리건은 아니었나 보다. 아마도 그럴 것이라고, 나는 생각한다.

1 연습해볼까요?

앞선 <예시>들을 참고하여, 우리도 다음과 같은 활동을 진행해보자. 자신이 선택한 작가의 작품이 어떤 특징이나 분위기, 개성이 있는지를 잘 살펴보고, 그러한 개성적인 특징을 또 다른 대상에 비유하는 작업을 해보는 것이다.

자신이 읽은 책 중에 기억에 남는 작품을 선택해도 좋고, 드라마나 영화 등 자신이 관심을 갖고 있는 다양한 장르에서 같이 감상하고 싶은 작품을 선택해도 좋다.

내가 생각하기에, 이 사람[ ]의 이 작품[ ]은 [ ]이다	
이 사람은 누구인가요?	
어떤 작품인가요?	
이유가 알고 싶어요!	

3. 효율성을 높이는 글쓰기의 기본기

3-1 제목 붙이기

▣ 제목의 역할

제목은 글의 다른 부분에 비해 길이가 상대적으로 짧기 때문에 자칫 사소하거나 미약한 부분으로 취급할 여지가 크고, 아무렇게나 붙여버리는 경향도 있다. 하지만 제목은 그 글이 완성된 한 편의 글이 될 수 있게 만드는 요소라는 점에서 매우 중요하다.

제목은 사람으로 치면 이름이나 마찬가지의 비중을 갖는다. 글을 읽을 때 맨 처음으로 접하게 되어 그 글의 첫인상에 영향을 주기도 하지만, 무엇보다 글의 내용을 이해하는 데 필수불가결한 요소가 되기 때문이다.

다음의 〈예시〉는 제목을 어떻게 붙이느냐에 따라 글쓴이가 그 글에서 부여하는 의미가 달라짐을 잘 보여주고 있다.

예시 1

> 많은 생각 끝에 소설의 제목을 바꾸어서 재판을 찍기로 하였다. '희망'이라는 표제는 이 소설의 첫줄을 쓰기 시작할 때부터 내 마음속 깊은 곳에 각인되어 있던, 소설을 이끌고 나가던 일종의 화두 같은 것이었다. 이번에 나는 그 마음의 낱말을 표제로 드러낼 것을 결정하였다. 그 결정에는 여러 가지 다른 이유도 고려되어 있으나, 가장 크게 작용한 것은 '잘 가라, 밤이여'의 은유에서 벗어나 명료하게 '희망'으로 가고 싶다는 스스로의 희망 때문이었다.[7]

〈예시〉에서 보다시피, 글의 주제를 직접적으로 드러내는 제목을 붙일 수

---

7 양귀자가 쓴 《희망》(살림, 1991)에 수록된 작가의 글이다.

도 있고, 이와 다르게 글의 주제를 암시적으로 비유하는 제목을 붙일 수도 있다. 주제를 직접적으로 노출시키는 제목이 명료한 이해를 돕는 반면, 은유적인 제목은 그 나름대로 멋스러움을 간직하고 있음을 쉽게 예상할 수 있다. 어느 쪽을 택하는가는 글쓴이의 의도와 취향, 판단에 달려있다.

좋은 제목의 요건

첫째, 제목을 통해 글이 무엇에 대해 썼는지를 알 수 있어야 한다. 제목을 읽었을 때 감상의 실마리가 되는 지점이나 감상의 방향 등 글의 내용을 짐작할 수 있는 지점이 나오는 게 좋다. 대개는 그 글의 내용을 대변해주는 핵심어를 활용하여 제목을 만들게 된다.

둘째, 글에 대한 흥미를 불러일으켜야 한다. 내용의 지나친 암시도 좋지 않고, 포괄력이 부족한 것도 바람직하지 못하다. 특히 제목을 통해 연상되는 글의 분위기라는 것도 있으므로, 완성된 글의 무게에 어울리는 제목을 고려하는 것도 필요하다.

셋째, 제목은 너무 복잡하지 않게 붙이는 것이 산뜻한 느낌을 준다. 제목은 완전한 문장이기 보다는 완전한 문장의 어느 '부분'이라고 생각하면 제목 붙이기가 보다 수월해질 것이다.

부제의 활용도

감상문/서평처럼 대상자료가 있는 글쓰기의 경우, 제목은 대체적으로 감상/평가의 포인트를 알려주는 쪽으로 붙이게 된다. 그리고 대상자료에 대한 정보는 부제로 처리하게 되는데, 작품명은 〈 〉의 부호를 사용하고, 작품집이나 단행본 저서인 경우에는《 》또는『 』의 부호를 사용한다. 예를 들면 다음과 같은 식이다.

예시 2 **부제를 활용한 감상문/서평의 제목**

제목	**희생 아닌 희생의 의미를 되새기다**
부제	『나무를 심은 사람』을 읽고 -
제목	**아는 만큼 보이고, 체험의 깊이만큼 더 보인다는 것**
부제	- 서경식, 『나의 서양미술 순례』, 박이엽 옮김(창작과비평사, 2002) -
제목	**소(少)통을 소(疏)통으로**
부제	-〈소리괴물〉을 읽고-

하지만, 부제를 따로 두지 않고 대상자료의 정보를 포함하여 한 줄의 제목으로 정돈하는 경우도 많이 있다. 예를 들면 다음과 같은 식이다.

예시 3 **대상자료를 포함시킨 제목**

- 〈토끼의 재판〉이 내게 알려준 것들
- 《어머니는 죽지 않는다》를 통해본 어머니와의 추억과 아픔 나누기
- 〈완득이〉에 대한 공감백배
- 웃음이 함께 하는 섬뜩함,『자살토끼』가 던진 화두

3-2 특수문단에 대한 이해

우리가 5장 분량으로 한 편의 글을 쓴다고 생각해보자. 한 편의 글에서 제대로 된 구성을 하려면 글의 짜임새에 맞게 적절한 내용을 전개해야 한다. 한 편의 글은 내용의 전개과정에 따라 도입문단, 중심문단, 종결문단의 세 부분으로 구성된다. 도입문단과 종결문단은 글을 시작하거나 글을 끝맺는 목적을 위해 쓰이기에 특수문단이라고 하며, 본론에 해당하는 중심문단은 일반문단

이라고 하여 내용의 핵심요소들인 소주제를 뒷받침하면서 글을 전개하는 기능을 한다.

특수문단은 이렇게 글의 도입부와 종결부에 해당되는 부분으로, 문단을 만드는 목적이 다르게 된다. 그래서 특수문단에서는 구체적이고 상세한 논의보다는 일반적이고 종합적인 논의를 하는 쪽으로 소주제를 잡는 것이 좋다고 한다. 특수문단은 주제 문장을 이끌어가는 데 있어서 구체적인 것보다는 일반적인 것을 언급하고, 상세한 것보다는 뭉뚱그려 이야기하는 경향이 있다. 그런 점에서 구체적인 논의는 오직 중심부(본론 부분)에서만 필요하게 된다.

특수문단의 역할

도입문단은 본격적인 내용의 전개에 들어가기 전에 예비적인 서술을 하는 부분이므로, 앞으로 전개될 내용이 무엇인지를 충분히 암시해야 한다. 그래서 이 부분에서는 무엇에 대해 어떻게 쓸 것인지를 분명히 하는 것으로 시작하되, 이를 가장 일반적인 용어로 표현한다.

그렇다고 해서 본론의 내용과 너무 거리가 멀면 좋지 않다. 왜냐하면 본론에서 펼칠 내용을 유도해야 비로소 예비적인 서술로서 의미가 있기 때문이다. 따라서 도입문단은 일반적인 쓸거리를 이야기하면서 시작하더라도 차츰 그 쓸거리를 한정하여 어떤 하나의 초점으로 집중시켜야 한다. 그리고 그 초점은 가능한 한 간결한 한 문장으로 드러나는 것이 곧이어 본론을 이어나가는데 도움을 준다.

종결문단 또한 글의 뒷부분에 온다는 차이는 있지만, 도입문단과 비슷한 기능을 갖는다. 종결문단에서 제재에 대한 마지막 논평을 한다 하더라도 제재에 대한 더 이상의 구체적인 논의는 하지 않기 때문이다. 그래서 글이 끝났다는 느낌을 주는 식으로 종결부를 만드는 게 중요하다.

특수문단의 비중

특수문단은 문단의 길이가 중심문단에 비해 비교적 짧게 만들어지게 된다. 중심문단은 도입문단에서 제시한 논점을 풀어 쓰거나 논증해야 하기 때문에 구성상 짜임새가 복잡해지게 된다. 그래서 일반적으로 본론 부분이 가장 비중이 크고 분량도 길어지면서 자연히 여러 개의 문단으로 이루어지게 되는 것이다.

반면 도입문단은 독자의 주의를 환기하면서 중심문단에서 다룰 논점을 제시하고, 종결문단은 중심문단에서 다룬 내용을 정리하여 글을 맺어주는 역할을 하는 것으로 한정된다. 따라서 1장 분량의 글쓰기에서는 도입부/종결부를 길게 쓰지 않고, 대개 한 문단 정도씩의 길이면 충분하게 되는 것이다.

예시 **한 편의 글을 구성한다는 것**

구성적 차원	문단의 기능적 차원	문단의 비중적 차원	
		5장 분량	1장 분량
도입부(서론)	특수문단 (글을 시작하기)	1장 이내 (2개 문단 이내)	1개 문단
중심부(본론)	일반문단 (주제를 체계적으로 전달)	4장 이내 (2개 문단 이상)	2개 문단 이상
종결부(결론)	특수문단 (글을 끝맺기)	0.5장 이내 (2개 문단 이내)	1개 문단

2 연습해볼까요?

다음의 <예시>는 번역문학의 미래를 위해 문제를 제기한 글이다. 불모지나 다름없는 번역문학에 대해 중요하고도 시급한 몇 가지 문제들을 지적하고 있는데, 글의 중심부(본론) 부분만을 보여주는 식으로 조정하였다.

1. 글쓴이의 문제의식이 잘 살아날 수 있도록 도입문단을 만들어보자.
2. 한 편의 글이 잘 마무리될 수 있도록 종결문단을 만들어보자.

〈예시〉 제목: 번역문학의 미래를 위하여

(도입부를 만든다면?)

번역문학이란 말이 있다. 번역도 문학이란 말인가 하고 의아해 할 사람도 없지 않을 것이다. 그러나 번역도 엄연히 문학이다. 물론 우리나라에 번역을 전문적으로 가르치는 학과는 아직 생기지 않았다. 이는 외국어 통역을 전문적으로 가르치는 기관이 성업 중인 것과 비교하면 매우 대조적이다. 번역이 문화부문에서 차지하는 비중을 생각해본다면 우리나라에도 하루바삐 번역학 혹은 번역문학에 대한 인식의 제고가 있어야 될 것이다.

우리나라 번역 출판물에 문제가 많다는 것은 누구나 다 아는 사실이다. 이는 전문 번역자가 극히 부족하다는 데서 기인한 현상이 아닐 수 없다. 번역이란 단순히 외국어를 우리말로 옮기는 기능적인 차원의 일이 아니다. 거기엔 언어에 대한 남다른 감수성과 행간의 의미를 꿰뚫어보는 직관력, 그리고 풍부한 문화적 식견이 요구된다. 하지만 불행히도 우리나라엔 이런 여러 요소를 두루 구비한 번역문학가가 극히 희소한 실정이다. 영어권 서적의 번역자로서 안정효, 이윤기 씨가 높은 명성을 얻고 있을 따름이다. 이는 이 두 사람이 뛰어난 영어 실력 못지않게 소설가로서의 문장 구사력을 갖고 있기 때문에 가능한 일일 것이다. 이 두 사람이 마르케스 같은 스페인어권 작가나 카잔차키스 같은 그리스 작가의 작품을 발굴하여, 비록 중역(重譯)이긴 하지만 우리말로 소개한 것은 해당 언어권의 번역자가 부재하다는 사실을 다시금 일깨워주는 일례라 할 수 있다.

그렇다면 우리 번역문학의 수준 향상을 위해 해야 할 일에는 어떤 것이 있을까. 장기적으로는 번역에 대한 사회적 인식 자체가 바뀌어야 하겠지만, 보다 시급히 요구되는 것으로는 번역료의 인상을 들 수 있다. 현재와 같은 열악한 액수로는 도저히 번역에 매진할 고급 인력을 확보할 수 없을 것이다.

(종결부를 만든다면?)

3-3 도입부 만들기

도입부(서론)는 글의 성격에 따라, 글쓴이의 취향에 따라 다양하게 만들어진다. 글의 시작 부분에서부터 읽는 이의 관심과 호감을 받기 위해서는 글쓴이의 개성과 감각이 돋보일 수 있게끔 여러 가지 방법들을 모색해야 할 것이다.

글의 성격이나 글쓴이의 취향과 개성에 따라 가능한 방법은 얼마든지 많을 것이지만, 도입문단을 만드는 방법을 간략히 정리해 보면 다음과 같다. 이어지는 설명은 한 편의 글쓰기에 그대로 적용될 수 있는 사항을 정리한 것이다. 감상문의 경우에만 국한하지 말고, 이번 기회에 글쓰기 연습의 기회를 넓혀 기본적인 사항을 정리해두기로 하자.

주제 직접 제시의 방식

글의 주제가 되는 내용을 직접적으로 제시하는 방법이다. 흔히 제목에 의존하여 글을 시작하는 방법이 여기에 속한다.

다음의 〈예시 1〉은 제목 자체가 주제를 강하게 함축하고 있는 경우로, 도입문단에서부터 이런 제목을 풀어 설명하고 있다. 그렇기 때문에 도입문단은 자연스레 글에서 다루고자 하는 주제를 강하게 시사하면서 호기심을 돋우는 역할을 하고 있다.

또한 〈예시 2〉에서처럼 글의 주제를 이루는 낱말이나 개념에 대한 정의를 내리면서 글을 시작하는 것도 도입부를 만드는 훌륭한 방법이 된다.

예시 1

제목: 여대생(與大生)과 여대생(餘大生) 사이

한국사회에서 여대생은 어떤 존재인가. 대학에서 그들은 누구인가. 대학을 졸업한 후에 중산층 혹은 상류층으로 편입되어갈 것이 예상되는 계층인가. 사회의 비판세력으로 새롭게 부상하여 한 가지라도 애쓰며 함께 할 여대생(與大生)인가. 대중화 시대에 양산되는 여대생(餘大生)인가. 그들은 대학에 어떤 기대와 포부를 갖고 들어오는가.

예시 2

제목: 화병(火病)

뚜렷한 원인과 병명을 모르는 내과적 질병을 예전엔 '화병', 또는 '속병'이라고 두루뭉수리로 불렀다. 전문적인 의술이 제대로 보급되기 전 한방과 민간요법에 질병의 진료를 전적으로 의존하던 시절의 얘기다. '속을 태운다'거나 '화를 끓인다'는 일상적인 표현에서도 알 수 있듯이 질병의 원인을 심한 걱정과 울화 때문에 심리적인 균형과 안정이 흔들리는데서 찾았던 것이다.

다음의 <예시 3>에서처럼 글의 주제와 그 주제를 펼쳐나가는 방식을 미리 보여줌으로써 글쓴이의 생각이나 주장을 보다 효과적으로 전달할 수도 있다. 이는 도입문단에서 글의 주제와 그 주제를 펼치는 방식을 제시함으로써 글의 윤곽을 미리 잡아보는 경우로, 설명을 하거나 묘사나 서사를 위주로 하는 글의 경우에는 이 방법이 별다른 차이를 주지는 못하지만, 논술이 중심인 글의 경우에는 글의 윤곽을 미리 제시해주는 것이 좋기 때문이다.

그리고 <예시 4>에서처럼 문제를 하나 제기함으로써 글에서 다룰 내용을 제시하는 방법이 있다. 글의 첫 부분을 질문으로 시작하여 글에서 다루고자 하는 문제에 대한 읽는 이의 관심을 환기시키는 경우로, 주제에 따라서는 기존에 인정되어온 사실에 대한 반대 생각이나 의문을 제기하면서 도입부를 시작하기도 한다.

예시 3

제목: 한(恨)의 성찰

한에 대한 언급이 어제 오늘 보이기는 하나 그것들은 대체로 불완전한 접근이라는 점에서 있어야 할 한의 논리로 자랑스럽게 내걸 수 있는 것은 아직 눈에 띄지 않고 있다. 그렇다면 우리가 민족의 보편적 감정으로 삼고 있는 한의 정의, 민족의 어떤 특질 및 서양에까지 널리 관련되고 있는 한의 개념화는 불가능한 것인가. 이 글의 목적은 민족감정으로서의 한의 근거를 추적하고 한의 감정적 지속이 어떻게 이루어져 왔는가를 알아보는 데 있다.

예시 4

제목: 타인에 대한 이해

우리에게 타자(他者)란 무엇일까. 우리의 이웃, 더 나아가 타국인 혹은 타문화는? 특히 지리적 국경이 점점 더 무의미해지는 정보화 경쟁시대의 타자는 대체 무엇이어야 할까?

주제 간접 제시의 방식

간접적으로 글의 주제를 시사하면서 도입부를 만드는 방법이 있다.

다음의 〈예시 5〉에서처럼 가장 흔하게는 속담이나 격언 등을 인용하는 경우가 있다.

〈예시 6〉에서처럼 감명 깊은 시의 한 구절이나 소설의 인상 깊은 구절을 인용하는 것도 흔히 쓰이는 방법이다.

예시 5

제목: 누구를 위한 명절인가

'더도 말고 덜도 말고 팔월 한가위만 하여라.' 이는 추석 하면 생각나는 옛말이다. 비슷한 말로 '팔월 한가위엔 가난한 집 며느리 배덧이 난다.'라는 속담이 있다. 농경사회에서 그야말로 제일 굶주리는 배였을 며느리마저 추석 명절엔 실컷 채워진 배로 행복감을 맛보았을 거다. 하지만 산업사회인 이 시대에도 과연 추석은 우리 모두에게 명절일까?

예시 6

제목: 내 인생의 책들

어느 시인은 "내 인생의 8할은 바람이다."라고 했지만, 내 인생의 8할은 책이다. 너무나 절망스러워 세상을 버리자고 결심하던 삶의 극단에 섰던 순간에도 내 옆에 책이 있었고, 영혼의 허기로 불안에 휩싸여 방황하던 순간에도 내 옆에 책이 있었다. 책은 유혹이고, 매혹이고, 반역이고, 혁명이고, 그리고 운명이다. 아주 짧은 삶이긴 하지만 책 없는 나의 삶이란 상상할 수 없다. 책은 내 혈관에 피를 채워주었고, 내 몸의 살이 되었다. 내가 읽은 책들은 내 삶의 숨결이 되었고, 그것은 그 자체로 내 삶의 궤적이 되었다. 얼마나 많은 책들이 나를 거쳐 지나갔는가. 내가 읽은 그 많은 책들은 무지로부터 나를 일으켜 세웠고, 나날의 혼란스러운 체험들에 성찰의 빛을 주었고, 엄청난 정서적 위안과 활력을 주고 끊임 없는 나태와 통속화에 주저앉으려는 유혹으로부터 구해줄 뿐만 아니라 내 운명을 만드는 데 기여했다. 내 인생의 너무나 많은 부분을 책에 빚지고 있으므로 "내 인생의 8할은 책이다."라는 말은 조금도 과장이 아니다.

다음의 〈예시 7〉에서처럼 일화나 비유문으로 글을 시작하기도 한다. 일화나 비유문을 통해 본론에서 자세하게 논의할 사항에 대한 언급을 하는 것은 읽는 이의 호기심을 자극하고 글의 분위기를 한층 여유 있게 만들어줄 수 있다.

그리고 〈예시 8〉에서처럼 어떤 사건의 절정이 되는 장면이나 전조(前兆)에 대한 진술을 함으로써 주제를 암시하는 것도 도입문단을 만드는 방법으로 효과적이다. 대상이 되는 영화의 인상 깊은 장면을 직접 제시함으로써 이와 관련된 이야기를 보다 쉽게 끌어내는 효과를 얻어내고 있기 때문이다.

예시 7

제목: 전원일치

송나라 원찬의 〈묘덕 선생전〉이란 글에 그 샘물을 마시면 돌아버리는 광천(狂泉)이야기가 나온다. 나라 안에 샘이라고는 오로지 그 광천 하나밖에 없기에 나라사람들이 그 물을 마시고 미치지 않은 사람이 없었다. 오로지 임금만이 궁중 샘물을 마셨기에 미치지 않고 무사했다. 그런데 나라사람들은 오히려 미치지 않은 임금이 미쳤다 하여 그 병을 낫게 한답시고 침을 놓고 뜸을 뜨곤 하는 바람에, 임금은 그 고통을 못 이겨 광천물을 마시고 미쳐버렸다는 이야기이다. 인생만사에 있어 다수가 선(善)이요 옳으며 가치가 있다는 허점을 빗대는 이야기요, 소수가 다수에 굴복되는 모순을 빗대는 우화이다.

예시 8

제목: 서편제의 신기록

영화 〈서편제〉의 마지막 장면. 어려서 헤어진 소리하는 누님 송화를 동호가 수소문 끝에 어느 주막에서 찾아낸다. 동호는 송화에게 소리를 청한다. 송화는 눈이 멀어 손님이 동생인 줄 모른다. 동호가 북채를 잡고 송화는 심청가 중 심 봉사가 눈 뜨는 대목을 밤늦도록 부른다. 날이 새자 동호는 말없이 떠난다. 송화는 아버지 유봉이한테서 함께 소리를 배우던 어릴 때의 그 북장단 소리를 듣고 손님이 동호인 줄 알고 있었다. 송화는 동생에게 다시는 들키지 않을 곳을 찾아 길을 나선다.

다음의 〈예시 9〉에서처럼 펼치고자 하는 내용과 관련된 경험담이나 시사적 사건 등을 제시하는 방법도 있다. 신문기사의 형식을 취하여 사건의 개요를 밝힌다든지, 아니면 자신의 주위에서 일어난 사건이나 실제 자신이 겪은 경험으로 글을 시작하는데, 이렇게 함으로써 읽는 이의 주의를 새롭게 집중시킬 수 있기 때문이다.

예시 9

제목: 꼴불견 결혼 세태

신랑 신부가 영화의 남녀 주인공들처럼 고궁이나 공원을 돌아다니며 비디오 촬영을 한다. 비용은 4백만 원에서 5백만 원. 주택가 골목 또는 아파트에서 괴상한 가면을 쓴 젊은이들이 외친다. "함 사시오!" 승강이 끝에 함진아비들에게 건네지는 돈은 대략 1백만 원. 공항 대합실에서 신부를 둘러싼 한 무더기의 여자들이 찧고 까불고 있고 그 옆에선 신랑 친구들이 신랑을 헹가래치는 모습이 보인다. 신랑 측이 신부 친구들에게 주는 이른바 '꽃값'이 대략 1백만 원. 요즘 결혼시즌을 맞아 흔히 볼 수 있는 몇 가지 풍경과 그에 따른 비용이다. 시대에 따라 결혼풍습도 변하는 건 당연하다. 인생의 가장 중요한 의식을 오래 기억되고 기뻐할 방식으로 치러보려는 것도 당연한 일이다. 그러나 문제는 그런 의식이 점점 야해지고, 천박해지고, 사치스러워지는 경향이 보인다는 점이다.

감상문의 경우라면

감상문의 경우라면 어떤 도입부가 가능할까? 다음의 <예시>들에서처럼 여러 가지가 가능하다. 예를 들어, 대상자료를 선택하여 읽게 된 동기를 쓰는 것으로 글을 시작할 수도 있다.

예시 10

A	나는 항상 습관처럼 말해왔다. 서울이 좋다고. 교통도 편하고 볼거리도, 즐길 거리도 많은 내가 좋아하는 모든 게 밀집해 있는 서울이 좋다고 말이다. 언제나 이렇게 생각하고 말해왔던 내가 이 책을 읽고 나서 한 동안 띵-한 기분이었는데, '서울을 예찬하고 있던 내가 잘못된 거였을까?'하는 느낌을 받았기 때문이다.
B	도시의 편하고 안락한 생활을 버리고 '자발적 가난'이라는, 현대사회에서는 말도 안 되는 짓을 저지른 사람들이라니…. 지리산으로 떠난 사람들의 이야기를 담은 이 책은, 그들이 어떻게 소박한 생활에서 나오는 소소한 행복에 감사하는 법을 깨닫게 되었는지를 알게 한다.
C	낙엽이 떨어지는 10월의 어느 날, 〈선생 김봉두〉란 영화를 처음으로 보게 되었다. 나는 메시지가 있는 영화를 좋아하는데, 김봉두 역의 "차승원"이란 배우는 그저 코믹 연기에만 주력할 뿐 내면의 연기를 소화하기엔 부족하다고 생각하고 있었다. 그러나 〈선생 김봉두〉에 대한 주위의 좋은 평들이 있었기에 뒤늦게나마 영화를 보게 되었다.

또는 주제와 연결되는 자신의 경험을 이야기하는 것으로 실마리를 잡을 수도 있고, 작품 속 경험이 실제 일어난다면 상상하는 것으로 시작할 수도 있을 것이다. 보다 흔하게는 대상자료에서 감동을 받은 부분을 인용하면서 글을 시작하기도 한다. 이와 연결되는 노랫말이나 시작품을 소개하는 작업을 연결시키면, 감상도 풍부하게 서술할 수 있게 되고 독자로 하여금 해당 작품의 분위기를 상상하게 하는 효과도 기대할 수 있게 된다.

만약 대상자료에 대한 간략한 소개를 하고 싶다면 <예시 11>에서와 같이 도입부에 포함시켜 해주는 것이 자연스럽다. 글의 분량에 따라 차이가 있기는 하지만, 작가에 대한 소개나 작품의 내용 요약 등 배경적인 설명을 너무 길게 하는 것은 오히려 역효과를 낼 수 있다. 감상문의 중심은 감상 작업을 보여주는 데 있으므로, 대상 자료에 대한 개괄적 소개가 필요하다면 간략히 조정해주는 센스를 발휘해보자.

예시 11

D	이 책은 저자가 서양의 여러 미술관, 박물관을 돌아다니며 접한 미술작품들에 대한 나름의 생각을 평이하면서도 자유롭게 피력한 에세이 모음집이다. 1970년대 초 재일교포 간첩사건에 연루되어 수감된 두 형(서승, 서준식)의 구명을 위해 20여 년을 보낸 저자가 미술작품 속에서 자신의 가족사를 덮친 고통과 우리 근현대사의 질곡의 의미를 담담하게 읽어내고 있다. 흔히 '아는 만큼 보인다'라고 하는데, 이 책을 읽고나면 '체험의 깊이만큼 느끼는 게 아닐까' 하는 생각을 그래서 하게 된다.
E	이 작품은 토끼의 죽음 이후 토끼의 똥, 오줌을 치우지 않았던 남편에게 핀잔을 주는 아내와 그것에 반박해 자신도 나름대로 치웠다고 주장하는 남편의 대화로 시작한다. 여기에서 우리는 남편과 아내가 생각하는 관점이나 기준이 다르다는 것을 알 수 있다. 즉, 아내가 원하는 관심과 정성을 쏟은 보살핌과 남편이 생각하는 최소한의 '편안하고 안락하게 살 만한 수준 유지'인 보살핌은 그들의 견해 차이를 여실히 보여주는 장면 중에 하나라고 볼 수 있다. 이것을 더 확장시켜 말하자면 결국 아내가 본질적으로 말하고자 했던 것은 토끼로 투영된 자신에 대한 관심과 사랑을 뜻하는 것이라고 볼 수 있다.

다음의 <예시 12>는 감상문의 도입부치고는 다소 길어진 경우인데, 작가

에 대한 정보와 대상자료에 대한 배경설명 등을 자신의 감상 작업과 녹여서 쓰고 있는 글이다. 글 전체의 분량을 감안하여, 도입부의 길이를 적절하게 조절해주면 더욱 좋을 것이다.

예시 12

〈완득이〉는 질풍과도 같은 반항과 노도와도 같은 방황이 어딘가 익숙한 청소년기를 거쳐온 독자라면 누구라도 그랬을 법한 공감대를 토대로, 지나온 청소년기를 유추하게 하는 매력을 지닌 작품이라 할 수 있다. 하지만, 이 작품이 소중한 이유는 학교와 집, 또는 학원을 쳇바퀴처럼 왕복할 수밖에 없는 우리네 삶에서 자칫 놓치기 쉬운 우리 사회의 편견과 경쟁시대의 문제점을 경쾌하지만 가볍지 않게, 진지하지만 어둡지 않게 대면케 하기 때문이다.

그리고 공감의 폭은 작가 스스로 밝힌 자신의 자화상이 그대로 '완득이'에 오버랩되면서 더욱 커지게 된다. 작가 김려령은 스스로의 청소년기를 돌아보며 〈완득이〉라는 작품에서 정해진 길을 맹목적으로 따라가는 대신 세상과 온몸으로 부딪쳐 자신만의 길을 찾아가며, 온실의 화초는 절대 알지 못할 생활 감각과 인간미, 낙천성을 가진 아이의 이야기를 완성하였다고 한다.

이렇게 그의 작품세계를 하나하나 살피자면, 증조할머니에게 옛이야기를 들으며 자란 것을 자양분으로 하여 진지한 주제의식을 놓지 않으면서도 흥미진진하게 이야기를 풀어나가는 필력이 돋보이는 작가라는 평이 허투루 나온 게 아님을 알 수 있다. 스쳐 지나가기 쉬운 우리 주변의 아이들에게, 청소년들에게 섬세하면서도 상투적이지 않은 관찰과 해석을 보여주는 작가의 유쾌한 품새에 감사와 감탄의 마음을 보낸다.

3-4 종결부 만들기

종결부 만들기에서 중요한 것은 글이 끝났다는 느낌을 독자가 확실하게 인지할 수 있도록 신경 쓰는 일이다. 물론, 종결부를 다 읽고 나서 여운을 느낄 수 있는 마무리가 되면 훨씬 더 좋을 것이다.

이어지는 설명은 앞서와 마찬가지로 한 편의 글쓰기에 그대로 적용될 수 있는 사항을 정리한 것이다. 감상문의 경우에만 국한하지 말고, 이번 기회에 글쓰기 연습의 기회를 넓혀 종결부를 만드는 기본적인 사항을 정리해두기로 하자.

내용 요약의 방식

앞에서 이야기했던 글의 내용을 되풀이하면서 종결부를 만드는 방법이 있다. 즉, 결론에 이르기까지의 흐름을 읽는 이가 간결하게 파악할 수 있도록 한두 문장 정도로 주제에 대한 일반적인 언급을 하는 게 보통이다.

흔히 쓰이는 방법은 다음의 〈예시 1〉에서처럼 주제가 되는 명제를 재진술하는 방법이다.

〈예시 2〉와 같이 본론의 내용을 요약하는 방법을 활용하는 것도 글의 마무리를 효율적으로 할 수 있어서 좋다.

예시 1

제목: 가정파괴범과 사형의 폐지

이제 우리 사회는 더 이상 법의 이름으로, 형벌이라는 미명으로, 사회방위를 위해서라는 명분으로, 국가가 살인하는 사형을 지체 없이 무조건적으로 폐지하여야 한다. 이 길만이 우리가 문명국가로 진입할 수 있는 길이며 법을 인간의 편으로 끌어들이는 길이다.

예시 2

제목: 민주주의가 필요한 이유

민주주의를 실현하기 위해서는 국민들이 선거 때에는 돈 많이 쓰는 후보들에게 표를 찍지 않음으로써 타락선거를 추방하고 평상시에는 관리들과 의원들을 감시하여 부패를 추방하여야 한다. 이러한 감시를 효과적으로 수행하기 위해 가장 필요한 것이 언론기관의 공정보도이다. 그러나 안타깝게도 대부분의 언론기관들은 대자본이 소유하고 있다. 따라서 언론기관의 편집권 독립은 민주주의를 위하여 반드시 쟁취되어야 한다.

전망 제시의 방식

둘째, 남은 문제점이나 앞으로의 전망을 제시하면서 종결부를 만드는 방법도 있다.

다음의 〈예시 3〉에서처럼 남은 문제점이나 앞으로의 전망을 제시하는 방식이다.

<예시 4>와 같이 개성과 문제의식이 돋보이는 글의 경우에는 독자에게 바라는 점을 주로 이야기하면서 여운이나 반향을 남길 수 있는 문장으로 글을 끝맺기도 한다.

예시 3

제목: 해외 지향파들의 환상과 현실

이제 출발점에서 다시 한 번 깊이 생각해보자. '공부를 하려면 유학을 가라'던 우리의 교수를 생각해보고, '여건만 허락되면 가보고 싶다'는 우리의 동료를 생각해보고, 대학입시에서 떨어져 유학을 생각하는 우리의 후배를 생각해보자. "유학은 과연 좋은 것인가?"

예시 4

제목: 혼자면 들리지 않는 목소리

주부들이 "제가 뭘 아나요?"라고 답변하는 것은 진짜 몰라서가 아니라 시집, 남편, 자식 등과의 관계를 원만히 해나가려다 보니 자연스럽게 갖게 된 '겸손한 태도'라고 한다. 사실 주부집단의 노동과 소비가 없다면 이 사회는 유지될 수 없다. 노동을 함으로써 의무는 다하고, 그에 따른 권리는 겸손의 미덕으로 다른 사람에게 돌리는 일은 주부들 스스로의 권익을 제대로 찾은 후에 해도 좋을 것이다. 지금은 우리가 이렇게 많은 일들을 하는데, 가정이, 사회가, 그리고 국가가 진정으로 우리에게 해 준 게 뭐냐고 따지는 일부터 시작해야 한다. 겸손은 그 다음에!

감상문의 경우라면

감상문의 경우라면 어떤 종결부가 가능할까? 글의 성격에 따라, 다음의 <예시 5>에서처럼 글쓴이의 취향에 따라 다양하게 만들어질 수 있다.

예시 5

A	이 작품을 보고, 나 역시 이기심이 가득한 인간으로서 아라한이 날리는 장풍을 정면으로 맞은 것 같다. 욕심과 이기심으로 가득 찬 내 가슴이 뻐근해진다. 중도를 지킨다는 것이 얼마나 어려운 일인가? 〈아라한 장풍대작전〉은 중도를 지키는 영화이다. 모든 것을 가지되, 아무것도 가지지 않고 자신의 위치를 지키는 아라한을 보여 주었다. 또 이 영화는 유치해 보이되 유치하지 않았으며, 아무런 의미가 없는 오락영화처럼 보이지만 그 안에는 신랄한 사회 비판이 들어있었다.
B	균형과 불균형의 조화, 안정감과 불안감의 공존, 이러한 희비의 교차야말로 인생사의 한 면이 아닐까. 색즉시공(色卽是空) 공즉시색(空卽是色) 무념무상(無念無想)의 세계. 그리고 그렇게 아름답게 사유하는 자세의 아름다움은, 일상의 사소함과 종교적인 탈속의 정갈함을 아우른 데서 더욱 아름답게 드러나고 있다.
C	일부러 더러운 길을 골라 걷거나 하찮은 물건들을 가방에 담으며 '진짜' 가출을 상상하는 것, 또는 내가 죽으면 모두 슬퍼할 거라며 보도블록의 경계석을 따라 하염없이 길을 걷는 것 등등…. 지금 돌아보면 유치하고 미숙해서 살포시 웃음이 묻어나지만, 그 당시에는 너무도 절박하고도 절실했을 그러한 기억들이 우리를 조금은 더 단단하고 야무진 어른으로 만들어 준 것이 아닐까? 너무 커버린 지금에서야 잊혀져가는 기억이 새로워지는 시간이다.

다음의 〈예시 6〉은 글의 전체 분량이 길어서, 종결부 역시 여러 개의 문단으로 다소 길어진 경우라 할 수 있다. 이렇게 분량이 긴 감상문을 작성하는 경우에는 종결부를 시작할 때 앞선 부분에서 했던 글의 내용을 짧게 요약해주는 식으로 독자를 배려하는 센스를 발휘하면 훨씬 가독성이 좋아지게 된다.

예시 6

박형서의 소설 〈토끼를 기르기 전에 알아두어야 할 것들〉을 읽고 작가가 말하고자 했던 바를 나름대로 추리해가며 토끼의 의미에 대해 생각을 해보고, 주인공 부부의 삶을 조명해 봄으로써 남녀간의 사랑에 관한 좁혀질 수 없는 견해 차이에 대해서 살펴보았다.

이 작품은 다른 어떤 것보다 결혼을 통해 우리가 극복하고자 하는 외로움의 실상을 잘 표현한 작품이라고 생각한다. 인간관계에서도 진정한 이해란 얼마나 요원한 것인가를, 어쩌면 죽음을 각오해야 하는 일임을 작가는 말하고 있는지도 모르겠다.

우리가 진실로 갈망하고 추구하는 것은 무엇일까? 그것은 결국 인간 본연의 온전함이 아닐까?

그리고 이 인간 본연의 온전함을 우리는 '결혼'이라는 관계를 통해 회복할 수 있으리라 믿는다. 그렇기에 결혼은 심리적인 과정이다. 어린 시절부터 지금까지 받아온 마음의 상처를 따뜻하게 안아주고 치유할 수 있도록 서로 돕는 기회가 바로 결혼이며 부부의 깊은 인연이 아닐까?

3-5 글의 분위기 만들어보기

다음에 소개하는 시작품은 소재가 공통적임에도 사뭇 다른 분위기를 보여주고 있다. 어떤 요소를 동원하여 어떤 지점에서 특징적인 분위기가 드러나고 있는지 차분히 살펴보자.

예시 1 **김광규의 시 〈쓰레기 치는 사람들〉**

당신들은 우리를 전혀 모른다
쓰레기 치고 받은 돈으로
눈 오는 날은 소주 한 잔 걸치고
적금 들어 3년 뒤
리어카 한 대 사서
엿장수나 고물장수 차리는 줄 알지만
천만의 말씀이다
오래된 잡지나 헌 신문지
버리는 빈 병이나 쇠토막까지도
몇 푼의 강냉이로 바꿔 가고
저승의 골목길 지키고 서서
송장의 금닛발 노리는
그들과 우리는 전혀 다르다
세상의 모든 욕망 끝나버린 곳
돈이 죽어버린 쓰레기터에서
우리는 연탄재를 흙으로 돌려보낸다
주인 없는 신발짝과 피 묻은 넝마
썩은 생선가시와 찢어진 비닐조각들
모두가 정답게 함께 어울려
바람에 흩날리고 비에 젖으며
고향으로 떠나가는 쓰레기터

이승의 마지막 벼랑에서
역겨운 땅위의 냄새 모닥불로 태우는
우리는 그들과 전혀 다르다
엿장수나 고물장수 가윗소리에
한가한 봄날의 권태를 듣고
되도록 쓰레기터를 멀리 피하여
은행으로 가는
교회로 가는
당신들은 우리를 전혀 모른다[8]

예시 2 **곽재구의 시 〈박득세 : 동명동 청소부〉**

쓰레기에 덮인 세상
지우며 사는 일은 얼마나 다사로운지
오늘도 새끼로 감발치고 눈 내린 새벽길 걷는다
청국장밥 한술에 만 신새벽보다
마음 밖이 더 추운 세상인데
오늘은 영하 칠도 그것이 무슨 추위냐며
김이 나는 쓰레기더미에 삽을 꽂는다
생각하면 한세상 버리기 쉬운 쓰레기와 같은 것을
일찍 깬 뽕뽕다리 건너 전파상에서는
흘러간 시절의 뽕짝 몇 구절도 쓰레기통에 담아오고
눈 쌓인 털모자 다시 털어 써도 눈사람 된다
에헤라 노래나 부르랴 지나간 시절 가슴 저려오는데
에헤라 손장단 맞추랴 떠나온 고향 돌아갈 수 없는데
고개 들면 들기러기 조각달 물고 가는 여기는 타향
남녘이라 인심 좋은 광주에서도 삼수갑산
내 고향 그리운 마음 삼십년이 하루 같네
서러웁지나 않을까 상것도 저 죽으면 향천에 발 뻗는데
흰 눈은 상기 펑펑 쏟아지고
돌아갈 수 있는 마음조차 얼어붙어

---

8 이 시는 김광규의 시집 《반달곰에게》(민음사, 1981)에 수록된 것이다.

어머니의 무덤 곁에 저무는 고향 강을 지켜보지 못한다면
쓰레기를 버리는 아낙들도 오늘은 고요하여 말수가 적고
불 켜진 낮은 창마다 잊혀진 옛 얘기들이 새어나온다
어서 가자 담배 한모금도
뜻깊게 빨아야 할 세상이 온다면
이 새벽 오랜 타관길 외롭지 않으리
덜컹대는 쓰레기차 타버린 연탄재와 나란히 앉아서
떨어진 한세상 붙여주며 눈 맞는 일
지금은 고요하여 언 가슴에 노래나 지피리[9]

글의 분위기를 주목하는 이유

앞서 감상문 작업의 원래 취지를 살리려면, 오히려 자신의 주관적 감상을 최대한 살려줄 수 있는 워밍업 작업이 더욱더 필요하고 소중함을 강조하였다. 그리고 자문자답 방식으로 감상 작업을 워밍업해볼 것을 추천하였는데, 이러한 작업을 통해 동일한 작품을 감상하였다 해도 저마다 다양한 감상의 지점들을 끌어낼 수 있게 된다.

이제 추천하고 싶은 워밍업 작업은, 다양한 표현방식으로 자신의 감상 작업을 극대화해보는 것이다. 대상작품이 같다고 해도 어떤 입장에 서서 어떤 표현방식을 동원하느냐에 따라 다른 분위기의 글쓰기가 가능해지기 때문이다. 그리고 이렇게 표현방식을 달리하여 자신이 무엇을 어떻게 느꼈는지를 표현하는 연습을 하게 되면, 감상문 형식이 추구하는바 주관적 감상을 설득력있게 전달하여 독자의 공감을 얻게 되는 과정을 좀더 적극적으로 이해할 수 있게 된다.

예를 들어, 다음과 같이 감명 깊게 읽은 작품으로 감상문 작업을 한다고 생각해보자. 대상작품에 몰입하여 읽은 독자일수록 작품에서 각인되는 자신의

9 이 시는 곽재구의 시집 《사평역에서》(창작과비평사, 1983)에 수록된 것이다.

다양한 감상들이 글쓰기로 실감나게 펼쳐지기를 소망하게 된다. 경우에 따라서는 자신이 받은 위로의 느낌을 독자에게도 그대로 전달하기 위해 경어체를 쓰기도 하고, 어릴 적 기억을 소환하기도 한다. 그러면서 독자에게도 비슷한 다양한 감상의 지점들을 끌어낼 수 있게 되는 것이다.

예시 3 **제목: 미움 받고 싶지 않은 당신을 위한 책, 〈미움 받을 용기〉**

〈미움 받을 용기〉는 아들러 심리학을 바탕으로 내용이 전개되는데요, 청년과 철학자가 나와서 서로 질문과 답을 하는 문답식으로 이루어졌기 때문에 이해하기 쉽습니다. 여러 챕터로 나누어져 있지만 모든 내용이 다 연결돼서 읽기도 편하구요. 저는 이 책에 '친구가 될 수 있는 상'을 주고 싶습니다. 이 책은 인간관계에 지친 사람들과 열등감을 가진 사람들, 만족스럽지 못한 삶을 살아가고 있는 사람들에게 위로해줄 뿐 아니라 희망을 주고 그 해결점을 찾을 수 있도록 힌트를 주는 책이기 때문입니다. 마치 친구처럼 말이죠.

미움 받을 용기에 관한 챕터를 보면 왜 미움 받을 수밖에 없는지부터 미움 받음으로써 위축되는 자신에게서 빠져나올 방법까지 제시해줍니다. 관련 챕터를 요약하자면, '모든 사람에게 미움을 받지 않는다는 것은 불가능한 일이기 때문에 자유를 얻으려면 타인에게 미움을 살 수밖에 없다. 그러니 타인이 나에 대해 어떤 평가를 하든 마음에 두지 않고, 인정받지 못한다는 대가를 치르지 않는 한 자기 뜻대로 살 수 없다. 행복해지려면 미움 받을 용기도 있어야 한다.'라고 위로를 해주는데요, 여기에 더해 어떤 방향으로 나아가야 할지 도움을 주고 있습니다. 그래서 저는 모든 사람한테 사랑을 받기 위해 노력하는 것이 잘못된 것이 아니라 내가 노력해봤자 나를 싫어하는 사람은 분명 있을 것이니, 그런 사람들을 신경 쓰며 살아갈 이유는 없다고 생각하게 되었지요.

이처럼 〈미움 받을 용기〉는 우리의 독서 환경에서 한 줄기의 빛처럼 보입니다. 어떠한 자기계발서보다 자신에게 도움을 주고 자신을 돌아보고 반성할 수 있는 계기를 마련해주고 있습니다. 단순한 위로가 아니라 지금 어떻게 이 환경에 적응할지, 어떤 방향으로 나아갈지를 사실로 정확히 알려주는 지표 역할을 하고 있죠. 내가 처한 상황마다 이 책을 읽으면서 새로운 느낌을 받는 것이 재밌었습니다. 독자들에게 끊임없이 생각할 시간을 줄 수 있는 책이야말로 베스트셀러가 될 수 있지 않을까요?

이어지는 다음의 ＜예시＞들은 영화 ＜선생 김봉두＞를 대상자료로 선택하여, 세 가지 입장으로 자신의 감상을 담은 글이다. 하나는 글의 분위기를 우호적인 입장으로 만들고 있다면, 다른 하나는 정반대로 냉소적인 글의 분위기를 의도하고 있다. 마지막 하나는 비교적 객관적인 입장에서 양자를 아우르며 자신의 견해를 이끌어내는 글이다.

〈예시〉들을 살펴보면서, 감상 작업이 어떤 식으로 극대화되고 있는지 소감을 나눠보자. 그리고 다양한 표현방식으로 감상 작업을 극대화해보고, 글의 분위기를 차별화하는 작업에 신경을 써보자.

글의 분위기를 우호적인 입장으로 만들고 싶다면

다음의 〈예시〉는 서울과 강원도라는 각기 다른 배경이 선생 김봉두에게 어떠한 변화를 가져왔는지를 중점적으로 살펴보고 있다. 물질적인 서울의 환경과 달리 강원도의 순수함이 봉두에게 봉투 속의 마음, 사람과 사람 사이의 순수한 교감을 일깨워주었다는 것이다.

제목의 경우, 인물의 성격을 잘 포착하여 한번에 보여주는 적절한 표현으로, 'Humanist'와 발음이 비슷한 '휴Money스트'라는 말을 재치 있게 선택하고 있다. 강원도 사람들의 순수함을 강원도의 힘으로 표현하며 물질적인 서울과의 배경적 차이를 뚜렷하게 드러낸 것도 주제를 잘 대변하고 있어 좋다.

물론, 독자에 따라서는 "자신이 기존에 알고 있던 비슷한 주제의 작품과 비교하며 감상하는 것이 매우 인상이 깊었지만, 정해놓은 결론에 맞춰 설명을 하는 느낌이라 아쉬웠다."고 느낄 수도 있다. "김봉두가 서울로 돌아가서 원래대로 바뀔 수도 있다는 자신과의 반대의 입장을 제시하고, 그 다음에 안 바뀔 것이라는 이유들을 자신의 감상에서 느껴진 대로 설명을 했다면 훨씬 논리적이었을 것"이라고 제안할 수도 있을 것이다. 이러한 다양한 독자의 반응과 소감을 체크해보는 것도 자신의 글쓰기를 발전시킬 수 있는 지점이고, 무엇보다 감상문의 매력을 느낄 수 있는 지점이 아닐까 생각한다.

예시 4 제목: 휴Money스트를 Humanist로 만든 강원도의 힘

김동인의 단편소설 중 〈감자〉라는 작품이 있다. 이 작품은 '복녀'라는 주인공이 가난한 환경으로 도덕적 파멸을 하게 되고 돈과 욕망의 본능에 사로잡혀 결국은 비극적 종말을 맞이한다는 이야기로, 인간은 환경에 의해 지배당하기 쉽다는 인식을 드러내고 있다. 즉 한 인물의 성격과 행동이 환경에 의하여 결정된다는 결정론의 영향을 보여주고 있다. 이런 의미에서 영화 〈선생 김(金)봉두〉도 서울과 강원도라는 배경의 이동을 통하여 그에 따른 주인공 김봉두가 변화하는 모습을 보여주며 '환경 결정론적'인 입장을 드러내고 있다.

영화의 도입부 촌지봉투를 건네주며 아이를 부탁하는 학부모 앞에서 걱정 말라며 간사한 미소를 보이는 김봉두의 모습과 주위가 아파트로 둘러싸인 5층짜리 반듯한 건물과 넓은 운동장, 교실 가득 학생들이 공부하고 그들을 가르치는 수많은 선생님이 있는 전형적인 도시학교의 모습이 등장한다. 봉두는 밤에는 학부모가 마련한 호화로운 술집에서 접대를 받고, 학교에서는 아침회의에 지각하기가 일쑤다. 수업시간엔 자습으로 대신하고 그나마 수업이라고 하는 체육시간엔 촌지를 가져오지 않은 학생을 괴롭히는 등 우리가 생각하는 선생님하고는 상당히 동떨어진 모습을 보여준다. 아이들도 다를 바 없다. 학교는 단순히 학교, 선생은 그저 선생일 뿐이다. 학교에서 다른 것을 얻는다거나 선생님을 존경하는 모습은 찾아보기 힘들다. 수업이 끝나면 집으로, 학원으로 또 다른 일상이 기다리고 있다.

이런 상황에서 봉두는 자신이 괴롭히던 아이의 학부모로부터 항의를 받고 강원도 산골 산내분교로 전근을 갈 수밖에 없게 된다. 강원도로 가는 길마저 그리 호락호락하지 않다. 한참을 달려 마을 어귀에 다다르자 큰 돌이 바퀴에 걸리고 좁다란 길에서 학교 소사의 경운기와 마주친다. 어렵게 도착한 학교의 모습은 서울의 학교와 너무나 대조적이다. 병풍처럼 둘러진 산 아래 자그마한 운동장에 단층짜리 건물 그리고 5명의 아이들이 전부다. 함께 일할 동료도, 교장도 없고, 좋아하던 술집은 물론 담배 구할 곳마저 마땅치가 않다. 부임 첫날 마을 사람들은 환영회를 열어준다며 비싼 술자리가 아닌 막걸리 파티를 벌이며 덩실덩실 춤을 추고, 흑심을 품고간 선생에게 돈이 아닌 배추 세 포기를 건네는 강원도 산골의 부모들의 모습이 등장한다.

그 곳에서 생활하게 된 김봉두의 생활도 서울과는 많이 다르다. 많은 사람들 사이에서 생활하며 어쩌면 외로움을 외로움으로 느끼지 못하였을 봉두가 혼자 인터넷 게임을 흉내내며 고스톱을 치고, 라면으로 끼니를 때우고, 밤마다 서울 친구들에게 전화하여 강원도로 오지 않겠냐고 설득한다. 아이들의 모습 또한 같지 않다. 비록 선생답지 못한 선생이지만 이해하고 존경하며 작은 운동장, 작은 교실의 학교지만 지켜야 할 소중한 곳으로 받아들인다.

이와 같은 배경의 차이 외에 서울이라는 대도시와 강원도 산골 분교의 차이를 가장 크게 나타내는 영화 속의 장치는 바로 봉투의 내용물이다. 서울에서 김봉두가 받아왔던 봉투 속에는 촌지가 가득 담겨 있었다. 하지만 강원도에서 받은 봉투 속에는 아이들의 마음이 담긴 편지에 더덕까지 들어있다. 이렇게 순박한 강원도 아이들과 부모들에게 서울에서 전학 온 아이는 충격을 안겨주기에 충분했다. 한 아이의 등장으로 마을 사람들은 촌지의 존재를 알게 된 것이다. 이 후로 마을 어른들은 없는 형편에 봉투를 대신할 수 있는 무언가를 찾아 고민하게 되고 각자 그것을 들고 봉두에게 찾아가며 작은 갈등까지 생기게 된다.

하지만 이때는 이미 봉두가 달라지고 있었다. 학부모들이 앞 다투어 가져온 정성 앞에서 뭔가 잘못되었다는 것을 느끼고, 소석이 하루 일당으로 벌어 봉두 자신의 방문에 꽂아놓은 봉투속의 꼬깃꼬깃한 돈 삼만 원을 보고 눈물을 흘린다. 순박한 마을 사람들 곁에서 또 그 사람들의 진실된 마음에 많은 것을 깨닫게 된다. 달력에 하루하루 빨간 X자를 표시해가면서 폐교가 될 그날만을 기다리며 자습으로 일관하며 교무실에 커다랗게 적힌 '참교육실천'이라는 표어를 무색하게 만들던 봉두는 (가끔 기분 좋을 땐 수업도 하지만) 항상 참교육을 강조하던 아버지의 죽음과 아이들의 한결같은 모습, 마을 사람들의 순박한 마음 덕분에 진정한 참교육이 무엇인가에 대해 영화 후반부로 가면서 조금씩 깨달아 가고 있었다.

봉두에게 주어지는 봉투들의 모습이 달라짐에 따라 봉두 또한 변화한 것이다. 즉, 봉두와 봉투는 운명을 함께 한다고 볼 수 있겠다. 처음의 봉두는 봉투속의 돈을 원했지만, 이후의 봉두는 봉투속의 마음을 더 사랑하게 된다. 봉투안의 내용물이 더러울 때 봉두의 정신도 부패되었지만, 시골 사람들의 순수한 마음이 봉투에 담기자 봉두는 서서히 정화되기 시작한 것이다. 학교의 폐교가 결정되고 마지막 졸업식 날 봉투를 건네는 최노인의 말("다른 데서 받은 것과는 다른 봉투")은 이 영화의 핵심이라 볼 수 있겠다. 마을 사람들이 모아준 적은 돈이 담긴 얇은 그 봉투를 고맙게 받아 두 손에 꼭 쥔 봉두는 이제 참교육과 진정한 봉투의 의미를 조금이나마 알아가는 듯하다.

이 영화에서는 위에서 언급한 수많은 장치를 통하여 서울이라는 대도시와 강원도 산골의 산내 분교의 극과 극의 상황을 주고 그 안에서 너무 착하지도 그렇다고 너무 못되거나 밉지도 못한 인간 김봉두가 변화하는 모습을 내세워 현대를 살아가는 우리의 모습을 잘 보여주고 있다. 지나치게 돈을 밝히면서도 아버지 같은 최노인에게 글을 가르치고, 서울에서 입원해 계신 아버지를 걱정하는가 하면, 촌지를 주지 않고 아이들이 전학 갈 생각도 하지 않자 담배만 피워대며 자습을 외치고 손바닥을 때리다가도 아이들과 축구를 하고, 강가에서 고기를 잡으며 즐거워하는 모습은 봉두가 누구나가 가진 양면적인 모습을 가진 평범한 인물이라는 것을 보여준다.

이렇게 현대인을 대표하는 전형적인 인간상인 김봉두가 참교육의 의미를 깨닫고 돈에 대한 욕심에서 벗어나는 모습은 물질의 때를 벗고 마지막 장면의 학교 운동장에 가득 쌓인 흰 눈처럼 순수하게 정화되는 모습을 강원도라는 배경을 통하여 보다 분명히 전달하고 있다. 돈에 목말라했지만 돈으로도 변화시킬 수 없었던 김봉두의 교육자로서의 모습을 강원도 사람들의 순수로 정화시킬 수 있었다는 점에서 영화가 시사하는 바가 크다. 가장 중요한 것은 사람과 사람사이의 순수한 교감이라는 것을, 세상은 사람이 함께 살아가는 곳임을 잊고 물질에만 얽매여 있는 현대의 우리로 대표되는 김봉두가 순수에 의해 변해가는 과정을 그림으로써 힘든 세상을 살아가는데 우리에게 절실히 필요한 것이 무엇인지를 보여주고 있다. 그것이 바로 이 영화에서 강원도의 보이지 않는 힘으로 느껴볼 수 있는 순수 그 자체이다.

글의 분위기를 냉소적인 입장으로 만들고 싶다면

이야기를 사랑하는 사람이라면 누구나 한 번쯤 "해피 엔딩은 해피 포에버일까?"라는 생각을 해 볼 법하다는 점에서 사람들의 관심을 충분히 끄는 제목이라는 생각이 든다. 의문문으로 끝낸 문장은 한 번 더 생각하게 만드는 힘이 있기 때문에 먼저 곱씹어보고 글을 읽는다는 점에서 더 풍부한 감상을 가능하게 해 준다. 이러한 질문형 제목은 독자의 사유를 확장시켜주면서 동시에 자신의 의견을 확립할 수 있는 방향성을 갖기가 좋다. 우리가 감상문 작업을 할 때, <예시 5>에서와 같이 내용 파악이 가능한 직관적인 제목에 대한 장점을 주목하면 더 좋을 것이다.

이 글은 진부한 이야기에서 나오는 낡은 감동에 관한 질림에 대해 강하게 비판하고 있다. 타락한 주인공이 도시에서 시골(자연)로 이동하면서 다시 순수함을 되찾는 이야기의 "무작정 착한" 해피 엔딩이 왜 계속 소비되는 것인지, 과연 새사람이 된 김봉두가 영화가 끝난 후에도 진실한 삶을 살아갈 것인지에 관한 글쓴이의 의문이 논리적으로 쓰여 있다.

독자에 따라서는 이 글에 대해서 "김봉두가 교화되는 과정에서 너무 작위적이라고 하였는데 기본적으로 작품의 의도를 극대화하기 위해 그 정도의 작위성은 필요하다고 생각하기 때문에 그러한 부분에서는 공감을 하지 못하였다."고 의견을 표명할 수도 있다. 개연성과 관련한 작위성에 대한 입장 차이가 어떻게 감동의 차원으로 연결될 수 있는지를 돌아볼 수 있다는 점에서 흥미로운 반응이기도 하다.

글쓴이의 말대로 영화 <선생 김봉두>는 도시와 시골을 타락함 대 순수로 구분하는 이분법적 가치체계가 잡혀있다. 뻔한 이야기와 결말 또한 진부하게 느껴진다. 그럼에도 많은 사람이 이 영화를 통해 마음이 치유되었고 큰 감동을 받았다고 말한다. 그래서 독자에 따라서는 "낡은 감동이라 해서 무가치한 것인지, 진부한 이야기에서 오는 도덕책과 같은 당연한 교훈들이 우리 삶에서 제대로 적용되고 있는지 글쓴이가 한 번 더 생각해 주었으면 좋겠다. 감동이란 사람들마다 다르며, 당시 사회가 받아들이는 지점도 다를 수밖에 없는데 도덕책과 같은 교훈들이라고만 치부하는 것은 아쉬울 수밖에 없다."라는 의견도 나오게 되었다.

"글의 시작에 자신의 성향에 대해 밝힌 것이 아쉬웠는데, 이로 인해 뒤의 감상들도 그 사람의 성향에 의해 비롯된 것이라는 생각이 계속 들었기 때문이다. 나였다면 그 부분을 빼고 자신의 감상을 솔직하게 나열하였을 것"이라는 독자의 솔직한 소감도 있었다. 자신의 성향에 대해 밝히는 것이 독자의 입장에서는 강제적으로 받아들여질 가능성도 있으므로, 감상문 작업에서 글의 분위기를 만들어나갈 때 이러한 거부감을 어느 정도로 순화할지를 고민해보는 것이 필요해지기도 할 것이다.

예시 5 **제목: 해피 엔딩은 해피 포에버일까?**

거두절미하고, 영화의 얼개는 명징하고 간단하다. 첫 장면을 볼 때부터 예상되는 너무나도 명료한 결말과 익히 예상되는 교훈 같은 것들, 그리고 훈훈한 감동. 주인공이 타락한 세상에서 타락한 방식으로 타락한 삶을 살다가 결국 자연(시골, 순수, 부모님, 순박한 아이들과 정 많은 이웃들, 그리운 풍경들)의 품으로 돌아가 수순대로 교화의 과정을 거치고 새 사람으로, 진정한 교사로서 개과천선한다는 내용이다. 먼저, 내가 이러한 류의 '착한' 영화를 애초부터 즐겨 보지 않는 성정인데다, 한 번 맘에 들지 않는 점이 눈에 띄면 좀처럼 다시 몰입할 수가 없어서 이 영화를 보는 내내 마음이 불편했음을 고백하지 않을 수 없다.

꼬집고자 하는 첫 번째는, 유행의 한 콘셉트처럼 반복되는 이야기 귀결 방향이다. 주인공이 새 사람으로 거듭나는 과정에서 뭔가 중복편집처럼 교차되며 떠오르는 이미지들. 영화 〈집으로〉를 통해 관객들이 열광하게 된 코드이자 여지없이 그 유사성을 드러내는 설정, 바로 '자연으로의 회귀'이다. 이보란 듯이 요즘의 트렌드를 반영하는 듯 삭막하고 타락한 도시에서 따뜻한 정과 순박한 미덕이 넘치는 자연으로 방출(또는 낙향)의 전형적인 귀결은 뻔하디뻔하다 못해 지루함을 줄 정도였는데, 도대체가 현실세계에서 타락을 씻고 변신할 수 있는 길은 '낙향' 밖에는 없다는 말인가? 영화는 결과보다 결과에 이르는 '과정'에서 그 설득력을 발휘하는 것일진대, 무언가 현실 안에서의 적극적인 움직임으로 제시될 수 있는 대안은 아직 우리에게 낯설 수밖에 없는 걸까. 어쩔 수 없는 진부함에 대한 아쉬움은 항상 새로운 접근방식에 관심이 가는 내 성향 탓인지도 모르겠다. 현대인의 정신적 황폐화와 같은 문제들을 좀 더 다른 차원에서 해석하고 풀어나갈 수는 없을까? 그건 영화를 만드는 감독의 탓일까, 영화를 소비하는 관객의 탓일까. 아니면 우리 모두의 몫일까.

시골 아이들과 김봉두의 대립적인 모습을 보여주는 상황에서는 동상이몽의 사소한 재미들을 맛볼 수 있다. 선생님을 위해 할 수 있는 일을 해 오라고 봉투를 쥐어줘도 돌아오는 건 돈이 아닌 정성스레 쓴 편지와 더덕뿐이고, 자습을 시키고 먼 산을 바라보고 있을라치면 아이들은 선생님이 자신들을 위해 고민하는 것이라고 여기는 등 이렇게 의도된 대립적 구도를 비교적 위트 있게 구성하고 있다고 보여진다.

하지만 '타락한 도시인' 대 '순박한 시골 촌로', '당연스레 촌지를 건네는 전학 온 도시 학부형' 대 '촌지를 요구하는 봉투 속에 더덕과 정성들인 편지를 넣어 건네는 순박한 시골 이웃들', 이렇게 세속적 사고방식과의 차이를 단순 명확하게 구분 짓는 전형적인 이분법적 가치체계들은 확실히 코미디적 특성을 극대화시켜 결과적으로 가장 이해하기 쉽게 만드는 요소이기도 하지만, 마치 동전의 양면처럼 그것 자체가 스스로 규정짓는 자신의 한계가 될 수밖에 없다. 그러므로 영화의 예정된 결말과 감동을 노린 그 속내는 잘 감추어지지 못한 채 마치 일차방정식처럼 싱거운 느낌을 갖게 만드는 것이다.

또한 인물 묘사를 위한 상황 설정이 때로 작위적이다. 요즘에 어떤 선생님이 학부모에게 촌지 받기를 거부당하자 곧바로 아이를 불러 면박을 주고 운동장 열 바퀴를 돌리거나, 얼차려를 준단 말인가. 이러한 식의 과장된 제스처들은 오히려 현실감을 반감시키고 있는 듯하다. 이러한 구도 속에 생겨나는 감동과 교훈은 약간 억지 같은 느낌도 준다. 나는 그런 의미에서 이 영화는 (조금만 더 극단적으로 말한다면) 상당히 교조적인 성격을 띤, 그러나 어쩔 수 없이 표면위로 둥둥 떠다니는 작위성을 확실히 감추지 못한 '의도된', '착한 영화'라고 보고 싶다. 감독의 의도가 '타락한 시대 속 구원의 빛인 자연의 정직함에 우리 함께 세례 받고 거듭 납시다'라 하는 거라면 할 말은 없겠다.

내친김에 대놓고 '무작정 착한' 해피 엔딩에 대해서도 한마디만 해 보자. 이야기의 해피 엔딩이란 것은, 그 이후에 뭐가 있는지 사람들은 다 알지만 거기서 해피하게 끊는 것이다. 내가 이야기하고 싶은 것은 김봉두가 새사람으로 거듭나게 되면서 이 한 편의 이야기가 끝나지만, 그 뒤에 서울 생활을 하면서 다시 제 모습을 찾아 타락하게 살아갈지, 분교의 소사처럼 진실되고 소박한 삶을 계속 살아갈지 알 수 없다는 점이다. (솔직히 나의 의견은 전자에 더 가깝다. 타락한 현대인을 종신토록 새 인간으로 살아갈 수 있게끔 교화시킬 만한 절대적인 순수가 작금의 세상에 존재할는지가 먼저 의문이기 때문이다. 괜한 냉소인가. 하지만 너무나 아름답고 흔치 않은 것들을 보면 먼저 질투가 나 버리는 것이 인지상정인 것을.)

내가 보면서 느낀 앞서의 몇 가지 사소한 흠들을 뒤로 하고, 감독이 보여주길 소망하는 감동과 (예상되었기는 하더라도) 새로운 희망 앞에 마주섰을 때에야 비로소 긴장이 풀어지고 작은 한숨이 푹 쉬어지도록 위안이 된다. 내일 지구가 멸망하더라도 변하지 않을 진실이 거기에 있기 때문이다. 도시에서는 학부모도 선생을 돈의 가치로 판단하고 자신 앞에서 춤을 추게 하는 존재밖에 되지 않지만, 시골에서는 단순한 선생님 그 이상의 가치를 나타낸다. 단순히 아이들만을 가르치는 선생님이 아니라, 마을 어른들끼리의 싸움이 발생해도 그것을 해결해 줄 수 있는 마을 전체의 선생님인 것이다. 스스로 선생님으로서의 가치를 알아가게 되고 결국 진정으로 아이들을 위한 행동을 하게 되는 김봉두가 우리에게 주는 깨달음은 사소하지만 여전히 우리 삶에 유효한 참된 미덕이다. 그것은 너무 낡고 흔해서 오히려 우리가 잊어버리고 있던 가장 기본적이고 가장 선하고 아름다운 '진실 되찾기'이다.

어떠한 가치가 진정 힘 있고 영원한 것인지 우리와 별반 다르지 않은 김봉두라는 때 묻은 현대인의 거울에 비춰 자신을 돌아보게끔 만들어 주는 것, 진부하지만 가장 아름다운 가치는 무엇일까에 대한 사유의 계기를 이 영화는 잠깐이나마 제공해준다.

비교적 객관적인 입장에서 양자를 아우르고 싶다면

다음의 <예시 6>은 제목에서 김봉두의 앞으로의 삶을 초상화에 비유한 점이 인상적인데, 이러한 은유법이 글을 읽고 난 후 다시 한 번 제목을 읽었을 때 더 많은 것을 느끼게 할 수 있기 때문이다. 비유적인 표현을 통해 김봉두의 삶을 입체적으로 확장시켜 이야기하는 서술방식도 좋다. 하지만, 독자에 따라서는 비유적인 제목이 오히려 어떤 내용이 올 것인지 제대로 와 닿지가 않아서 아쉬울 수도 있다.

이 글은 영화가 끝난 후에 김봉두가 어떤 삶을 살아갈 것인지 4가지 방향으로 추측하고 있다. 첫째는 다시 촌지를 받던 시절로 돌아가는 것, 둘째는 완전히 달라진 진실한 삶을 사는 것, 셋째는 산내분교와 같은 처지의 다른 분교들로 자원하는 것, 넷째는 강원도로 돌아와 소석이를 개인 지도하는 것. 대부분의 사람들이 김봉두가 서울로 돌아간 뒤의 상황을 다시 타락하느냐 아니냐 정도로만 고민하게 되는데, 글쓴이는 생각지 못한 다른 경우의 수까지 고려하였다는 점에서 통찰력을 칭찬하고 싶다. 한 인물의 삶이 두 가지 방식으로만 양분될 수는 없을 것임을 잘 포착한 결과라고 생각한다.

그 중에서도 글쓴이는 쉽게 변하지 않고 환경의 영향을 받는 사람의 성정을 근거로 봉두가 다시 예전의 삶으로 돌아갈 확률이 높다고 추측한다. 글쓴이는 환경과 상황이 개인의 성격을 지배하고 만든다는 관점에 서 있는 것이다. '사람은 변하면 죽는다'라는 말처럼 인간의 변화는 매우 어려운 일이기는 하지만, 그럼에도 불구하고 자신의 삶을 자신의 의지대로 가꿔나가는 힘도 있기에 이러한 지점들을 생각해볼 수 있게끔 착안점을 조금은 확장해주어도 좋을 것이다.

어느 독자는 〈예시 6〉에 대하여 이런 소감을 제시한다. "짧은 시간이었지만 아버지의 죽음, 산내분교의 폐교와 같은 시련 속에서 김봉두가 강원도 사람들과 나눈 교감들이 과연 쉽게 잊을 만한 것인지 묻고 싶다. 그렇다면 글쓴이의 세 번째 초상화처럼 김봉두의 변화된 모습을 믿고 싶다."고 말이다. 그렇다면 과연 인생의 터닝 포인트라고나 할까, 사람이 변화할 수 있는 지점에 대해 어떻게 생각하는지 조금은 보충되어야 할 지점이 생기게 된다. 나였다면 애초에 감상문의 방향을 객관적으로 여러 상황을 고려하는 방향을 잡았으니 한 가지를 단정적으로 선택하지는 않았을 것 같다는 독자의 의견도 있었다.

예시 6 제목: 미래의 바탕에 그려본 김봉두의 초상화

개과천선이라는 말이 있다. 이 말은 허물을 고치고 착하게 된다는 의미를 담고 있다. 〈선생 김봉두〉에서 김봉두는 산내분교로 전근을 간 후, 동네 주민과 아이들의 순수함에 감동받아 서울에서의 모습과는 완전히 다른 사람으로 바뀐다. 하지만 김봉두가 산내분교에 마음의 적을 둔 지 얼마 지나지 않아 아버지의 죽음, 산내분교의 폐교 등 잇단 시련을 겪는다. 마지막에 졸업식 겸 폐교식을 하며 산내분교 교정을 떠나는 김봉두 선생의 모습으로 영화는 막을 내린다. 그렇다면 서울로 돌아간 김봉두 선생은 과연 어떤 모습일까? 관객의 몫으로 남겨놓은 여백을 나름대로 여러 상황을 고려하고 상상력을 동원하여 채워보았다.

첫째, 서울로 돌아간 김봉두 선생이 봉투를 좋아했던 시절의 김봉두로 돌아가는 경우다. '제 버릇 개 못 준다'는 속담에서 볼 수 있듯이 사람은 일단 몸에 밴 습관을 고치기가 힘들다. 김봉두는 산내분교로 전근 간 후 상당기간동안 봉투에 대한 미련을 버리지 못했다. 서바이벌 게임장을 짓기 위해 학교를 조금 더 일찍 폐교시키려는 무리에게 받은 봉투에 김봉두는 감격스러워하기도 한다. 그때가 가을운동회가 끝난 후이므로 가을에서 겨울로 넘어가는 10월 정도로 추정되는데, 그해 봄 정도에 김봉두가 전근을 왔으므로 반년 남짓 되는 기간 동안 김봉두는 봉투에 미련을 갖고 있었다고 볼 수 있다. 또, 사람은 얼마나 오랜 기간 삶의 패턴을 유지하였는가도 삶을 바꾸는데 장애요인이 된다. 따라서 겨우 5달 남짓한 짧은 기간 동안 새 사람으로 살았다고 해서 김봉두의 본성이 완전히 바뀌었다고 보기는 힘들다. 게다가 영화 마지막에 김봉두는 산내분교 마을 주민의 성의를 모은 봉투를 받는다. 물론 마지막에 받은 봉투는 과거에 받은 봉투와는 의미가 다르지만 결과론적인 입장에서 보면 같은 것이다. 따라서 서울로 돌아간 김봉두가 봉투를 받을 수도 있다는 점을 결코 배제

할 수 없다. 이런 봉투를 받는 횟수가 다시 늘어나면 습관으로 고착되고 결국 영화 앞부분의 김봉두 선생으로 돌아갈 여지가 충분히 있다.

둘째, 김봉두 선생이 완전히 환골탈태하여 서울로 돌아가서도 봉투와는 완전히 담을 쌓고 참교육을 실천하는 경우이다. 사람은 깊이 느낀바가 있을 때 전과는 180도 바뀌게 된다. 범죄자가 교도소에 수감된 후 종교에 귀의하고, 완전히 다른 사람으로 사회에 나와 봉사활동이나 자선사업 등에 헌신하는 경우를 볼 수 있다. 이 경우 그 사람을 더 이상 과거의 잣대로 평가한다는 것은 의미가 없다. 소석이가 학교까지 빼먹고 돈을 벌어와 방문 사이에 흰 봉투에 담은 돈을 끼워놓은 사건과 동네 주민이 김봉두의 방에 찾아와 봉투의 역할을 대신하는 약재와 꿀 등을 가져오고 밖에서 주민끼리 싸움을 하는 사건에서 김봉두는 자신의 행동을 깊이 뉘우치게 된다. 소석이를 매질하던 그날 밤 어쩌면 김봉두는 소석이를 때린 것이 아닌 자신을 매질 한 것일 수도 있다. 다음날 김봉두는 아이들 앞에서 사표를 찢어버리면서 어제까지의 자신을 나쁜 놈이라고 칭하고 그 놈과의 싸움에서 이겼다고 말한다. 이를 기점으로 김봉두는 완전히 다른 사람이 된다. 산내분교에서 남은 기간은 물론이고 서울로 가서도 학생을 위한 교육을 했을 것이다.

셋째, 김봉두 선생이 산내분교와 같은 처지의 다른 분교들로 자원하는 경우다. 우리나라의 교육 여건상 서울과 같은 도시는 학생수가 너무 많아 교실수가 부족한 경우도 있지만, 외지의 학교들은 산내분교와 마찬가지로 전체 학생수가 20명 안팎인 경우가 허다하다. 국가 지원금을 받기도 힘들고 학년끼리 통·폐합해서 한 반에 2, 3개 학년이 함께 수업을 받기도 한다. 이런 어려운 여건 때문에 교사들이 지원을 꺼리고 선생부족으로 인해 아이들은 다시 한 번 교육받을 권리를 원천 봉쇄당한다. 김봉두는 서울로 돌아간 뒤 산내분교에서의 기억을 잊지 못하고, 산내분교와 같은 여건의 학교에 자원하여 그 아이들을 가르치는 것을 낙으로 삼을 수 있다. 서울과는 달리 그런 학교는 방과 후에 아이들과 같이 물장난도 치고 학생 개개인의 특성·인적사항 등을 더 정확하게 파악할 수 있다. 또 도시의 학생과는 다르게 분교의 학생들은 더 순수하고 순진하다. 떠든 사람 이름 적어 내라고 할 때 남옥이가 조용히 애들의 이름을 공책에 적는 모습과 선생님이 잘못했지만 모든 잘못은 자신들 때문이라고 말하는 장면을 보고 그네들의 순수함에 감동받았다. 제3자의 입장에서 그 정도의 감동을 받았는데 김봉두 선생은 감동이 더하면 더했지 덜하지는 않았을 것이다. 이런 이유로 김봉두 선생이 다른 외지분교로 자원했을 가능성도 충분하다고 본다.

넷째, 김봉두 선생이 자신의 제자였던 소석이를 위해 산내분교가 있는 곳에 정착하는 경우다. 소석이는 영화 내내 다른 아이들보다 김봉두와 특별한 관계를 맺는다. 김봉두가 산내분교로 온 둘째 날, 처음으로 김봉두와 학교에 같이 등교하는 아이가 소석이다. 이는 앞으로 소석이가 다른 아이들보다 김봉두와 조금 더 관련이 있을 것이라는 복선이기도 하다. 김봉두를 교화시키는데 결정적인 역할을 한 아이가 소석이고, 처음으로 김봉두와 점심을 먹은 아이도 소석이다. 영화 속에서 소석이는 아버지가 집을 나가고 정신 나간 어머니를 모시고 힘들게 살아간다. 다른 친구들이 점심을 먹으러 집으로 갈 때에도 소석이는 학교에 남는다. 김봉두가 아이들의 재능 운운하면서 전학을 보내려 할 때도 소석이는 어머니 때문에 전학을 갈 수 없다고 한다. 영화 마지막에 결국 산내분교는 폐교되고 소석이는 초등학교 과정조차 마치지 못한다. 이런 소석이를 위해 서울로 돌아간 김봉두는 학교에 사표를 내고 산내분교가 있는 강원도로 돌아와 춘식이처럼 소일거리를 하며 과외선생과 비슷하게 소석이를 개인지도 하는 것이다. 만약 김봉두에게 교육을 잘 받고 소석이가 장성하게 된다면 소석이는 김봉두 선생을 존경한 나머지 선생이라는 직업을 택해 자신과 비슷한 아이들에게 같은 선행을 베풀 확률이 높다.

지금까지 김봉두 선생의 미래의 모습을 네 가지 정도로 나누어보았다. 각 상황이 모두 가능성이 있고 영화 내·외적으로 충분한 개연성이 있지만 내가 생각하기에 가장 가능성이 높고 현실성이 있는 것은 처음 제시한 봉투를 좋아하는 그때의 김봉두로 돌아가는 것이다. 남녀가 사귄 기간이 짧을수록 헤어진 후 슬픔이 더 짧게 가는 것처럼 새사람으로 산 기간이 5달 남짓 정도 밖에 되지 않는 김봉두가 서울로 돌아와서도 과연 바뀐 김봉두로 살아갈지는 의문이다. 게다가 서울의 환경은 시골에 비해 촌지문화가 어느 정도 고착화 되어 있다고 볼 수 있다. 인간은 환경과 상호 작용하는 유기체이다. 환경이 촌지문화를 어느 정도까지 용인한다면 인간인 이상에야 그 문화를 따라갈 수밖에 없다. '모든 사람이 YES라고 말할 때 NO라고 말할 수 있는 사람'이라는 광고 문구에 나온 말이 과연 혁신적인 생각이라는 긍정적인 의미만을 담고 있는지 되짚어볼 필요가 있다.

3 연습해볼까요?

다음은 영화 <일 포스티노>를 대상작품으로 선택하여, 감상문 작업을 진행한 결과물이다. 감상문 쓰기 작업이 잘 진행되고 있는지 살펴보고, 자유롭게 의견을 교환해보자.

1. 감상의 포인트가 잘 잡혀있는지 살펴보자.
2. 글의 분위기가 어떻게 조성되고 있는지 살펴보자.
3. 제목이 적절한지 살펴보자.

〈예시 1〉 제목: 아름다운 일상 만들기

'아름답다'라는 말은 이 영화를 위해 만들어진 단어가 아닐까 싶을 정도로, 아름다운 영화였다. 영화의 전체적인 배경인 폰테 베키오는 파도가 잔잔하게 일렁이는 바다를 낀 아름다운 마을이다. 마리오가 네루다에게 편지배달을 가기 위해 자전거를 타고 지나가는 길이나 배경, 네루다가 '100편의 사랑의 소네트'의 주인공인 자신의 아내와 춤을 추는 장면 역시 한 폭의 명화처럼 아름답다. 또한 그 배경에 잔잔하게 깔리는 배경음악도 이 영화에 더욱 집중을 하게 만들어주는 역할을 한다.

하지만 영화를 아름답게 하는 건 이 영화의 배경이나 음악뿐만이 아니다. 주인공들이 하는 대사 하나하나가 모두 시 같아서 영화의 아름다움을 좀 더 밀도 있게 만든다. 그 예로 우체부인 마리오가 처음 네루다의 시집에 그의 사인을 받을 때도 "사인을 해주시겠어요?" 같은 평범한 말이 아닌 "소중한 책으로 만들어 주시겠습니까?"라는 말을 하며 책을 건네는 장면이라거나, 마리오가 네루다의 시가 이해가 안 된다고 하자 "내가 쓴 글 이외의 말로는 그 시를 설명하지 못한다."라고 대답하는 장면 등이 있다.

표면적으로는 파블로 네루다와 마리오가 우정을 쌓아가는 평범한 줄거리처럼 보이지만, 그 이면에는 마리오가 자신의 순수한 자아를 네루다와 시를 통해 깨우쳐 나가는 과정이 따스하게 담겨있다. 마리오는 은유를 통해 자신의 순수한 자아를 찾아가는데, 그 과정에서 베아트리체만을 향했던 시선이 섬마을의 아름다움을 발견하는 것으로 확장되고 있어 이중 삼중의 아름다움을 느끼게 해준다.

〈예시 2〉 제목: 메타포 랩소디

이 영화에서 중점적으로 다루고 있는 소재는 은유가 전부라고 해도 과언이 아니다. 그 때문에 이 영화에 대해 평가하는 수많은 글들은 은유에 대해 한 번쯤은 언급이 되어있기 마련이다. 그러나 훗날 평론가들이 이 오래된 영화를 떠올릴 때 단순히 '영화' 일 포스티노만을 떠올리지 않는다. 작곡가 루이스 바칼로프(Luis Bacalov)의 〈Bicycle〉이라는 곡이 이 영화를 통해 '1996년 아카데미 드라마 부문 음악상'을 수상했기 때문이다. 그래서 나는 이 영화의 배경음악으로 '일 포스티노'를 정의해보았다.

〈Bicycle〉은 지중해의 아름다운 풍경 속에서 사랑과 우정을 나누는 인간들의 모습을 감동적으로 채색한 곡이다. 이 음악은 마리오가 은유를 통해 또 다른 세상을 마주하게 되는 순간 잔잔하게 흘러가는 곡이다. 칼리소또의 크고 작은 파도, 절벽에 부딪치는 바람소리, 나뭇가지에 이는 바람소리, 아버지의 서글픈 그물, 신부님이 치시는 교회의 종소리, 밤하늘에 반짝이는 별, 파빌리또의 심장소리. 그전까지는 귀담아 듣지 않았고 보지 않았던 모든 것들이 아름답게 보이는 순간이다. 은유를 이해한 그에게 모든 환경은 예술작품이 되어가고 있었고, 'bicycle'의 잔잔하면서도 쨍하게 울리는 연주 또한 훌륭한 예술작품으로 이 영화의 몰입도를 더했다.

또한 픽션이긴 하지만, 실제로 네루다에 대한 책을 집필한 작가의 말에 따르자면, 네루다는 거장임에도 불구하고 영화에서처럼 서민들에게는 부드러운 이웃집 아저씨와 같은 캐릭터였다고 한다. 'bicycle'은 비록 도피생활 중이였지만 네루다의 여유롭고 친근한 모습을 더 부각시켜 주기도 했다.

〈예시 3〉 제목: 한편의 시가 되다

이 영화는 '한 편의 시' 같은 작품이다. 영화 자체가 은유가 되고 운율이 된다. 사실 나는 파블로 네루다의 열성적인 팬이다. 그의 시집이라면 거의 빠지지 않고 모두 읽어보았고, 그가 시를 쓰게 된 배경지식을 이해하기 위해 자서전까지 읽어보았을 정도다. 그런 내게 일 포스티노 영화에 대해 감상문을 쓰게 된 것은 꽤나 큰 즐거움이었다. 하지만 내가 영화를 보는 내내 빠져들었던 건 네루다가 아닌, 은유를 통해 세상을 바라보는 우편부 마리오였다. 이 영화를 정말 순수한 시처럼 만든 건 그였으니 말이다.

이 영화에서 네루다는 인간은 사물의 단순함과 복잡함에 신경 쓰지 않는다고 말한다. 하지만 '시'라는 것은 그 단순함과 복잡함을 파고들어 표현해 내는 게 아닐까 하는 생각을 했다. 사실 이 영화는 역사적 배경지식을 필요로 하는 영화이다. 칠레의 사회주의에 대해 언급이 되기 때문이다. 또한 사회 비판적인 요소가 나오기 때문에 영화 속 시대상의 배경에 대해 찾아본 후 영화를 보면 더 쉽게 이해할 수 있을 것 같다는 생각을 했다. 하지만 영화 자체에서 정치 문제에 깊숙하게 파고드는 것은 아니다.

"난 시들고 멍한 느낌으로 영화 구경을 가고 양복점에 들른다/ 독선과 주장의 틈바구니에서 시달리고 있는 덩치만 큰 백도처럼 이발소에서 담배를 피며 피투성이 살인을 외친다/ 인간으로 살기도 힘들다."

영화에 나오는 인용 시처럼 오히려 정치적인 문제들까지도 '은유'로 표현해버리고 만다. 영화에서 네루다는 이렇게 말한다. "시란 설명하면 진부해지고 말아. 시를 이해하는 가장 좋은 방법은 그 감정을 직접 경험해 보는 것뿐이야."라고. 그의 말이 맞다. 나는 이 영화를 한 편의 시로 표현했으니, 진부한 설명보다는 내 글을 읽은 독자들이 꼭 한 편의 시가 되어버린 이 영화를 읽어보기를 소망한다.

5장

서평으로 워밍업하기

1. 감상문/ 서평/ 비평문의 차이

우리가 대학시절에 흔히 쓰게 되는 과제 형식으로 감상문과 서평이 있다. 대상작품이 더러 동일한 경우도 있어서, 비슷한 글쓰기 형식이라 혼동하기도 한다. 하지만, 감상문은 앞선 설명에서처럼 감상 작업을 주목하여 한 편의 글에 담아가는 훈련의 과정이 중요한 글쓰기 작업이다. 서평은 이제부터 본격적으로 설명하겠지만, 대상자료에 대한 내용 파악을 토대로 주요한 지점에 대하여 논의하고 평가하는 작업이 중요하게 부각되는 글쓰기이다. 그래서 동일한 대상작품을 가지고 글쓰기를 할 때, 감상문을 작성하는 경우라면 대상작품을 읽고 난 후의 사색과 감상, 자신의 느낌에 집중하는 것이 효율적인 작업이게 되지만, 서평의 경우라면 좀더 객관적으로 대상작품을 평가해보려는 태도가 중요해지게 되는 것이다.

물론, 감상문과 서평은 경계가 명확하게 나뉘기 어렵기도 해서 서로 겹쳐지는 부분들이 많다. 감상문이라 해도 대상작품에 대한 소소한 평가 작업이 가미될 수 있으며, 서평의 경우에도 대상작품에서 받은 강렬한 느낌이나 인상적인 구절 등을 적절히 넣어가며 서술하는 것이 필요할 수도 있기 때문이다.

따라서 글쓰기의 목적에 맞게 감상문 작업이라고 하면 자신의 감상 작업에 최대한 충실하게 쓰는 것이 필요하고, 서평 작업이라고 하면 보다 객관적이고 설득력 있는 평가 작업이 될 수 있도록 신경 쓰는 것이 중요할 것이다. 그런 의미에서 비슷하면서도 다른 감상문과 서평, 비평문의 차이를 정리해보는 시간을 갖도록 하자.

감상문의 경우

감상문은 대상자료의 종류나 범위가 다양하다. 문학작품을 대상으로 하면 독서 감상문 혹은 독후감이라 부르고, 영화를 보고 나서 작성하는 경우 영화 감상문이라 부르듯 대상자료의 특성에 맞춰 감상 작업을 행한 후 만들어지는 글쓰기가 바로 감상문이다. 감상문은 바로 이러한 감상의 편린을 부각시켜 자신의 글쓰기로 만들어가는 작업이다.

중요한 것은 동일한 대상작품을 감상하고도 저마다 비슷하면서 또 다른, 다양한 감상의 편린들이 드러날 수 있으며, 이러한 다양성이야말로 저마다의 소중한 감상이라는 점에서 인정받을 수 있다는 전제이다. 그래서 감상문을 쓴다는 것은 자신의 생각이 무엇인지를 파악할 수 있는 가장 근본적인 훈련이 될 수 있다. 대상작품을 감상하면서 스스로 무엇을 느끼고 어떻게 생각하는지에 대해 이야기할 수 있어야 하기 때문이다. 이는 감상문 과제가 대학생들의 학술적 글쓰기에서 적지 않은 비중을 차지하는 이유가 되기도 한다.

그런 의미에서 감상문은 자신의 주관적인 감상을 독자에게 설득력 있게 전달하고 독자의 공감을 받을 때 좋은 평가를 받게 마련이다. 이를 위해서는 대상작품을 어떻게 감상하였는지를 스스로에게 물어보고, 감상문에서 부각시킬 감상의 포인트가 무엇인지를 고민해보는 것이 필요하다. 아울러 이를 설득력 있게 글쓰기로 표현해내는 연습이 뒷받침되어야 한다.

서평의 경우

서평 작업은 책을 읽고 난 후 그 글에 대해 논평하는 글쓰기이다. 대상자료의 종류나 범위가 다양한 감상문과 비교하면, 서평의 경우에는 범위가 책(문헌)으로 된 형태로 제한되게 된다.

서평 훈련이 중요한 이유는 서평 작업을 통해 대상 자료의 내용을 소화하고, 한걸음 나아간 지점에서 그에 대한 분석과 평가의 과정을 거치는 것이 지성적 사고 훈련에 효과적이기 때문이다. 따라서 서평 작업에서는 대상자료에 대한 내용 파악과 평가 작업을 중점적으로 다루는 것이 중요해진다.

서평 작업을 진행할 때는 대상자료에 대한 내용 파악이 좀 더 엄격하게 이루어져야 하기에, 효율적인 독서법에 대한 이해와 실천도 필요하다. 우리가 앞선 부분에서 배웠던 독서비평의 다양한 워밍업 활동들이 바로 서평 작업을 효율적으로 진행할 수 있게 도와주는 지점이 될 것이다.

무엇보다 대상자료를 평가하는 기준과 입장을 가지고 있어야 하며 그 기준과 입장에 따라 설득력 있게 자신의 평가 작업을 보여주는 글쓰기 작업이 이루어져야 한다. 감상문의 경우에서라면 대상작품에 대한 자신의 감상을 설득력 있게 표현하여 독자의 공감을 획득하는 것이 중요했다면, 서평의 경우에서는 대상자료에 대한 자신의 평가 작업이 설득력 있다는 독자의 동의를 획득하는 것이 중요하게 되는 것이다.

감상문의 경우에서는 자신의 감상을 풍부하게 표현하기 위해 글쓰기 차원에서도 개성의 발휘 등 다양한 개인기를 허용하고 글의 분위기도 자유롭게 조정하고 선택하는 게 가능하였다. 하지만, 서평의 경우에는 객관적인 평가와 비판적인 태도가 중요하다는 점에서 논리적인 글쓰기의 정석을 따라서 차분하고도 엄정한 분위기를 유지하는 것이 나을 수도 있다.

▣ 비평문의 경우

감상문과 비평문은 개성의 발휘가 허용되는 글쓰기라는 점이 겹쳐지다 보니, 엄밀하게 구분하지 않고 글쓰기 작업을 하는 경우가 많다. 그리고 서평 작업에서 요청받은 평가 작업을 다양한 대상작품에 적용하여 글쓰기를 한 결과물이 바로 비평문이 아닐까 생각하는 사람들도 있는데, 서평과 비평문 역시 겹쳐지는 부분이 많기 때문이다.

그렇다면 감상문이나 서평과 차별화되는 비평문의 특징은 어떻게 정리할 수 있을까?

첫째, 비평문은 감상문의 경우에서처럼 대상자료의 종류나 범위가 매우 다양하다. 문화비평문이나 문예 비평문으로 세분화하기도 하고, 장르에 따라 영화비평문, 문학비평문 등과 같이 전문화된 영역으로 다양하게 분류된다. 이러한 특징은 비평문의 경우 전문화된 영역에서 전문지식을 바탕으로 심화된 글쓰기가 가능해짐을 보여주는 것이기도 해서, 해당 분야의 전문가가 쓰는 글쓰기로 제한되기도 한다.

둘째, 비평문 쓰기에서는 대상작품에 대한 분석 작업과 해석 작업을 아우르는 평가 작업이 필수적이다. 비평문에서 요구되는 이러한 작업을 수행하려면 대상작품을 분석할 수 있는 안목과 해당 분야에 대한 전문지식이 필요하고, 배경에 대한 이해를 토대로 작품을 제대로 이해하고 평가할 수 있는 이론적 토대도 필요하게 된다. 따라서 비평문 작업은 자신의 기준과 입장을 보다 설득력 있게 제시할 수 있는 체계적인 전문지식이 필요하고, 대상작품의 분석과 평가에 동원되는 연구방법에 대한 이해도 요청된다. 비평가라는 직업이 존재하는 것처럼 그 방면의 실력이나 권위에 대한 인정도 매우 중요해진다고 볼 수 있다.

셋째, 비평문은 글쓰기 차원에서도 대상작품에 대한 분석과 평가 작업을 개성적인 글쓰기로 펼쳐나갈 때 매력적이게 된다. 같은 이야기라도 어떻게 표현하느냐에 따라 글의 묘미가 달라지는 것처럼 비평문에서는 글쓴이의 감상과 해석 작업을 다양하고도 풍부하게 제시하되, 효과적이라고 선택된 문체를 통해 충실히 보여줌으로써 또다른 독서의 재미를 느끼게 해준다.

이론적 배경과 전문지식의 토대로 깊이 있게 대상작품에 대한 감상과 이해를 도모할 수 있다는 점, 대상작품의 특징을 분석하는 연구방법의 다양성을 제시하면서 다양한 감상의 기회를 제공해준다는 점, 무엇보다 비판적인 평가를 아우른 해석 작업을 통해 우리가 미처 보지 못했던 특별한 지점을 알게 하고 생각하게 해준다는 점에서 비평문의 가치와 매력을 짐작할 수 있을 것이다.

2. 서평 작성의 진행 과정

2-1 대상자료의 내용 파악하기

서평 작업에서는 무엇보다 대상자료의 내용파악을 제대로 하는 것이 중요하다. 이를 위해서는 대상자료를 꼼꼼히 읽는 독서자세가 필요한데, 전체적인 구성과 논의내용을 정확히 이해하고 파악하는 것이 우선되어야 하기 때문이다.

이를 위해서는 대상자료의 논점에 대해 두루 살피고 스스로 문제를 발견하여 해결해 나가려는 성실한 태도가 필요하다. 책의 구성에 따라 내용을 요약하는 표제를 적어 두거나, 착상과 의문이 떠오르면 그때그때 적어두는 것도 소소한 도움이 될 것이다.

보다 본격적으로 서평 작업을 진행할 때 대상자료의 내용 파악을 도와주는 몇 가지 방법을 소개하고자 한다.

분석 독서의 방법을 익혀보기

서평 과제에서는 기본 독서의 수준을 벗어나 분석 독서의 수준에서 효율적으로 독서를 하여 책의 논리적 구성을 파악하는 작업이 보다 중요해진다. 분석 독서의 기본방법을 서평 작업의 진행 포인트와 연결하여 소개하면 다음과 같다.

첫째, 저자의 핵심 주장을 제대로 파악해보자. '무엇'에 관한 책인지를 살피고, 가장 간결하게 설명해보는 것이다. 예를 들어, 이 책의 관심사, 저자의 의도, 문제 제기 등을 확인하고 구체적인 해결과정을 간단히 요약해보는 식으로 진행해두면 서평 작업을 훨씬 효율적으로 진행할 수 있게 된다.

좋은 책이란 보통 주장이 전개되어 감에 따라 자연히 요약되어 가는 그런 책이라고 할 수 있다. 훌륭한 저자일수록 자신의 생각을 감추려 하지 않고 드러내려 한다는 이야기가 있다. 물론, 훌륭한 저자라고 해서 모두 똑같은 방식으로 단순하게 글을 풀어가지는 않는다. 그래서 집중적인 독서는 글쓴이의 생각에 귀를 기울이는 데서부터 시작된다. 어떤 종류의 책이든 간에 모든 독자의 의무는 자신이 선택하여 읽은 책에 포함된 주장이 무엇인지를 간략하게 알아내는 것이고, 그렇게 함으로써 책에 담긴 큰 주제를 파악할 수 있게 된다고 한다.

대상자료의 중심이 되는 사안을 뽑아보고 그에 대한 저자의 입장과 논리를 파악하는 식으로 독서 작업을 효율적으로 진행해보자. 다음과 같은 질문을 만들어서 독서과정에서 하나씩 점검해보는 것도 필요하다.

예시 1

저자의 주장에 대한 것들	해결책에 대한 것들
• 저자가 사용하는 핵심 개념은 무엇인가? • 핵심 개념에 대한 저자의 정의는 다른 학자들의 정의와 어떻게 다른가? • 저자의 핵심 주장은 무엇이며 그 논거는 무엇인가? • 저자가 예증으로 제시하는 사례는 과연 적절한가?	• 저자의 해결책이 무엇인가? • 저자가 해결하려고 했던 문제들 중 저자는 어떤 문제를 해결했는가? • 그 문제들을 해결하는 과정에서 저자가 새로 획득한 것은 무엇인가?

저자의 주장에 대한 것들	해결책에 대한 것들
• 저자와 견해를 달리하는 입장에 대하여 저자는 어떤 태도를 취하는가? • 저자의 견해는 해당 분야에서 대체로 공인된 것인가 아니면 예외적 소수의견인가? • 저자의 견해가 타당하게 적용될 수 있는 범위는 어디까지인가? • 저자가 다루지 못한 문제는 무엇인가?	• 저자는 자기가 해결 못했던 문제에 대해 자신이 해결하지 못했음을 인지했는가?

둘째, 저자의 주장에 대해 나의 의견을 표명해보자. 자신의 지식을 토대로 저자의 주장에 대한 동의/이의, 수용/거부 등의 지점을 찾아 정리하는 작업을 해두면 서평 작업에서 요구되는 평가 작업을 훨씬 수월하게 진행할 수 있을 것이다.

다음의 〈예시〉에서는 대상자료의 논점에 대해 두루 살피고 나아가 자신의 입장에서 어떤 의견을 갖고 있는지를 메모하고 있다. 서평 작업에서는 이런 식으로 대상작품의 내용 파악에서 한걸음 나아가 스스로 문제를 발견하여 해결해 나가려는 성실한 태도가 필요하다.

예시 2　대상자료의 논점에 대한 나의 의견 메모하기

1	대상자료에서는 부모-자녀 관계와 마찬가지로 형제 관계가 아동의 건강한 발달에 중요함을 강조하고, 형제관계에 부모가 큰 영향을 미치고 있음을 주장한다. 따라서 아동의 문제 해결을 위해서는 우선적으로 부모를 훈련하고 변화시킬 필요가 있으며, 이에 구조화된 놀이치료 프로그램을 제안하고 있다. 필자들이 제시한 이러한 논점에 동의한다.
2	대상자료에서는 이러한 논점을 기술하는 부분에서 미흡한 부분이 드러났다. 우선 필자들은 '부모-자녀 관계를 위한 연구는 많이 진행된 반면에, 형제관계가 아동에게 큰 영향을 미침에도 불구하고 그 중요성에 대해서 상대적으로 주목을 받지 못하는 실정'이라고 설명하고자 하는데, 대상자료에서는 이론적 배경으로 형제 관계의 중요성에 대해서 서술하고 있어 이 방면의 연구가 진행된 것처럼 보인다. '형제 관계의 중요성은 뒤늦게 주목받게 되었다'와 같은 표현으로 변경하는 것이 나을 것이다.

3	형제관계의 중요성을 강조하면서 형제간 갈등이 신체적·심리적인 상처를 줄 수 있다고 설명하고 있으나, 어떠한 상처인지는 기술하지 않고 있다. 물론 서론의 특성상 자세한 기술이 불필요할 수 있으나, 형제관계의 긍정적인 이득에 대해서는 구체적으로 기술한 데 비하면 설명이 부족한 것으로 보인다. 앞뒤 문장의 균형을 맞춰 두 부분 모두 설명이 충분하게 이루어지는 편이 좋았을 것이다.
4	놀이치료의 시초이고 일반적인 인식인 아동중심적 놀이치료와 구조화된 놀이치료 프로그램 세션에 대한 설명이 부족해 보인다. 서론에서 구조화된 세션이 형제관계를 위한 부모자녀 놀이치료에서 더 필요한 것인지, 아니면 비구조화된 세션이 더 필요한 것인지 설명이 없기 때문이다. 서론 이후에 나오는 프로그램 개발 부분에서 아동중심 놀이치료가 효과적임을 설명하고 있기는 하지만, 서론 부분에서 구조화된 세션의 프로그램에 대한 언급을 하지 않거나, 구조화와 비구조화의 차이를 통해 본 논문에서 비구조화를 하려는 이유에 대해 기술하는 것이 필요하리라 생각한다.

셋째, 저자의 사상이나 이론적 배경, 혹은 작품의 역사적 배경을 파악하는 것도 중요하지만, 이것 역시 서평의 중심을 차지할 정도로 장황해지면 글의 균형을 깨면서 효율성을 떨어뜨리게 된다. 이런 부분들은 논평 작업으로 연결시켜 저자의 견해가 갖는 독자성, 혹은 성과와 한계 등으로 소화하는 것이 자연스럽다.

다음의 〈예시〉는 〈철제계단이 있는 천변풍경〉이라는 소설작품을 대상자료로 선택하여 서평 작업을 진행하고 있다. 서론 부분에서 글쓴이는 대상작품에 대한 기본이해를 돕는 여러 가지 정보를 간략하게 제시하고 있다. 대상작품이 신춘문예로 등단한 작가가 펴낸 첫 작품이라는 사실, 작가의 인터뷰 기사에서 확인된 작가의 창작의도, 그리고 대상작품의 기본내용 등을 소개하고 있는데, 이러한 다양한 정보들이 글쓴이가 서평에서 주목하고 싶은 부분과 잘 연결되어 있다.

예시 3

소설 『철제계단이 있는 천변풍경』은 1999년 한국일보 신춘문예로 등단한 작가 김도언의 첫 작품이다. 이 작품은 임의의 만남으로 이루어진 '신가족'이라고 하는 작은 군집에 대한 불안과 삶의 불온을, 동거라는 만남을 통해 해결하려 하는 젊은 남녀의 삶에 관한 이야기이다.

버스 정류장에서 우연히 만난 여자를 집에 데리고 온 주인공은 스물여덟 개의 철제계단이 있는 그의 집에서 아무런 이유 없이 그 여자와 동거에 들어간다. 갑작스런 그녀의 출현에 주인공은 약간의 삶의 변화를 겪게 되지만, 그는 곧 그러한 변화가 자신의 삶 안에서 '새로운 질주를 위한 휴지(休止)'였음을 깨닫게 된다는 내용이다.

이 소설에서 작가 김도언은 그 스스로 작가 자신의 소설에 관한 주제가 '인간과 사회의 관계 맺기'에 관한 것[1]이라고 말할 정도로 인간과 사회의 괴리에 관한 현상을 독자들에게 보여주려 하고 있다. 따라서 우리는 지금까지 이 소설을 단순히 '동거'라는 소재를 다룬 작품으로 이해하기 쉽지만, 나는 동거라는 소재에서 한걸음 더 나아가 그 이상의 차원에서 작품을 논하고자 한다. 곧 단순히 남녀 사이의 '동거'가 아닌, 그 안에 담겨있는 현실의 괴리를 휴지(休止)와 생동(生動)이라는 세상과 연관시켜 이야기하는 것이 가능하리라 생각하기 때문이다.

....

1) 정천기, 「인터뷰: 첫 소설집 낸 김도언」, 『연합뉴스』2004년 1월 14일자, 기사.

용어 중심으로 키워드 뽑아보기

저자의 핵심주장을 찾아 집중적인 독서 작업을 할 때 도움이 되는 것이 바로 저자의 용어를 찾아 정리하는 작업이다. 저자의 용어나 개념을 중심으로 이론적 토대를 정리하고, 논리적 설득력이나 명료성, 논지 전개의 참신성이나 제기된 문제의 해결가능성 등을 따져보는 작업을 진행해보자. <예시 4>에서 다루는 책은 어려운 글이 아니므로 편안하게 독서 작업을 진행해도 되지만, 용어 중심으로 키워드를 뽑아보는 작업을 병행하면 훨씬 더 글의 요점과 핵심을 파악하는 일이 수월해진다.

예시 4 **키워드 뽑아보기**

글의 내용 파악	키워드
*글의 도입부: 세상에는 여러 종류의 사람이 있다. 한 번 척 보고 다 아는 천재도 있고, 죽도록 애써도 도무지 진전이 없는 바보도 있다. 정말 갸륵한 이는 진전이 없는데도 노력을 그치지 않는 바보다. 끝이 무디다 보니 구멍을 뚫기가 어려울 뿐, 한 번 뚫리게 되면 크게 뻥 뚫린다. 한 번 보고 안 것은 얼마 못 가 남의 것이 된다. 피땀 흘려 얻은 것이라야 내 것이 된다.	천재 둔재
*천재와 둔재: 글의 앞부분에서 황덕길은 김득신의 피나는 노력을 말하면서, 부족한 사람은 있어도 부족한 재능은 없다고 했다. 부족해도 끊임없이 노력하면 어느 순간 길이 열린다. 단순무식한 노력 앞에는 배겨날 장사가 없다. 되풀이해서 읽고 또 읽는 동안 내용이 골수에 박히고 정신이 자라, 안목과 식견이 툭 터지게 된다. 한번 터진 식견은 다시 막히는 법이 없다. 한번 떠진 눈은 다시 감을 수가 없다.	재능 노력 성실 안목 식견
*마음을 지킨 사람: 옛사람들은 김득신의 노둔함을 자주 화제에 올렸지만, 그 속에는 비아냥거림이 아니라 외경이 담겨있었다. 지금도 세상을 놀래키는 천재는 많다. 하지만 기웃대지 않고 자기 자리를 묵묵히 지키는 성실한 둔재는 찾아볼 수가 없다. 그래서 한때 반짝하는 재주꾼들은 있어도 꾸준히 끝까지 가는 노력가는 만나보기 힘들다. 세상이 갈수록 경박해지는 이유다.	재주꾼 노력가

무엇보다 내용이나 분량의 측면에서 가볍게 접근하기 어려운 책이라면, 이런 식의 워밍업을 충분히 해두는 것이 자신감을 얻는 방편이 되기도 한다. 어떤 책이건 저자의 주장을 대변해줄 수 있는 핵심어를 찾아 밑줄 긋기 작업을 하고, 이러한 키워드를 주목하면서 좀 더 집중하여 읽기 작업을 진행하면 내용 파악이 훨씬 순조롭게 될 것이다.

다음의 방법대로 진행하되, 사전과 친해지기 작업을 도모하면서 개념이나 용어 정의 작업을 심화시키면 더욱 효율적이다.

첫째, 대상작품을 읽으면서 다음에 해당되는 단어를 찾아 밑줄 긋기 작업을 해두기.

예시 5 **밑줄 긋기가 필요한 지점**

A	모르는 단어나 표현==> 글의 의미 파악을 위해 전제되는 기본 작업이다.
B	중요한 단어나 표현==> 논지 전개에 중요한 역할을 하므로 반드시 체크해둔다.
C	반복되거나 변주되는 단어나 표현==> 글의 주제 파악에 중요한 역할을 할 수 있다.

둘째, 밑줄 친 단어나 표현에 대하여 사전의 도움을 받아 의미 정리하기. 국어사전/백과사전 등을 검색하여 일차적인 의미를 정리하는 것으로, 가장 기본적인 작업에 해당한다. 서평 작업을 좀더 체계적으로 진행하려면 자신의 의견을 명확하게 제시해줄 수 있는 어휘나 표현을 사전 등에서 검색해놓는 것도 도움이 된다.

대상자료에서 중요한 키워드로 제시한 용어들은 대개 사전적인 의미만으로 해결되지 않는 경우가 많다. 따라서 사전적인 정의를 기본으로 확장된 정의로 어떤 의미를 내포하는지를 정리해보는 것이 필요하다. 경우에 따라서는 자신의 입장에서 해석하는 작업을 가미하여, 저자의 입장과 논리를 설명하는 유용한 지침으로 삼을 수도 있을 것이다.

셋째, 핵심어가 동원된 문장(혹은 문단)을 찾아 형광펜으로 표시하기. 앞선 단계에서 찾아낸 여러 단어들 중 대상자료의 '핵심어'라 할 만한 것들을 추려보게 된다. 핵심어는 대상자료를 정독할 때 중요한 역할을 하는 것으로 저자가 즐겨 쓰는 용어를 주목하거나 반복적으로 등장하는 표현을 추려놓으면 글의 중심뼈대를 토대로 심화된 이해를 체계적으로 진행할 수 있을 것이다.

이제 핵심어가 들어간 문장이나 문단을 찾아 어떤 의미로 저자의 입장과 논리가 전달되고 있는지를 살펴보는 작업을 해보면 된다. 이때, 핵심어가 동원된 부분을 형광펜으로 표시해놓는 식으로 발췌 작업을 병행해놓으면, 글 전체적인 문맥을 정리하기가 훨씬 수월해진다.

핵심어가 쓰인 문장을 찾아 글의 맥락을 정리해보는 작업은 글의 의미를 파악하는 분석적 독서의 방법으로 많이 추천되는 것이기도 하다. 단, 자신의 말로 재정리해서 표현해주는 연습을 해야 서평 작업에서 요구되는 글쓰기를 수월하게 진행할 수 있음을 명심하기로 하자.

2-2 논평 작업의 비중 높이기

▣ 논평 작업의 기본 전제

서평은 대상자료에 대한 평가 작업에 큰 비중을 두는 글쓰기이므로, 앞서 말한 대로 대상자료를 평가하는 기준을 세우고 그에 따라 대상자료를 평가하고 자신의 입장을 밝히면 되는 구조라 할 수 있다. 하지만, 설득력 있게 이러한 작업을 수행하기 위해 명심해야 할 몇 가지 사항이 있다.

첫째, 대상자료의 내용 파악을 충실히 마치기 전에는 선불리 평가 작업을 하지 말라는 점이다. 즉 '완전히' 이해하고 난 후, 대상자료의 중요한 지점을 평가적 입장에서 살펴보는 게 필요하다. 논평 작업을 메모하면서 어떤 평가가 가능할지를 고민해보는 게 더 중요하다.

평가한다고 해서 반드시 부족한 부분, 잘못된 부분만을 찾아내라는 것은 아니며, 그렇다고 무조건 좋은 부분만을 찾아서 칭찬하거나 찬성하는 쪽으로 서술하라는 것도 아니다. 모든 글에는 그 글 나름의 성과와 의의가 있다. 예를 들어, 이런 기준을 세워 살펴보았을 때 이런 부분이 충족되었거나/아니거나, 설득력이 있거나/부족하거나, 동의하거나/그렇지 못하거나, 보충설명이 필요하거나/아니거나 하는 부분 등을 세세히 따져보면 소극적이고 수동적인 평가 작업에서 벗어나 훨씬 적극적이고 구체적인 평가 작업을 진행할 수 있다.

다음과 같이 논평 작업의 방향을 메모해두는 습관을 들이는 것이 필요하다.

예시 1 논평 작업의 방향 잡기

① 필자가 수용해야 할 부분 체크
- 자신에 대한 투자
- 긍정적 마인드의 필요성
- 경제관념 기르기

② 필자가 반박하고 싶은 부분 체크
- 나만 당당하면 된다는 생각을 버리라는 주장에 대하여
- 남들이 할 줄 아는 건 다 섭렵하라는 주장에 대하여

③ 이를 통해 진정한 자기계발이란 무엇인가 되짚어보기
- 자기계발서의 약(藥)과 독(毒)
- 20대에게 필요한 자기계발서의 조건

둘째, 지나치게 논쟁적인 어투를 쓰거나 시비를 거는 식의 반론이 되지 않도록 신경 써야 한다는 점이다. 어떤 책이건 글쓴이와 독자의 입장 차이는 존재하며, 한 권의 책에 모든 것을 다 담아서 써낼 수도 없는 노릇이기에 행간의 여백을 충분히 살피지 않는다면 반론의 여지가 항상 존재하게 된다. 그러므로 입장 차이를 보이는 지점을 지적하거나 평가할 때, 좀더 차분하게 접근할 필요가 있고 이러한 차분함이 글에서도 반영되면 더 좋을 것이다. 나아가 반론을 위한 반론이라는 인상을 주지 않도록 합리적이고 발전적인 제안을 곁들이면 어떨까?

다음의 〈예시〉를 읽고 서평의 분위기에 맞게 논평 작업을 진행할 수 있는 지점을 찾아 도움말을 남겨보도록 하자.

예시 2 제목: 나의 일상을 바꿔준 책, 데일 카네기의 《인간관계론》

책을 읽어가며 설렌 것은 꽤 오랜만이었다. 출간된 지 거의 100년이나 된 이 책은 2021년에 사는 내가 사람을 대하는 태도를 완전히 바꿔놓았고, 심지어 생각하는 방식에도 영향을 주었다.

가장 큰 영향을 준 부분은 '남을 비판할 때에 관해서'이다. 예전에 나는 타인을 비판할 때 그의 잘못이 무엇인지, 그 상황에서는 어떻게 행동했어야 하는지에 대해서 단도직입적으로 말했다. 하지만 이 책에서 제시하는 바는 그렇게 하는 것이 아니다. 대신 상대에 대해 칭찬이나 감사로 말을 시작한 뒤, 차분한 어투로 상대의 잘못을 지적하라는 것이었다. 고등학교 2학년 때 이

부분을 읽고 얼마나 많은 친구를 얻었는지 모른다. 또 얼마나 많은 친구를 떠나보내지 않을 수 있었는지도 모른다. 이 방법은 나 자신에게도 효과가 있었다. 어떤 일에서 성과를 잘 내지 못했을 때 나에 대해서 비판을 먼저 시작하기 보다는 칭찬을 먼저 했다. 그러다보니 나의 장점에 더 집중하여 그것을 발전시킬 수 있었고, 내가 약한 부분은 평소보다 작게 보이면서도 어디를 고쳐야할지 잘 보이기 시작했다. 과연 지난 백 년 간 세계 최고의 자기계발서라는 생각이 들었다.

물론, 시대 차이가 너무 커서 그런지 다소 의문이 드는 부분도 있긴 했다. 사람을 설득하는 법과 관련된 대목에서는 다소 의문이 들기도 했다. 저자는 공원에서 불을 피우는 아이들에 관해 언급하면서 이를 막기 위해선 아이들에게 윽박지르고 공포를 심어주는 것이 아니라 그들의 관점에서 행동을 이해하고 더 나은 해결책을 제시하는 것이 중요하다고 말한다. 당시에는 극단적인 범죄나 테러가 적어서 카네기가 이런 말을 한 것이라 생각한다. 오늘날에는 묻지마 살인이나 상상을 초월하는 끔찍한 범죄들이 많은데, 과연 저자의 제안대로 행동하는 것이 가능할까?라는 의문이 든다. 그런 사람들은 하루라도 빨리 잡아서 사형을 선고해야 한다는 것이 내 생각이다.

서평의 분위기에 익숙해지기

서평의 중심은 대상 자료에 대한 평가 작업이 되어야 하므로, 저자나 대상 자료에 대한 개괄적 소개는 간략하게 필요한 정도로만 줄이는 게 효율적이다. 앞서 도입문단 만드는 방법을 소개한 데서 설명한 바와 같이, 감상문이나 서평에서처럼 대상 자료에 대한 개괄적 소개가 필요하다면 도입부에서 간략히 하는 것이 효율적이다.

저자의 사상이나 이론적 배경, 혹은 작품의 역사적 배경을 파악하는 것도 중요하지만, 이것 역시 서평의 중심을 차지할 정도로 장황해지면 글의 균형을 깨면서 효율성을 떨어뜨리게 된다. 이런 부분들은 논평 작업으로 연결시켜 저자의 견해가 갖는 독자성, 혹은 성과와 한계 등으로 소화하는 것이 자연스럽다.

오히려 중요한 것은 책의 전체적인 구성과 내용을 정확하게 파악하여 대상 자료의 특징적 부분을 명확하게 찾아낼 수 있어야 한다는 점이다. 책의 구성적 특징을 명확하게 파악하게 되면, 대상자료를 어떻게 평가할 수 있을지 논평의 방향이 더욱 선명해질 수 있기 때문이다. 그리고 이런 상황에서 자신이 파악하고 이해한 저자의 사상이나 이론적 배경, 작품의 역사적 배경 등을 아울러 서술하는 것이 훨씬 더 효과적이게 된다. 물론, 저자의 견해가 갖는 독자성, 성과와 한계 등도 함께 논의하며 서술할 수 있게 될 것이다.

예시 3

김종철의 『간디의 물레』(녹색평론사, 1999)에 담긴 34편의 에세이는 어느 것을 읽어도 그 하나하나가 잊을 수 없는 감동을 준다. 글 속에 배어 있는 저자의 사물 현상에 대한 섬세한 관찰력, 사유의 타당성과 투명성, 문장들이 풍기는 문학적 향기, 그리고 무엇보다도 문명사적 위기에 처한 현실 앞에서 저자가 지식인으로서 애타게 느끼는 사명 의식 때문이다.

이러한 감동의 요소들은 「간디의 물레」, 「자동차가 없는 세상을 꿈꾸며」, 「걸어다니기」, 「인간에 대한 모욕」, 「어머니의 이기심」, 「고무신 두 켤레」 등의 글에서 각별히 두드러진다. 「간디의 물레」에서 저자는 "진정한 행복에 이르기 위해서 지금까지와는 근원적으로 다른 것을 욕망할 줄 알아야 된다."는 간디의 상징적 메시지를 읽고, 「자동차가 없는 세상을 꿈꾸며」와 「걸어다니기」에서는 자동차 타기를 철저히 거부한, 70개의 언어를 자유롭게 구사하는 뉴욕의 어느 기이한 대학 교수와 영국의 한 시골을 녹색 운동의 메카로 만든 인도인 쿠마르라의 예를 들어 종말론적 현대 문명을 비판하고 이에 대한 근본적 극복 방법을 제안한다. 그리고 「인간에 대한 모욕」에서 저자는 재일 교포 작가 이회성 씨가 우체국의 원고 분실 건과 관련해 일본 정부에 취했던 태도에 대한 일화를 통하여 모든 것을 경제적 가치로 환산하려는 현대인의 사유를 비판하고, 「어머니의 이기심」에서는 현대인의 가장 큰 문제의 하나가 이기적 사고를 벗어나지 못하는 데 있음을 지적한다. 「고무신 두 켤레」에서는 고무신을 벗고 택시를 탄 시골 할머니와 술만 먹고 나면 언제나 신발을 잃어버리는 고 김관식 시인의 우스운 일화를 통해 "물건을 아끼고, 삼가고, 수줍어하면서 살아가는 평범한 사람들의 겸허한 인생 태도의 편린"이라는 깊은 의미를 느끼게 한다. 이처럼 모든 글이 재미있고 교훈적일 뿐 아니라 아름답고 깊은 사색을 담고 있다.

『간디의 물레』는 하나의 통일적인 학술 저작이 아니기에 하나하나를 떠받치는 건축학적 구조가 없어 단편적이고 산만하기도 하지만, 구조적 통일성의 부재 밑에는 일관된 주제와 그에 대한 저자의 일관된 입장이 존재한다. 이 책의 주제는 책에 붙은 부제대로 '에콜로지이며 문화'이고, 그 주제의 핵심은 「생명의 문화를 위하여」와 「어머니의 이기심」의 첫 문장에 반복해서 나오듯이 "우리에게 희망이 있는가?"라는 물음이다.

이 물음은 현대 문명이 종말론적 파국으로 치닫고 있다는 저자의 인식을 반영한다. 현대 문명은 국가나 민족 그리고 종교 간의 분쟁, 정치 경제적 패권주의, 선진국와 후진국의 격차, 가진 자와 못 가진 자의 사회 계층적 갈등 등 허다한 문제를 안고 있으며, 이러한 문제들은 현대 문명의 파국의 징조들로 볼 수 있다. 그러나 저자가 진단하는 현대 문명의 위기는 훨씬 더 포괄적이며 근본적인 위기, 즉 "인간생존의 지속 가능성 자체를 불투명하게 만드는 기막힌 생태적 위기"이다. "우리에게 희망은 있는가?"라는 저자의 물음은 곧 이러한 위기를 극복할 수 있을지, 있다면 그 방법은 어떤 것인가에 대한 물음이다.(중략)

이 책에 실린 글과 문자 하나하나에 배어 있는 사상의 깊이와 심성의 고귀함이 서평자인 나를 압도한다. 이 책을 읽고 난 후에도 현대 문명, 현대 문화, 현대 사회, 삶의 의미에 대한 이제까지의 자신의 인식을 새삼 반성하지 않을 이, 정확히 그 성격을 규정할 수는 없더라도 어떤 정신적인 변화를 조금이나마 경험하지 않을 이는 없을 것이다.

저자가 10여 년 전부터 자신의 소신을 위해서 거의 종교적 태도로 출간하고 있는 계간 『녹색평론』의 발행인이자 편집인이라는 점을 기억한다면, 이러한 감동이 우연한 것이 아님을 쉽사리 깨닫게 될 것이다. 이 책은 최근에 흔한 환경, 생태계, 문명 위기에 관한 책임에 틀림없다. 그러나 이 책은 단순히 그런 문제에 대한 또 한 권의 책이 아니라 환경, 생태계, 문명 위기의 문제를 우리 영혼의 문제로 일상적이고 구체적인 차원에서 인식하고 접근하여, 근원적으로 해결해야 함을 깨우쳐 주는 책이다.

이제, <예시 3>을 읽고 서평의 분위기에 맞게 완성도를 높일 수 있는 지점을 찾아 도움말을 남겨보도록 하자.

첫째, 대상자료의 내용파악을 제대로 하고 있는가? 하는 측면에서 검토해 보는 것이다.

글쓴이는 인간생존의 지속 가능성 자체를 불투명하게 만드는 생태적 위기를 주목하고 있다. 또한 '우리에게 희망이 있는가'라는 질문에 대해 '이러한 위기를 극복할 수 있을지, 방법은 어떤 것인지'라는 생각을 도출해낸 후 이에 대한 해결이 필요함을 느끼고 있다. 이를 통해 글쓴이는 대상자료의 논점에 대해 살피고 스스로 문제를 발견하여 해결해 나가려는 모습을 내용에 담고 있다. <예시>의 서평은 생태적 위기 속에서 인간이 어떤 극복을 해야 할 것인지가 중요한 주제로, 대상작품으로 선택한 책이 던져주는 중요한 시사점을 잘 주목하고 있다는 독자의 소감이 있었다.

그리고 <예시 3>의 둘째 문단에서는 전체로 묶어서 요약한 것이 아닌 쪼개고 쪼개 각각의 글마다 작가가 전하고자 하는 바를 제시하고 있다. 대상자료에서 드러나는 주제의 핵심인 '에콜로지이며 문화'와 '우리에게 희망이 있는가?'라는 물음에 대해 잘 짚어내고 있는데, 이렇게 핵심을 파악했다는 것은 결국 그 내용을 제대로 파악했다는 의미이기도 하다.

둘째, 대상자료의 평가기준과 입장을 마련하고 있는가? 하는 측면에서 검토해보기로 하자.

글쓴이는 '문명사적 위기에 처한 현실 앞에서 저자가 지식인으로서 애타게 느끼는 사명 의식'의 요소를 가지고 각 글에서 위기에 처한 현실이 무엇인지, 비판할 거리, 지적할 거리를 짚어나가고 있다. 단순히 환경, 생태계, 문명의 위기가 아닌 근원적인 해결점을 찾고 있다는 점에서 정보의 구체화에 대한 내용을 담고 있다.

<예시 3>에서는 평가 작업이 다소 모호하게 느껴진다는 지적도 있었다. 딱히 어떤 평가기준으로 평가를 내렸다기보다는 내용 요약과 해석에 초점을 둔 것처럼 보였기 때문이다. 최근의 환경 문제와 연결하여 굳이 뽑아보자면 현대 문명이 종말론적 파국으로 치닫고 있음을 강조하는 저자의 거대담론에 대해 독자들에게 '깨달음'을 주었는가를 평가 기준으로 삼았다고 말할 수 있을 것 같다.

셋째, 글쓰기 차원에서 설득력 있게 서술하고 있는가? 하는 측면에서도 검토해보자.

처음에는 이 글에 담긴 에세이들의 내용과 의미를 단순히 나열하는 형식이라 무슨 의도일까라는 생각이 들었지만 그 뒤에 이 전체적인 에세이들을 관철하는 주제에 대하여 언급해 주어서 충분히 설득력이 있었다는 의견도 있었다. 또 다른 독자는 글쓰기 차원에서 첫 문단을 읽으며 글 속에 배어있는 저자의 관찰력과 문학의 향기, 타당성과 투명성, 사명의식이라는 단어를 보고 도대체 어떤 부분에서 그렇다는 거지? 라는 궁금증이 우선 들었는데, 이후 둘째 문단에서 각각 에세이를 요약해 제시하며 첫 문단의 표현들을 설명하고 있어 충분히 설득력 있다고 평가했다.

글의 일화를 인용하면서 서평 작업을 진행하는 것은 근거를 제시하는 측면으로도 연결되어 설득력을 높여주는 지점이라 생각한다. 대상작품의 문제의식에도 불구하고 구성적 한계를 지적하고 있는 부분 역시 대상자료의 특징에 대해 정확히 알고 깊이 고민했다는 흔적으로 볼 수 있을 것이다. 다만, '발행인이자 편집자인이라는 점을 기억한다면 이러한 감동이 우연한 것이 아님을 쉽사리 깨닫게 될 것이다.'라는 문장에서 보면 구체적으로 어떤 부분인지 설명하지도 않았고, 인지도 중심의 개인적 평가라서 설득력이 약하다고 생각된다.

2-3 논평의 근거 제시하기

논평의 근거 제시로 설득력을 높이자

서평에서 요구되는 평가 작업을 제대로 서술하기 위해서는 논평의 근거가 되는 책의 내용을 정확히 제시해주어야 한다. 대상자료의 해당 부분을 구체적으로 제시하면 평가 작업의 설득력을 더욱 높일 수 있기 때문이다.

다음의 <예시 1>은 대상자료에서 독자 참여란이 적절한지를 중요한 평가 기준의 하나로 잡고 있는데, 대상자료의 해당 부분을 구체적으로 제시하면서 평가 작업을 설득력있게 진행하고 있다.

예시 1 **제목: 독자 참여란의 적절성에 대하여**

이 책은 하나의 소단원에서 언급했던 내용이나 그에 반하는 내용을 번호를 달아 서술하고 각각에 (O, X)를 독자에게 표시하게 하고 있다. 이것은 단순히 독자가 수동적인 독자에 머무는 것이 아니라 스스로 판단하고 활용할 수 있도록 유도하려는 긍정적인 의도로 해석될 수 있다. 하지만 '당신의 생각은?'에 서술되고 있는 문장들은 필자의 눈살을 찌푸리게 하는 내용들이 많았다.

예를 들어 1장 '인류의 미래를 바꾼 말 한마디'에서 '케네디가의 영광과 비극을 되돌아 볼 때 한마디 말로 세계를 움직이는 위대한 일을 하는 것도 좋지만, 평범하고 안락한 삶도 매우 소중하다는 생각이 든다.'라는 문장을 제시하며 독자에게 O, X 둘 중에 하나를 고르라고 하고 있다. 그런데 이 문장은 중간입장은 허용하지 않는 지나치게 이분화된 흑백 논리에 빠져있는 오류를 범하고 있다는 생각이 들었다.

<예시 2>에서도 책 속 삽화의 비중과 효과를 따져보는 작업을 하고 있는데, 대상자료의 어느 삽화가 해당되는지를 구체적으로 제시하고 있다.

예시 2 **제목: 책 속 삽화의 비중과 그 효과에 대하여**

두 번째로 살펴볼 수 있는 점은 이 책의 또 하나의 특징으로 꼽을 수 있는 '삽화'이다. 판화 형식의 삽화가 내 마음을 차분하게 만들어 준다. 어쩌면 뻔하다고 생각할 수도 있는 짧은 내용 속에서 군데군데 끼워져 있는 삽화들이 이야기 속의 주인공을 정말 살아있게 만든다. 그 중 내가 봤을 때 인상적인 삽화를 소개하면 다음과 같다.

우선, 31쪽에 있는 주인공 엘지아르 부피에의 모습이다. 그의 오른손엔 쟁기가 들려 있고 배경은 역시 그가 나무를 심어야 할 풀밭이다. 주목할 점은 그의 얼굴 모습인데, 판화임에도 불구하고 그의 얼굴에는 인자한 인상이 풍겨져 나온다. 그의 눈빛은 선함으로 가득 차있으며 머리 뒤에서 올라오고 있는 태양은 마치 부처나 하느님에게서 볼 수 있는 광배 같다.

다음으로, 부피에가 도토리 하나를 정성스레 땅에 묻으려 하고 있는 손의 모양을 담은 55쪽의 도판이다. 그의 투박한 손이 작은 도토리 알갱이를 심으면서 무슨 말을 하고 있는 것 같다. 이러한 것이 작가의 의도였는지는 확실히 모르겠지만, 작가가 이 작품을 20년 동안 공들여서 썼다는 점으로 미루어 짐작한다면 그러한 그의 노력이 당연히 이 그림에도 투영되어 있었을 것이라 생각한다.

그런 측면에서 판화라는 형식의 그림을 넣었다는 점을 긍정적으로 평가하고 싶다. 판화 중에서도 '목판화'를 선택한 것이 이 책의 내용과 완전히 부합하여, 마치 내용에서도 그림에서도 나무의 향기가 나고 있는 듯했기 때문이다. 게다가, 이 책은 세계적인 화가 프레데릭 바크가 그림을 그려 애니메이션 영화 〈나무를 심은 사람〉을 탄생시키기도 한 것으로 유명했다. 우리나라에도 비디오로 나와 있다고 해서 찾아보았는데, 나의 예상대로 색연필과 파스텔, 그 부드러운 색감이 놀랄 만큼 역동적으로 움직이고 있다는 인상이 강렬했다. 한 사람의 손에서 생명을 받아 나무가 자라고 숲이 생기고 공원이 조성되며 아이들이 웃고 노는 터전이 되어가는 화면은 잔잔하지만 큰 감동을 주었다.

<예시 3>에서는 대상자료의 해당부분을 인용한 후 그에 대한 자신의 의견을 병행하고 있다. 이렇게 서평 과제에서도 논평의 근거를 밝히기 위해 인용의 방법을 적절하고도 정확히 사용하는 기술이 필요하다. 책에서 말하고 있는 부분과 그에 대한 자신의 의견을 잘 구분해주어야 가독성을 높일 수 있기 때문이다.

예시 3

저자는 프랑스 아비뇽의 까르베 미술관에서 쑤띤이 그린 〈데셰앙스〉라는 작품을 자세히 감상하고 있다. 제목으로 내건 〈데셰앙스〉는 실총(失寵)이라는 뜻인데, 모자를 쓴 부인의 반신상(半身像)을 그린 이 작품에 대해 저자는 한마디로 "이상한 그림"이라 평가하며 다음과 같이 길게 서술하고 있다.

> 휘갈긴 듯한 독특한 터치, 부인의 눈동자 같은 데는 물감덩어리를 이겨 발랐을 뿐 아닌가. 그런데도 그 눈길은 아련한 두려움과 슬픔을 담고 있어 무언가 긴 이야기를 걸어온다.
>
> 어째서 이렇게 강렬한데도 이렇듯 고요한 것인가? … 지금까지 나는 쑤띤 특유의 일그러진 포름은 그의 미칠 듯이 날뛰는 격정에서 온 것이라고 단순하게 생각했는데, 어쩌면 그것이 그의 눈에 하나 가득 고여있는 눈물 탓인지도 모른다.[1]

이후 저자는 미국 워싱턴의 내셔널 갤러리에서 모딜리아니가 그린 쑤띤의 초상화를 보았는데, 그것은 아비뇽 이래로 저자가 품고 있었던 쑤띤의 이미지와는 다소 다른 것이었다고 한다. 카탈로그에 소개된 바대로라면 '예술가답게 가는 손목, 끝이 뾰족한 손가락에 걸맞지 않게 뭉툭한 콧날과 촌스럽고 불균형한 얼굴 생김새가 풍기는 무골호인의 농민 같은 그의 기묘하게 분열된 풍모를, 모딜리아니는 멋지게 포착해냈다.'라는데 동의해야 되겠지만, 저자는 "내가 보기에는 어딘지 모르게 19세기의 테러리스트 같은, 말하자면 확신범 같은 면모로 보이는 것이다. 어느 편이든 간에 좀처럼 눈물 따위를 찔끔거릴 것 같지는 않다."라며, 오히려 그 반대의 감상을 털어놓고 있기 때문이다.

이런 식으로 이 책은 저자에게 깊은 인상을 준 미술작품들을 대상으로 떠오른 상념들을 자유롭게 엮어내고 있다. 책제목대로라면 '서양미술 감상의 길잡이'처럼 느껴질 수도 있고 그래서 미술작품에 대한 해박한 지식이나 배경설명을 기대할 수도 있겠지만, 이 책은 그러한 교과서적 해설방식에서는 철저히 벗어나 있다. 오히려 미술작품을 실마리로 치열한 사색과 독특한 체험을 기록하고 있다는 점에서 유럽여행의 추억을 깨알같이 담은 일기장을 보는 느낌이 훨씬 강하다.

....

1) 서경식, 『나의 서양미술 순례』, 박이엽 옮김(창작과비평사, 2002), 47-48쪽.

논평하는 글쓰기 스타일을 익혀두자

논평 작업이란 일정한 평가 기준에 맞춰 대상자료가 얻은 성과의 긍정적/부정적인 측면, 의의와 한계, 장점과 단점, 특징적 지점에 대한 호오(好惡) 등을 설득력 있게 개진하는 것이다. 저자의 견해와 나의 생각을 비교하되, 저자의 생각 중에서 내 글의 주장을 뒷받침할 수 있는 대목, 내 글의 주장과 상충하는 부분을 구분해서 읽으면 중요한 쟁점에 대한 나의 생각을 계속 발전시킬 수 있으며, 독서과정에서 공부의 성취감과 글쓰기의 자신감을 얻을 수 있을 것이다. 완벽한 글이 없다는 말에 자신감을 갖되, 구체적인 논평의 지점들을 찾고 그에 대한 근거를 제시하는 식으로 설득력 있게 자신의 입장과 논리를 펼치는 글쓰기 연습을 해보자.

또한, 논평의 근거를 제대로 제시하는 것만큼이나 중요한 것은 나의 의견임을 명확하게 밝힐 수 있는 글쓰기 표현이다. 논평하는 글쓰기의 스타일을 잘 살펴두면 서평 작업에서 자신의 의견을 명백하게 표명하는 글쓰기가 수월하게 이루어질 수 있다. 다음의 〈예시〉를 살펴보고, 어떤 식으로 자신의 의견을 표현하고 있는지 흔히 동원되는 논평하는 글쓰기의 스타일을 익혀두기로 하자.

예시 4

"볼보가 튼튼하다는 명성을 갖게 된 것은 실제로 자동차를 튼튼하게 만들었기 때문만은 아니다. 여러 가지 기발한 발상을 통하여 소비자로 하여금 튼튼한 자동차라고 '생각하게 만든 것'이다."

"미국 소화물 우편의 선도 기업이었던 UPS는 정확한 시간에 수거하고 더 빨리 배달하는데 총력을 기울였다. 그러나 여전히 고객들은 경쟁사인 페덱스를 더 찾았다. 고객이 원하는 것은 교류였기 때문이다. 덜 서두르고 덜 사무적이어도 몇 마디라도 주고받으며 포장 등에 관해 도움말을 해 줄 때 고객은 더 만족했다."

성공한 상품에는 '보이지 않는 뿌리'가 있다. 저자 홍성태 교수(한양대 경영학과)는 마케팅 전략이란 "고객의 욕구를 좀더 잘 충족시킬 수 있도록 자사 브랜드의 상대적인 강점을 이용하여 적극적으로 경쟁사와 차별화하고자 노력하는 것"이라고 정의한다. 마케팅 전략은 모방할 수 없기 때문에 마케팅 성공의 열쇠는 창의성과 융통성이라고 저자는 강조한다.

저자는 마케팅 전략의 관점을 세 부분으로 나누어 설명한다. 첫째, 자사의 강점을 중심으로 한 기업 중심적 전략. 둘째, 철저하게 고객을 의식하는 고객 지향적 전략. 셋째, 경쟁사와의 전쟁을 준비하는 경쟁 의식적 전략. 실제로는 판매 증대를 위한 전술적 아이디어를 제시하고 수립된 전략의 집행 과정과 실행에 따른 어려움을 점검한다.

구체적인 사례들을 선명한 화보와 함께 제공하는 것은 이 책의 또 다른 미덕이다. 1980년대 말 경영과 마케팅 전략의 혁신을 통해 LG전자로 변신한 금성사, 상품의 변화가 아니라 광고전략의 변화로 기사회생한 오리온 초코파이, 수많은 도전을 받으며 100년 이상 선두 기업의 자리를 방어하고 있는 코카콜라 등, 저자는 판매 현장에서 응용할 수 있는 전략들을 소개하고 관련 사례를 심도 있게 검토하고 있다.

▣ 독서 작업에서 기본기를 키워보자

서평을 쓸 때에는 그 책의 해설이나 이미 나와 있는 서평 등을 참고로 해도 좋지만 자신의 생각을 갖추기 전에 기성(旣成)의 비평에 지나치게 의존하는 것은 바람직하지 않다. 자신의 논평 작업을 솔직하고도 자신있게 펼칠 수 있도록 모범 답안 같은 내용, 서평적인 문체나 형식에 구애받지 말고 보다 효율적인 서평의 틀과 문체를 생각해보기 바란다.

이를 위해 중요하거나 필요한 사항은 독서 메모를 작성하고, 메모한 것을 다시 검토해보자. 나의 관심사에 대한 저자의 견해, 저자의 견해에 대한 나의 생각이나 의문점, 내 글의 주제와 직결되는 중요한 인용문 등은 그때그때 메모해두는 것이 좋다. 그렇게 작성된 독서 노트는 글을 구상하는 과정에서 밑거름이 될 수 있다. 독서과정에서 기록해둔 것을 다시 한 번 검토해보면 글의 얼개를 잡기가 훨씬 수월해질 것이다.

그래서 앞서 살핀 독서 브리핑 작업이나 독서일기 작업에서 필요한 부분에 대한 메모 작업을 권장했던 것이다. 이러한 준비 작업이 되어있으면, 논평의 근거를 제시하기가 훨씬 수월할 것이다. 이러한 기초 작업을 토대로, 평가 작업을 서술할 때 대상자료의 어느 부분이 해당되는지 평가 작업의 근거로 볼 수 있는 부분을 구체적으로 제시하면 설득력을 높일 수 있을 것이다.

3. 목차 작업으로 효율성 높이기

▣ 서평의 글짜기에서 핵심을 잡으려면

5장 이상의 분량으로 써야 하는 서평 작업의 경우에는 글의 흐름을 정리하여 목차 작업을 해두면 효율성이 높아지게 된다. 대부분의 경우 서평의 글짜기에 대해 다음과 같은 사항을 담으려는 경향이 있다.

도입 부분에서는 대상작품이 나오게 된 배경을 소개하고, 대상작품이 문제 삼은 점에 대한 요약, 대상작품을 평가하는 기준을 제시한다. 본론 부분에서는 대상작품의 저자와 발표 시기 및 배경 소개, 대상작품의 구성과 내용 요약, 저자의 입장과 논리를 파악한다. 기존의 다른 작품들과 비교하여 차이를 살펴보는 작업을 추가한다. 저자가 해당 분야에 이룬 성과에 대한 가치 판단을 해본다. 종결부에서는 성과와 의의, 전망 및 한계 등 총괄적인 평가 작업을 하고, 가장 인상적인 부분을 환기하면서 글을 마무리한다.

그런데 이렇게 정리한 사항은 앞서 살핀 논평의 작업을 충분히 반영하여 효율적으로 서평 작업을 수행하기에는 어색한 부분들이 많다. 대체적으로 사람들이 서평 작업에서 기대하는 사항들을 나열해서 주먹구구식으로 틀짜기를 해놓은 듯한 인상이 크기 때문이다. 실제 이러한 구성으로 서평 작업을 진행하면 우리가 앞서 정리해놓은 여러 중요한 지점들을 효율적으로 담아놓을 수 없다는 것을 금세 알게 될 것이다.

따라서 서평 작업의 목차 작성을 제대로 하려면 서평이라는 글쓰기 형식이 가진 핵심적 특징이 목차의 중심에 나올 수 있게 신경 쓰는 것이 우선되어야 한다. 대상자료를 평가하는 기준과 입장을 마련하는 것이 필요하고, 이렇게 마련된 평가기준과 입장에 대해서 설명하는 부분이 글에서도 제시되어야 한다. 이어지는 〈예시〉는 이러한 취지로 목차를 만들어가는 작업을 단계적으로 보인 것이다.

우선, 논평 작업의 방향을 설정하고 이를 토대로 평가기준을 마련해보자.

예시 1

	논평 작업의 방향	평가 기준
1	글이 아닌 그림으로 과장되게 표현하여 동물학대에 대한 심각성을 더욱 강조할 수 있다는 점과, 사람들이 쉽게 접하고 많이 소비하는 장르라는 점에서 접근성이 좋다고 판단된다.	웹 툰이라는 장르의 영향력
2	동물 학대에 대한 다양한 사례들을 보여주고 있으며, 흙수저 논쟁이 연상되는 주인공의 꿈을 통해 한국사회의 불평등한 모습을 언급해주고 있다.	한 편에 담긴 주제의 다양성
3	개순이의 시점과 사람의 시점을 설정하여 이야기를 풀어가고 있어, 동물과 사람의 입장을 모두 이해하고 공감할 수 있다는 점에서는 좋았다. 하지만, 마지막 결론 부분에서는 다소 억지스러운 느낌이 들었고 문제의식이 약화되었다고 생각한다. 사람의 시점에서 보면 개순이가 자신을 구해준 피자가게에서 일하게 된 것이 다행이라 여겨지겠지만, 개의 시점에서도 과연 진정한 해피엔딩일 수 있는가에 대한 아쉬움이 남았기 때문이다.	시점 설정의 다양성

다음으로, 목차 작성의 규칙에 따라 목차 작업을 완성해보자.

예시 2

뻔하지만 뻔하지 않게 그려낸, 동물학대의 실상과 한국사회 불평등의 이중주
-〈복학왕-개순이 편〉을 보고-

Ⅰ. 서론
Ⅱ. 웹 툰이라는 장르의 영향력
  1. 그림을 통해 표현하는 장면의 '과장성'
  2. 사람들이 쉽게 접할 수 있는 '접근성'
Ⅲ. 이중적 주제의 표출
  1. 개순이의 고난을 통해 드러난 동물학대의 실상
    (1) 개고기 유통과 개장수의 폭력
    (2) 애완동물 방치와 무관심
  2. 주인공의 꿈을 통해 나타난 한국사회의 불평등
Ⅳ. 시점 설정의 다양성
  1. 다양한 시점에 의한 수월한 이해와 공감
  2. 시점 변화로 빚어지는 몰입도 하락
Ⅴ. 결론

  참고문헌

서평 작업에 어울리는 목차 만들기

서평 작업은 글의 분량이 2장 이상으로 많아지게 되는 경우가 많다. 주제가 보다 심화되기도 하고, 논평 작업에서 담고 싶은 내용이 다양해지기도 한다. 따라서 효율성을 높이려면 다음과 같이 다루고자 하는 내용을 짜임새 있게 정리해두는 작업이 필요하다.

우선, 논평하고 싶은 부분을 중심으로 논평의 방향을 잡는 것이 필요하다. 다른 말로 하면, 대상자료의 평가 기준과 입장을 마련하는 작업을 우선적으로 해두는 것이다. 주제와 관련하여 다양한 생각들을 담는 것도 중요하겠지만, 서평 작업의 효율성을 위해서는 대상자료에 대한 자신의 입장을 평가적 관점에서 정리해두는 것이 선행되어야 하기 때문이다. 이 과정에서 글쓴이는 주제를 나타내기 위한 논점을 몇 가지로 선택하여 제한하게 된다.

예시 3

기본 내용	논평하고 싶은 내용 메모	논평의 방향
'서로의 말을 귀 기울여 듣자'는 교훈을 담은 그림책으로, 줄거리는 다음과 같다. 서로의 말을 잘 듣지 않아 생긴 낱개의 말들이 모여 소리괴물이 만들어졌다. 사람들은 이 괴물이 왜 만들어졌는지 알 수 없었다.	• 자아 중심적으로 사고하는 아이들은 다른 사람의 관점을 쉽게 이해하지 못한다. 자연스레 타인의 말을 귀담아 들으려 하지 않으려 하고, 사회성 발달에도 영향을 미친다. 이런 특성을 가진 아이들에게 적절한 교훈을 가진 동화책인가를 살펴보고 싶다.	• 유아기의 발달특성과 관련 짓기
괴물은 사회를 혼란스럽게 만들었고 사람들은 고통스러워 했다. 이런 상황 속에서 사람들은 조금씩 서로의 말을 귀 기울여 듣게 되었고 남겨진 말들이 점점 없어지자 괴물 또한 없어졌다.	• '괴물'의 몸체를 남겨진 말로 구성함으로써 아이들이 괴물을 이해하기 쉽게 표현하였다. 아이들이 쉽게 생각할 수 없는 토론하는 장면이나 실험실에서의 장면도 삽화로 친절히 설명된 편이다.	• 그림책의 삽화가 적절한지 살피기

다음으로, 논평의 방향에 맞게 구체적인 논점을 잡아보고, 구체적인 항목을 설정하여 세분화하는 작업이 필요하다. 논평의 방향이 정해졌으면, 대상자료의 내용을 세부적으로 연결시켜 구체적인 사항들을 서술할 수 있게 준비를 하여야 한다. 그래야 논점과 관련한 구체적인 항목들을 설정하여 구체적으로 글쓰기를 할 수 있게 되기 때문이다.

예시 4

논평의 방향 잡기	목차로 세분화시켜보기	
• 유아기의 발달특성과 관련 짓기	Ⅱ. 내용의 측면 1. 이해도의 적합성 2. 유아기 발달과정과 교훈의 연관성	Ⅳ. 그림책으로서의 가치 → (종합 평가)
• 그림책의 삽화가 적절한지 살피기	Ⅲ. 삽화의 측면 1. '괴물'의 묘사방식 2. 이해를 돕는 삽화의 적절성	

이상의 작업을 토대로 서평의 목차를 정리하면 다음과 같다.

예시 5

목 차

Ⅰ. 서론
Ⅱ. 내용의 측면
　1. 이해도의 적합성
　2. 유아기 발달과정과 교훈의 연관성
Ⅲ. 삽화의 측면
　1. '괴물'의 묘사방식
　2. 이해를 돕는 삽화의 적절성
Ⅳ. 그림책으로서의 가치
Ⅴ. 결론

참고문헌

1 연습해볼까요?

자신이 읽은 책을 대상작품으로 선택하여 작성된 서평을 찾아보자. 그리고 다음과 같은 질문에 맞게 검토하고, 자유롭게 결과를 정리해보자.

대상작품의 서지사항		
서평의 출처		
검토할 사항		결과 정리
1	대상자료의 내용파악을 제대로 하고 있는가?	
2	대상자료의 평가기준과 입장을 제시하고 있는가?	
3	글쓰기 차원에서 설득력 있게 서술하고 있는가?	
4	제목은 적절한가?	

3부

신문비평 글쓰기의 세계와 기본기 확장

3부에서는 신문 읽기 연습을 강조하는 취지에서 신문비평 글쓰기의 세계를 들여다보는 시간을 갖고자 한다. 대학생에게 매일의 신문 읽기를 강조하고 습관화할 것을 권장하는 이유는 제대로 된 신문 읽기 작업을 통해 우리 삶에 대한 시야를 넓히고 세상을 보는 눈을 냉철하게 키울 수 있기 때문이다. 이를 위해 신문이라는 매체가 어떻게 구성되고 어떻게 활용될 수 있는지 소박하지만 다양한 방법을 제안하고자 한다. 신문 읽기를 통해 다양한 뉴스를 접하며 우리는 또 다른 차원의 지식과 정보를 얻게 될 것이다.

신문 매체의 특성을 주목하고 다양하게 읽기 연습을 강조하는 3부의 내용은 2부에서 다룬 다양한 독서 작업과 전혀 동떨어진 것이 아니다. 오히려 신문 읽기 작업을 제대로 해주게 되면 독서의 개념이나 영역이 좀 더 개방적으로 확장되어, 평면적이고 제한적이게 되기 쉬운 독서 작업이 역동적으로 이루어질 수 있는 가능성이 열리게 된다. 특히 매일매일의 신문 읽기를 통해 다양한 방면의 지식이나 정보를 얻을 수 있고, 자신의 전공분야에서 얻은 학문적 지식이 현실세계와 연결되는 지점도 보다 구체적으로 확인할 수 있게 될 것이다.

하지만 양적 차원에서만 지식과 정보를 축적하려 한다면 고여 있는 물처럼 세상에 나가 쓰임을 얻기가 쉽지 않을 것이다. 나라는 사람의 가치관과 취향과 문제의식을 반영하면 우리 삶과 세상과 미래를 향해 정진할 수 있는 역동적인 시간이 될 수 있지 않을까? 오늘날 넘쳐나는 지식과 정보가 적재적소에 필요한 나만의 지식과 정보가 되려면, 시험이나 과제 평가의 차원으로 끝나버리지 않게 우리 스스로 지식과 정보를 재생산하고 능동적으로 활용할 수 있는 경험과 능력이 무엇보다 중요할 것이다.

1장

신문비평 글쓰기의 세계를 주목하는 이유

1. 대학생과 신문읽기의 관계

오늘날처럼 기술 문명의 급격한 변화와 다양한 가치관이 공존하는 가운데 정보화, 개방화, 세계화를 요구한 시대는 역사상 없었다. 과거의 획일적 수업 방식과 옛 것을 답습하는 고정관념의 수준으로는 매일매일 순간적으로 급변하는 현실에 대비할 수 없음은 자명한 일이다. 창의성과 다양성을 요구하는 지식 기반 사회에서 다양한 능력의 개발과 창의력의 신장은 절대적으로 필요하다.

그렇다면 우리의 현실은 어떨까? <예시>의 글쓴이들은 신문 읽기 활동을 어떻게 진행하고 있는지 살펴보고, 우리도 신문 읽기 활동을 진행한 후 소감을 나눠보자.

예시 1 오늘의 신문 읽기에서 내가 얻은 것은?

1	오늘은 '호의에 가려진 권리 … 소년보호재판의 현실'이라는 기사가 눈에 띄었다. 장애를 가지고 있는 만 13세 학생이 범죄 혐의로 가정법원 법정에 서서 판정을 받았지만, 수사 중 장애아동의 특성이 전혀 고려되지 않아 아동의 방어권이 박탈되었다는 내용이었다. 법정은 아동의 특수성에 입각한 배려를 제공하지 않았고, 그 소년은 재판이 끝났음에도 사이렌 소리만 들려도 두려움에 떨며 트라우마가 생기게 되었다고 한다. 이러한 기사를 읽으며 사법 절차가 아동의 존엄성과 가치를 증진하는 방향으로 개선되고 있는지 궁금해졌다. 우리 현실에서 장애아동 인권의 공백을 채우는 구체적인 방안이 제시되어야 할 것 같다.
2	인문학의 중요성을 주제로 한 기사를 읽었는데, 〈배반 인문학〉이라는 책을 소개하면서 나이 드는 게 두렵고 외모 강박 사회에 지친 사람들을 위한 해법을 설명해주고 있었다. 미디어는 우울하고 초라하게 늙어가는 노인 아니면 탄탄한 경제력으로 멋지게 늙어가는 노인으로 양분하여, 전자는 나이 듦을 두려움으로 후자는 이상적인 것으로 그리고 있다고 한다. 인문학의 중요성을 깊이 생각해본 적은 없었는데, 인간답게 살아가는 방법을 제시해주는 것이 바로 인문학이라는 깨달음을 얻게 된 기사였다. 또한 기사를 통해 '배반 인문학'이라는 새로운 용어에 대해서도 알 수 있어서 이 책도 읽어보고 싶어졌다.
3	고객과 지점을 연결하는 은행 콜센터 상담원들은 업무 특성상 지점에 계속 전화연결을 해야 하는데, 이 과정에서 지점 직원들의 폭언과 무시에 시달리고 있다는 보도 기사를 읽었다. 나도 서비스직에서 아르바이트를 하고 있어서 절로 관심이 생겼는데, 이 기사를 통해 은행에 전화하면 받는 쪽은 하청 쪽 직원이라는 것을 알게 되었다. 실제 은행에 방문하면 전화하고 있는 은행원들은 없었던 것을 생각하니 퍼즐이 맞춰지는 듯했다. 언제까지나 두고만 볼 순 없는 문제이기에 안전장치를 마련하는 등 상생하는 방안의 모색이 필요하지 않을까 생각한다.

신문 읽기의 교육적 가치

신문 매체를 활용하여 교육적으로 효과 있게 사용하는 프로그램이 바로 NIE다. NIE란 "Newspaper In Education"의 약자로 '신문을 활용한 살아 있는 교육 프로그램'을 뜻한다. NIE 교육에서는 현실 생활과 관련된 자료를 제시하여 학생들의 관심과 사고력을 높여, 능동적인 시민으로 키우는 데 직접 관여하게 된다는 점을 강조한다.

NIE에서는 신문 매체의 교육적 가치를 이렇게 설명한다. 신문을 읽음으로써 언어능력이 향상되고 학생들의 비평능력이 계발된다. 학생들이 일생동안 반복해 사용할 수 있는 실용적인 어휘들을 담고 있으며, 독자에게 글쓰기를 가르쳐주는 완벽한 모델이다. 신문은 지금 일어나고 있는 일을 다루므로 읽고 쓰고 토론하는 활동에 대한 동기를 유발한다. 최신의 정보뿐만 아니라, 사회적으로 이슈화된 정보를 얻을 수 있고 여러 사람들의 의견과 다양한 사고방식을 알 수 있기 때문에 신문 자체가 훌륭한 교재의 역할을 하는 셈이다.

예시 2 **오늘의 신문 읽기에서 주목할 만한 것들**

1	코로나 19로 인해 외식보다는 내식, 배달음식을 많이 먹게 되는 것이 현실이다. 오늘 읽은 기사는 독과점 배달 플랫폼 기업에 맞서 지방자치단체가 야심차게 출시한 공공 배달 앱이 지역상인들 사이에서도 환대 받지 못한다는 내용이다. 배달 전문 가게에서 일했을 때 환청이 들릴 정도로 계속 들리는 소리가 있다. '배달의 민족 주문'소리인데, 실제로 공공 배달 앱을 이용한 주문은 일주일에 한두 건에 그쳤다. 소비자들이 공공 배달 앱을 이용하지 않는 이유는 접근성이 좋지 않고 굳이 바꿀 필요성을 못 느꼈기 때문이라고 생각한다. 이를 개선하기 위해서는 공공 배달 앱만의 장점을 부각하고, 획기적인 서비스나 이벤트의 마련, 취급 가게 수 확대 등의 해결책이 있을 것이다.
2	코로나로 인해 우울증 점수가 높아지면서 자살 위험도별 맞춤형 지원 대책을 마련했다는 내용의 기사를 읽었다. 자살 시도자 정보를 본인 동의 없이 우선 자살예방센터로 연계하고 추후 본인이 삭제, 파기할 수 있도록 자살예방법 개정도 추진한다고 한다. 코로나 블루는 취업을 하지 못한 청년들에게도 해당된다. 원래부터 취업하기가 바늘구멍 같았지만, 코로나로 인해 그 구멍도 사라질 위기에 처해있다. 자살예방센터도 좋은 방법이지만, 현재 코로나로 인해 취업이 많이 힘들어진 청년들을 위해 일자리 대책도 필요하다고 생각한다.

신문은 현재 일어난 일의 역사를 담는다. 요즘 가장 이슈가 되고 있는 것이 무엇인지를 가장 효율적으로 알려주는 매체이기도 하다. 신문은 우리 주변에

서 일어나는 사건은 물론 해외에서 벌어지고 있는 일들까지 매일매일 기록하고 전달해준다. 그런 의미에서 신문은 교실 내부의 교과서적 세계와 교실 외부의 현실세계의 틈을 메워주는 중요한 역할을 하게 된다.

예시 3 **신문을 읽으면서 요즘 이슈를 확인하다**

1	요즘 가장 이슈가 되고 있는 '노동자 괴롭힘 사망'에 대한 기사를 읽었다. 과로와 직장 내 괴롭힘에 시달리던 노동자가 극단적인 선택을 한 것 때문에 고용노동부가 네이버에 대해 특별근로감독을 실시한다고 한다. 직장 내에서 우월한 지위를 이용해 노동자들에게 부당한 대우를 하는 등 사회적으로 물의를 일으킨 사업장에 대해서 예외 없이 특별감독을 한다는 원칙에 따른 것이라고 밝혔다. 지속 가능한 기업을 위해 조직문화 혁신은 필요하다. 근로자가 기업에 스트레스를 받지 않고 일한다면 업무에 탄력을 줄 수 있을 것이다. 근로자가 바라는 조직문화 혁신이 무엇일지 고민을 해보고 그에 맞춰 근로자와 기업 간 균형을 맞춰 개편해야 한다고 생각한다. 조직문화 개편의 긍정적인 사례를 보고 깨달음을 얻으며 조직문화를 개선하는 척만 하지 않는 기업을 만들어나가길 희망한다.
2	오늘은 평소에 궁금했던 미얀마 상황에 대한 기사를 찾아보았는데, 미얀마 쿠데타 군과 시민이 대치하는 상황이 장기화되는 가운데 내전의 조짐이 보인다고 한다. 2월부터 이어져 온 대치 상황이 나아지기는커녕 악화되고 있으니 걱정스러울 따름이다. 목숨을 걸고서라도 반드시 쿠데타 군에 맞서야 한다고 생각한다. 미얀마는 민주 정부가 들어선 지 5년 만에 다시 군부 독재 체제로 돌아가게 될 상황에 놓였기 때문이다.
3	정부는 일본 자위대가 최근 공개한 홍보 동영상에 독도를 다케시마로 표기한 것에 항의했다고 밝혔다. 외교부 당국자는 독도는 역사적, 지리적, 국제법적으로 명백한 우리 고유의 영토라며 일본이 독도를 자기 영토라고 주장한 것에 대해 반박하였다. 독도가 우리 땅인 것은 백 번, 천 번 맞는 말이다. 일본의 터무니없는 주장으로 세계 여론이 왜곡된 방향으로 가지 않길 바랄 뿐이다. 일본이 이러한 증거를 알아야 할 텐데, 모르고 있는 건지 알면서도 모르는 척하는 건지 화만 날 뿐이다. 일본 초등학교 사회 교과서에는 독도를 한국이 불법 점령하고 있다고 기술하였다는데, 이렇게 배운 학생들을 대응하려면 독도가 우리 땅인 근거를 명확하게 설명할 수 있는 지식과 능력이 우리 대학생에게도 필요하다.

신문은 듣는 매체가 아니라 보고 읽는 매체이다. 신문은 문자 해독을 전제로 하기 때문에 일정 수준의 학습 내지 교육을 필요로 한다. 최신의 정보를 담

고 있는 사회교과서이자 우리들이 일생동안 꾸준히 읽어나갈 유일한 교과서라는 식으로 표현하기도 한다. 이렇게 신문 매체의 교육적 가치에 대한 주목이 큰 만큼 대학시절 신문 읽기를 어떻게 할 것인가를 고민하고 구체적인 방법을 실천하는 것이 필요하다.

2. 뉴스 가치와 세상을 보는 눈

2-1 시의성과 근접성에 대하여

▣ 시의성

시의성(時宜性)이란, 그 당시의 상황이나 시대배경, 또는 사회의 요구에 적절하게 맞아 떨어지는 것을 의미한다. 시의적절하다는 표현처럼 때를 잘 맞춘 상황을 떠올리면 될 것이다. 시의성은 뉴스의 상대적인 가치를 평가하는 데 유용한 기준이 된다. 즉 여타의 조건들이 같다면, 보다 최근에 일어난 뉴스가 더 중요한 것으로 대접받게 되는 것이다. 특히 오늘날과 같이 사회의 변화가 급속도로 진행될 때는 시의성이 더욱 중요한 뉴스 가치가 된다.

시의성을 판단할 때는 '사건이 발생한 시점'뿐만 아니라 '그 사건이 밝혀진 시점'도 고려해야 한다. 최근에 일어난 사건이 아니더라도 그것을 기사화하는 어떤 시점과 맞아 떨어질 때 뉴스가 되는 것이다. 이처럼 내용과 그것을 인쇄하는 시점이 알맞은 것을 '적시성', '시의성'이라고 한다. 가장 흔하게는 오랜 가뭄 끝에 비가 내린 소식이나 장마철이나 해빙기에 일어나는 축대 붕괴사고 소식, 추석 연휴 귀성길의 교통사고 관련 보도들이 평상시에 비해 훨씬 비중 있게 다뤄지는 이유는 모두 시의성이라는 시간적 요소 때문이다.

예시 1 **최신 뉴스가 중요한 이유를 말하라면?**

1	시대가 맞고 때가 맞아야 한다는 말이 있다. 시기적절하게 중요한 내용을 알려주는 것이 중요하다. 때를 놓치고 나서 알려주는 정보는 무의미하다.
2	우리는 모두 '현재'를 살아가기 때문이다. 뉴스라는 단어에 맞게 뉴스는 항상 새 것이어야 한다.
3	사람들의 관심사와 경향이 매우 빠르게 바뀌어가는 만큼 뉴스 보도 역시 시간적 근접성이 중요하다. 다만 평범한 정보를 빠르게 알려주는 것보다는 중요한 정보들을 먼저 제공하는 것이 낫다.

근접성

근접성은 사건의 발생장소가 뉴스 수용자에게 얼마나 가까운지를 묻는 것으로, 다른 조건이 동일하다면 먼 곳에서 일어난 것보다 가까운 곳에서 일어난 뉴스를 더 중요하다고 느끼게 되는 것을 의미한다. 이를 공간적 근접성이라고 세분화하기도 하는데, 물리적 거리를 기준으로 하여 뉴스에 대한 체감지수가 달라지는 특성을 주목한 것이다.

그런데, 근접성과 관련하여 공간적 차원에서 느끼는 물리적 거리감 등은 오늘날 의미가 많이 퇴색되어, 공간적 근접성의 비중은 크게 줄었다고 한다. 오늘날에는 수송의 속도 증가와 뉴스의 보급 범위 확대, 무엇보다 매체가 다양하고 신속해지면서 공간적 거리의 한계가 크지 않게 되었기 때문이다.

오히려 독자의 생활에 어떤 의미를 갖는 사건은 그것이 어디에서 발생했든 뉴스 가치가 큰 것으로 받아들여지게 된다. 공간적 거리는 멀다 하더라도 어떤 특정한 개인에게는 가깝게 느껴지는 기사들이 있게 마련이다. 여행을 다녀온 지역에 대한 기사가 나면 그 기사에 대한 관심이 커져서 더 자세히 읽는 것처럼 말이다. 독자가 그 사건의 현장을 상상할 수 있거나 관련 인물을 개인적으로 알고 있을 경우 그 사건을 독자 자신이 바로 그 현장에서 관찰하는 것처럼 생생하게 느낄 수도 있게 된다.

개인적인 경험이나 연결고리가 있게 되면 공간적 거리를 초월하여 관심을 갖게 되고, 뉴스에 대한 관심도 자신에게 가까운 것일수록 더욱 커진다고 한다. 이렇게 독자에게 자기관여도self-involvement를 주는 것일수록 중요하게 느껴지는 뉴스 가치를 심리적 근접성이라고 한다. 자신의 직업, 자신의 건강, 재산, 가족, 업무 등에 관한 일이라면 그만큼 관심도가 높아지면서 심리적 근접성이 작용하게 되는 것이다.

앞서 살핀 시의성은 시간적 측면에서 지금 현재와 근접해있는 것을 의미하기도 하므로, 시간적 근접성이라 볼 수 있다.

예시 2 **나와 관계없는 기사에도 관심을 갖게 될까?**

1	인간은 먼 곳보다는 가까운 것을 챙기는 속성이 강하다. 내 주변에서 그 사건이 일어났다면 큰 관심을 보이겠지만, 나와 상관이 없다고 생각하면 절로 무관심해지게 된다. 이기적인 존재라서 그런 것일까? 자기 자신에 관한 일이 최우선으로 중요하다고 생각한다.
2	외국에서 일어난 테러 사건을 우리가 주의 깊게 보지 않는 이유는 나와 관계없는 일이라 생각하기 때문이다. 만약 외국에 일어난 사건이 우리와 어떤 식으로든 연결고리가 있다면, 조금은 관심을 갖게 되지 않을까? 그런데, 지구촌 사회라는 말도 있는데, 내가 관심을 갖는 것이 우선되어야 하지 않을까?

2-2 저명성과 영향성에 대하여

저명성

저명성(著名性)이란 세상에 널리 이름이 알려져 있는 특성을 말하는데, 뉴스의 가치를 따질 때 기사의 주인공이 인지도의 측면에서 어떠한 인물인지를 주목하는 것이다. 뉴스 가치의 관점에서 '평범한 사람'에 대한 것보다는 '알려진 사람'에 대한 뉴스가 독자의 관심을 더 모은다는 측면을 반영한 것이다.

저명성의 요건을 갖춘다는 것은 지위적 측면뿐만 아니라 가치적 측면이나 과거 행적 등 다양한 방면에서 인지도를 얻는 것을 말한다. 지위가 높거나 권력이 있고 영향력이 강한 공공기관 책임자의 동정은 뉴스 가치가 높다. 이런 인물들이 어떤 문제에 관해 언급했다면 독자들은 그 내용을 믿고 받아들이며 좀 더 구체적인 것을 알고 싶어 하는데, 그들이 그 문제에 관해서 영향력을 발휘하고 그것을 실현시킬 가능성이 있는 지위에 있기 때문이다.

중요한 인물의 업적이나 지위에 대한 관심은 그들의 사생활까지 파고 들어가게 되며 독자는 그들의 행적뿐만 아니라 그들이 좋아하는 음식이나 패션, 여가활동 등에까지 흥미를 갖게 된다고 한다. 훌륭한 일을 해낸 사람이나 경이적인 모험을 감행했던 사람은 대중에게 공상적 흥미까지도 일으켜 준다고도 하는데, 그들의 매혹적이고 모험에 찬 행동이 일상생활의 단조로움으로부터 '경험상의 도피'를 허용해주기 때문이라고 풀이하고 있다.

인물의 저명성과 마찬가지로 장소의 저명성도 많은 경우에 뉴스 가치를 판단하는 데 작용을 한다. 유명한 장소에서 일어난 사건은 비록 작은 것이라 할지라도 훨씬 더 중요하고 흥미롭게 느껴진다. 사람들의 관심을 모으는 것은 이렇게 널리 알려진 인물, 장소, 사물 및 상황 등으로 다양해질 수 있는데, 지리적으로 가까운 곳에 있는 대상일수록 저명성의 밀도가 높아지게 된다고 한다.

예시 1 유명인의 기사를 접한다는 것은?

1	우리는 자기가 직접 알고 있는 인물, 장소, 상황에 대해 매우 큰 관심을 보인다. 유명한 사람들이 무언가를 하면 많은 시선과 관심을 한 몸에 받게 되는 일은 당연하다.
2	과거에는 뉴스의 장벽이 높았기 때문에 이를 알리는 사람의 인지도나 명성이 중요했겠지만, 최근 들어 쌍방향의 정보 소통이 늘어나고 있기 때문에 저명성이 이전만큼 중요한 것 같지는 않다.
3	유명한 사람인가 아닌가에 따라 뉴스의 중요도가 달라지는 것이 심리적으로는 이해가 되나, 그것이 중요한 원칙이 되어서는 안 된다고 생각한다. 모든 사건은 대등하게 다뤄질 필요가 있지 않을까?

영향성

어떤 사건이 많은 사람들의 생활에 직접적인 영향을 끼치거나 끼칠 가능성이 있다면 그 사건은 분명히 뉴스로서의 가치가 크다. 영향성이 크다는 말은 의의가 있다는 말, 또는 중요하다는 말로도 바꿀 수 있다.

이 영향성의 '크기'는 한 사건이 영향을 미치는 범위와 주의를 끌고 자극하는 위력, 지역사회의 관련성 등에 의해 결정된다고 한다. 예를 들어, 대통령 선거와 서울시장 선거에 관한 두 개의 뉴스가 있다고 하자. 전자는 국민 전체의 생활에 영향을 주는 사항이며, 후자는 주로 서울 시민에게만 영향을 주는 것으로 볼 수 있다. 따라서 전자가 영향을 미치는 범위가 훨씬 넓기 때문에 뉴스 가치가 높게 평가된다.

하나의 사건이 그 자체로는 개인의 문제일지라도 그것이 널리 수용자 전반의 이해와 관심의 대상이 되는 보편적인 문제성을 지니고 있는 경우에는 그 중요도가 높아진다. 이 보편성 내지 대중성은 그 기사의 영향성을 그만큼 높여 줄 잠재적인 가능성을 가지고 있기 때문이다.

뉴스 가치가 앞서 말한 공간적 근접성에 의해서만 평가된다면 우리의 신문과 방송은 국내기사로만 채워져야 할 것이다. 그러나 실제로 국제뉴스도 많이 다뤄지는 이유는 그것들이 미디어 수용자들의 생활에 상당한 영향을 줄 수 있는 기사들이기 때문이다.

예시 2 뉴스의 영향력이란?

1	기사에 담긴 내용이 얼마나 많은 사람에게, 얼마나 큰 영향을 끼치는가에 따라 뉴스 가치가 달라진다. 모 여고의 시험지 유출 사건으로 많은 사람이 충격을 받았으며, 교육부는 이에 대응해 '상피제도' 도입을 결정했다고 한다. 이처럼 어떤 사건으로 영향력의 범위가 파격적으로 확대되어 사회제도적인 차원의 변화까지 이루어지게 한다.
2	뉴스는 사람들에게 무엇이 문제이며 어떻게 생각하고 어떠한 행동을 해야 하는가에 대하여 고민할 수 있게 한다. 만약 뉴스에서 주는 영향력의 방향성이 선한 쪽이 아니라면, 잘못된 방향으로 이끄는 것이라면 그 뉴스는 좋은 뉴스가 아닐 것이라고 생각한다.

2-3 인간성과 사회성에 대하여

인간성

인간성이라는 표현이 굉장히 포괄적인 만큼 다양한 의견과 해석이 가능할 수 있다. 몇 가지로 나누어 생각해보기로 하자.

첫째, 휴머니즘에 관한 측면이다. 사회가 발전하고 과학과 기계문명이 발달함에 따라 인간의 가치, 인권 등이 도전을 받게 되었으며 인간존중이라는 새로운 문제가 제기됐다. 유괴 사건과 인질 소동, 뺑소니 사고 등이 여전히 크게 취급되는 것은 이들 사건이 존엄한 인명에 관계되기 때문이다. 불길을 뚫고 노약자를 구출해낸 군인, 물에 빠진 어린이를 구하려다 함께 죽은 학생, 열차에 달려드는 취객을 밀쳐내고 숨진 역장 등 의로운 일을 한 사람들의 기사는 그 속에 담겨진 휴머니즘이 독자를 감동시킨다.

다른 한편, 어떤 사람이 억울하게 피해를 입고 있다는 뉴스는 이 사건에 대한 국민적 관심을 보다 적극적으로 키우게 한다. 문제해결에 도움을 줄 수 있을 뿐만 아니라 그러한 불합리한 부분에 대한 경각심도 줄 수 있다. 뉴스를 통해 어려움에 처하거나 불합리한 상황들을 정의롭게 해결할 수 있는 지점들을 찾아나갈 수 있게 되는데, 이것 역시 휴머니즘을 표방하는 뉴스의 가치라 할 수 있다.

둘째, 생활성과 관련된 측면이다. 의식주에 관한 기사나 물가 관련 뉴스, 매일의 생활과 관련된 유익한 정보 등을 다루는 경향은, 신기성의 측면과는 정반대로 오랜 시간 지속해온 우리의 라이프 스타일과 부합되는 측면에서 매우 중요하기 때문이다.

셋째, 오락성의 측면이다. 뉴스로 다루어지는 것은 사건이나 사고에 국한되지 않는다. 실생활과는 거리가 먼 것 같은 문화예술계의 소식을 전해주고, TV프로그램 편성표를 게재하고, 취미와 여가생활을 특집으로 꾸미는 것은 모두 인간의 생활을 보다 윤택하게 하기 위해서이다.

넷째, 흥미성의 측면이다. '인간적 흥미'란 인간의 감정적 반응을 일으키는 요소를 말한다. 어떤 뉴스는 독자와 재빨리 정서적 접촉을 이루며 수용자의 지적 경험보다는 그의 정서적 경험에 강력히 호소한다. 수용자를 쉽사리 무섭게 하거나 즐겁게 하거나 흥분하게 하고 실망하게 한다. 또는 동정심을 갖게도 하고 화가 나게도 한다. 수용자는 이처럼 감정적인 반응을 일으킬 때 잠시 그 뉴스 속의 사건에 대해 외부적인 관찰자로서보다는 그 사건 내용의 적극적인 참여자가 된다.

예시 1 뉴스에서 새롭다는 것은?

1	새로운 것을 찾는 이유는 색다른 뉴스가 독자의 눈길을 끌기 때문이고, 덜 지루하기 때문이다. 하지만 조회수를 위해, 관심을 받기 위해 지나치게 신기성을 추구하는 것은 오히려 독이 될 수도 있다.
2	사람들의 이목을 끄는 신기성은 분명 중요한 요소이다. 좋은 뉴스라 해도 사람들이 보지 않으면 뉴스로서의 의미가 없게 되기 때문이다. 하지만 신기성에 집착하여 너무 자극적인 소재만을 찾는다면, 그것 역시 뉴스 본연의 의미를 잃게 만드는 게 아닐까?
3	누구나 신기한 것에 관심을 가지기 마련이다. 하지만, 그렇게 흥미를 끄는 신기한 것이 실생활에 직접적으로 유익하거나 의미 있는 영향을 주는 경우는 거의 없다.

사회성

신문은 시대와 사회를 반영하는 거울이라고 하는데, 이 부분을 압축한 뉴스 가치가 바로 사회성이다. 뉴스는 시대와 사회의 여러 국면과 크든 작든 관련성을 가지고 있고, 관련성이 깊으면 깊을수록 그 뉴스 가치는 커지게 된다. 따라서 시대 이념으로 지탱되는 인간존중이나 민주주의, 또는 사회정의에 역행하는 어떤 사건이 발생하면 언론은 일반에게 경고하기 위해 그 뉴스를 크게 다룬다.

그러나 사회 여건의 변천에 따라 뉴스 가치의 척도도 세분화되는데, 이것을 '시대성'이라고 한다. 웬만큼 많은 사람이 희생되지 않는 한 큰 뉴스로 다루어지지 않는 이유는 그런 사건이 흔해져서 신기성이 없어졌기 때문이다. 그럼에도 사회적인 문제가 내포되어 있으면 해당 뉴스는 크게 보도되기도 한다. 예를 들어, "밤새 주택가에 떼강도 5건"이나 "고속도로서 연쇄 6중 충돌"과 같은 기사는 그 연속성과 다발성이 시대상을 나타내므로 뉴스 가치가 높아지게 되는 것이다.

한편 어떤 사건의 배경과 원인, 영향에 관심을 갖는 것은 사회성에 공통된 점이다. 현대의 신문과 방송이 큰 사건이 발생할 때 이에 대한 각계의 의견이나 비판, 그리고 반응을 실어 그 뉴스를 분석하는 것은 사회성을 중시하는 하나의 상징이라 하겠다.

예시 2 **뉴스로 보는 세상은?**

1	뉴스는 보고 싶은 정보만 보여주는 SNS가 아니라, '알아야 할' 사회적인 문제를 다루어 보게 하는 매체다. 평범한 일상에 사회적인 이슈는 신기성이 커질수록 관심이 증폭되지만, 그렇다고 자극적인 기사만 쏟아지게 된다면 저널리즘의 본질에 어긋나게 된다.
2	뉴스는 사건의 정보를 전달하는 선에서 그치지 않는다. 정보 전달을 통해 경계와 경고, 반성과 위로 등 다양한 의미를 촉발하는 것이 더 중요한 뉴스의 기능이라고 생각한다.
3	뉴스를 통해 오늘의 사회상을 보여주는 것은 해당 시대를 살고 있는 사람에게 좋은 돋보기가 되며, 후손들에게는 더 발전할 기회를 주는 오답노트가 된다.

3. 매체별 뉴스의 특성에 대한 이해

저널리즘은 문화 활동 중 언론활동의 하나이다. 신문, 잡지 등의 저널리즘은 사회의 거의 모든 분야에 걸쳐 보도와 논평의 기능을 정기적으로 계속하여 사회에 정보를 제공하고 여론을 조성하여 사회와 문화의 진로에 큰 영향을 미친다. 그렇다면 우리의 생활에 깊이 자리한 저널리즘은 어떤 특성을 갖고 있을까?

첫째, 현실성의 요소를 갖고 있다는 점이다. 현실성이란 저널리즘의 대상의 시사성, 그것의 시간성(현재성), 그리고 그 사회적 성격을 말한다. 보도와 평론은 언제나 사회의 공동 관심사인 현재의 시사 문제이다. 따라서 신문 읽기를 꾸준히 한다는 것은 우리 스스로 현실에 대한 관심을 지속적으로 갖고 있음을 보여주는 지표가 될 수 있다.

둘째, 활동성의 요소를 갖고 있다는 점이다. 저널리즘은 기사의 취재에서 기사화, 제작 등의 과정을 거쳐 독자에게 전달되기까지 시간의 제약을 받는 신속한 활동이 요구된다. 제한된 시간 내 시작부터 끝까지 발로 뛰는 것이 바로 저널리즘의 활동성이다. 우리가 신문 읽기를 매일 실천한다는 것은 그날그날 이루어지는 우리 현실의 중요한 사안을 매우 신속하게 접하고 있음을 의미한다.

셋째, 비평성의 요소를 갖고 있다는 점이다. 저널리즘은 객관적인 사실의 객관적 보도와 더불어 해설과 비평을 한다. 해설과 비평 작업은 보도된 사실을 역사적, 문화적 맥락 안에 정착시키고 나아가서는 여론의 조성과 그 방향의 결정에 큰 영향을 준다. 신문 읽기를 통해 우리는 그날의 중요한 사안과 새로운 뉴스를 신속하게 접할 수 있게 되는데, 단지 정보를 아는 데서 그치는 것이 아니라 해석과 판단에 대한 작업도 아울러 할 수 있게 된다. 그리고 그 사안이 중요한 것일수록 우리의 판단과 행동이 더 빨라질 수 있고, 주체적으로 우리의 의사표명을 할 수 있게 될 것이다.

그렇다면, 대학생에게 특별히 신문 매체의 중요성을 강조하고 종이신문 읽기를 더욱 강조하는 이유는 무엇 때문일까? 동일한 뉴스라 하더라도 매체별로 뉴스의 전달력에 있어 근본적인 차이가 있기 때문이다. 다음과 같이 매체별 뉴스의 특성을 정리해보기로 하자.

종이신문 뉴스의 경우

종이신문의 특징은 하루치 신문에 구성된 다양한 지면을 통해 다양한 분야의 이슈들을 효율적이고도 통합적으로 전달하고 있다는 점이다. 종이신문은 보통 32면 정도의 분량인데, 면마다 영역별로 다양한 기사들이 실려 있다. 다양한 분야에서 심층 보도한 내용을 볼 수 있고 기사들의 비중을 중요도에 맞추어 적절히 배치해 놓았다. 독자가 제목부터 시작해 전체적인 내용을 훑어볼 수 있고 기사를 취사선택하여 읽을 수도 있다.

그러나 정해진 날에 신문을 내기 위한 기사 마감시간이 있고, 우리에게 배달되기까지 시간이 소요되므로 속보성이 떨어진다. 신문이 나오지 않는 날은 뉴스를 접하기 어려워진다. 신문을 읽기 위해 금전적 지불을 해야 하는 점도 단점으로 꼽힌다.

또한 종이신문은 첨예한 이슈를 다루는 기사의 경우 신문사마다 보수적인 성향 차이가 나거나 가치관의 차이를 보이는 경우가 많으므로 비판적인 시각이 요청된다. 신문사별로 정치 성향이 나뉘어져 있기 때문에 각각의 시선과 입장을 객관적으로 분석하여 읽거나, 객관적인 판단을 위해 두 종류 이상의 신문을 읽어보는 것이 자주 권장되는 이유가 되기도 한다.

TV방송 뉴스의 경우

첫째, 다양한 시청각적 자료의 이용에 대한 부분이다. TV방송 뉴스는 다양한 시청각적 자료를 이용하여 뉴스를 이해하는 데 도움을 준다. 사건 현장에 대한 기자의 취재장면이나 인터뷰, 혹은 다양한 패널들의 진술 등 뉴스의 생동감을 느끼게 해주는 다양한 방법들이 활용된다. 속보성과 현장성이 강조되어 사건 혹은 이슈가 발생하면 실시간으로 상황을 전달해주는 역할을 한다. 음성과 동영상 등 공감각적 요소 때문에, 시청자들은 TV뉴스가 양이 적음에도 일반적으로 신문보다 상세하다고 느낀다고 한다.

하지만, 뉴스 가치가 크더라도 화면화할 수 없는 기사는 빠지는 경우와 그 반대의 사례가 종종 발생한다는 점에서 객관성과 공정성을 보장하기 어려운 단점도 존재한다. 인명 피해가 없어 신문이 중요하게 다루지 않는 교통사고 기사를 방송에선 시청자의 눈길을 붙잡을 수 있는 현장 화면이 확보되면 주요 기사로 취급할 수도 있기 때문이다.

둘째, 시간의 제약성에 대한 부분이다. TV방송에서는 정해진 시간 안에 정보를 전달해야 하므로 이슈들을 심층적으로 전달하는 데 한계가 있고, 시간의 흐름에 따라 뉴스가 배치되어 소비자가 원하는 정보만을 취사선택할 수 없다. 발신자 측에서 뉴스의 순서나 분량 등을 조절한다면 중요하지 않은 뉴스라도 보도 효과를 극대화할 수 있게 되는 것이다.

이는 종이신문이 편집상 기사 상호간의 비중을 유기적으로 조절해 배열이 가능하고, 독자가 제목을 훑어보며 전체 내용을 검토할 수 있는 특성과는 상반되는 중요한 특징이게 된다.

셋째, 공중파가 가진 영향력에 대한 부분이다. 종이신문보다 방송뉴스를 쉽게 접할 수 있는 환경에서 매체의 광범위한 영향력을 주목하여 TV방송 뉴스에서는 공공재의 성격과 사회적 책임이 강조된다.

▣ 온라인 뉴스의 경우

그렇다면 온라인 뉴스는 어떨까? 요즘은 언제 어디서나 쉽게 인터넷에 접속할 수 있다. 스마트폰의 사용이 늘어나면서 온라인 뉴스 또한 클릭 몇 번으로 확인할 수 있다. 온라인 뉴스는 주로 사회, 정치, 경제, 국제, 생활/문화, IT/과학, 랭킹, 포토, TV 등의 큰 주제로 나뉘어 있어서 원하는 분야를 선택하면 관련된 기사를 볼 수 있다.

종이신문 뉴스의 단점인 시청각 자료의 부재, 속보성이 낮다는 점과 TV방송 뉴스의 단점인 정보 취사선택과 심화된 정보 제공이 불가능하다는 점이 보완되어 온라인 뉴스의 장점이 되고 있다. 종이신문 뉴스와 TV방송 뉴스는 서로의 특징과 장단점이 반대되어 있는데, 온라인 뉴스에 둘의 장점이 적절하게 섞여 있는 셈이다.

또한 종이신문 뉴스와 TV방송 뉴스의 공통된 단점인 시공간적 제약과 일방적 소통 또한 온라인 뉴스에서는 문제가 되지 않는다. 온라인뉴스는 신속한 정보전달이 가능하며 쌍방향 전달매체이다. 독자마다 관심이 있는 검색어로 뉴스를 검색할 수 있어 관심분야의 기사들을 모아서 읽을 수 있게 된다.

온라인 뉴스만의 가장 큰 특징은 실시간으로 기사에 달리는 댓글을 통해 다른 사람들의 반응이나 의견을 확인할 수 있다는 점이다. 기사의 댓글을 통해 독자들이 기사를 피드백하고 사건에 대한 소감을 남길 수 있어 발신자와 수신자의 쌍방향 소통이 가능하다. 댓글 창이 새로운 소통의 장이 되어서 좋은 의견 교환이 이루어지는가 하면, 반대로 소모적인 논쟁을 야기하는 댓글들로 싸움이 벌어지기도 한다.

하지만, 온라인 뉴스에도 여러 단점들이 있다. 사람들은 온라인 뉴스를 통해 다양한 이야기를 빠르게 접할 수 있지만, 사실 확인이 되지 않은 거짓 기사 혹은 루머인 경우가 많고 비슷하고 많은 양의 온라인 뉴스가 나오면서 사람들의 시선을 끌기 위해 보다 자극적인 제목을 쓰는 뉴스들이 많아졌다. 기사의 제목을 보고 흥미가 생겨 클릭했는데 내용은 기사의 제목과 관련이 없는 경우도 많다. 내용을 깊게 다루지 않아 사람들이 잘 못 받아들이는 경우도 발생하고, 상업적인 광고 팝업창이 함께 떠서 집중력을 떨어뜨리기도 한다. 선택적으로 볼 수 있다는 장점이 자칫 편협한 뉴스만을 접하게 할 수 있다는 단점으로 작용할 수 있다.

사람들이 뉴스를 보고 그날의 이슈에 관심을 가지는 이유는 뉴스 속 이야기들이 우리가 살아가는 세상의 이야기이기 때문이다. 우리가 처한 현실을 객관적으로 바라보기 위해서는 쏟아지는 정보들 속에서 각 뉴스의 내용과 전달

방식을 능동적으로 비판하며 수용할 수 있어야 한다. 정보 습득이 중요한 사회에 살고 있는 만큼 매체별 뉴스의 특징을 잘 파악하여 상황에 맞게 효율적으로 이용해야 할 것이다.

1 연습해볼까요?

동일한 뉴스를 소재로 만들어진 매체별 뉴스를 찾아 비교작업을 해보자.

이슈			
매체	종이신문 뉴스	TV방송 뉴스	온라인 뉴스
출처			
표제			
내용			
특징 정리			
비교 결과 정리			

2장 신문 읽기의 효율성을 높이려면

신문 읽기의 효율성을 높이려면 신문이라는 매체의 기본이해가 워밍업되어 있어야 한다. 다음과 같은 작업을 통해 자신이 신문매체에 대해 얼마나 친숙한지를 따져보는 시간이 필요하다. 오늘날 뉴스 매체가 매우 다양해졌지만 기본적인 작성법 등은 여전히 종이신문을 기준으로 하고 있다. 따라서 종이신문을 기준으로 기본 이해를 마친 후, TV방송 뉴스나 온라인 뉴스 등으로 확대하여 신문 매체의 특징을 적절하게 비교하면 좋을 것이다.

1. 신문의 지면 구성에 대한 이해

1-1 신문 지면의 구성요소

▣ 주제별 지면 구성

신문 지면은 다양한 뉴스들을 다루고 있는 만큼 주제별로 분류되어 있는 편이다. 신문 종류나 요일마다 다양하게 바뀌기도 하는데, 종이신문을 기준으로 간략하게 살펴보기로 하자.

예를 들어, 3월 17일자 <중앙일보>에서는 1면에서부터 '종합-사회-국제-경제-문화-책-스포츠-오피니언' 순서로 지면 타이틀을 매기고, 지면에 맞게 다양한 기사를 분류하여 제시하였다. A섹션, B섹션으로 나누어 메인 지면과 경제나 부동산, IT 등 특성화한 서브 지면을 별도의 섹션지로 구성하기도 한다.

요일별 섹션 구성

신문마다 요일별로 조금씩 다른 구성을 보이고, 요일의 특성을 반영한 별도의 섹션지가 나오는 경우도 있다. 주중에는 종합 메인면와 별도 섹션지를 병행하여 발행하게 되는데, 예를 들어 경제 섹션지의 경우 메인 지면에 있는 경제기사보다 훨씬 심화된 경제방면의 뉴스를 접하는 게 가능해진다.

주말 등에는 신문사의 특성을 담은 별도의 섹션지로 주말의 분위기를 맞추어주는 식이다. 예를 들어, 취미나 문화, 여행 등 주말의 상황을 충분히 반영한 기사들이 특집으로 다루어지기도 하고, 다양한 여가생활 관련 정보들이 집중적으로 나오기도 한다.

기사문과 광고

신문의 지면은 다양한 기사문들과 광고로 채워져 있다. 신문의 지면은 표제의 크기 등이 기사의 중요성에 따라 다양하게 구성되어 있으며, 사진이나 도표 등을 통해 독자에게 쉽게 다가가도록 되어있다.

스트레이트 기사(보도형 기사), 박스 기사(화제가 되는 기사나 해설기사 등), 인터뷰나 좌담에 관련한 기사가 있고, 사설/칼럼/시론 등의 오피니언 지면에 실린 기사도 있다. 독자투고에 해당되는 기사도 있고, 다양한 문화예술 방면에서 다양한 작품과 공연을 소개하고 비평하는 문예평론 관련 기사도 있다.

크고 작은 지면 사이로 단신, 지면 안내, 사고(社告), 퀴즈, 날씨, 방송프로그램 안내, 만화 등 다양한 소재들이 있고, 인사 발령이나 부음 안내기사 등도 있다. 광고의 경우에도 하단에 실린 작은 광고에서부터 전면을 채우는 광고까지 매우 다양하다.

1-2 기자들의 역할 분담

취재의 영역별 분류

신문의 지면을 채우는 기사문, 곧 기사형 글쓰기는 누가 만드는 것일까? 당연히 기자들이 그 주인공이다. 신문사에 따라 조금씩 다르겠지만, 취재의 영역별로 구분한다면 아마도 다음과 같이 정리될 수 있을 것이다.

예시 1 취재 영역별 소개

1	사회부는 사회의 제반 문제들을 취재 보도하는 부서로, 취재보도의 범위가 넓고 내용도 다양해 언론사에 따라 몇 개 부서로 나뉘기도 한다. 예컨대 사회 1부와 사회 2부, 또는 사회부와 전국부, 아니면 사회부와 수도권부 등으로 나눈다. 중앙의 사회 문제 관련 행정부서, 법원, 검찰, 경찰을 대상으로 한 취재보도를 사회부가 담당하고, 지방 문제들을 대상으로 한 취재보도는 전국부와 수도권부가 각자 맡아서 한다고 한다. 사회부는 우리 생활과 직결되는 문제들을 많이 다루기 때문에 수습기자의 훈련과정에서 기본적으로 필히 거쳐야 할 부서이다. 그 가운데서도 경찰을 대상으로 한 취재 보도 경험은 매우 중요한데, 경찰이 취급하는 업무(사건)만큼 다양한 것이 없기 때문이라고 한다.
2	경제부는 국내외의 경제 전반에 관한 내용을 취재, 보도하는 부서로, 정부의 경제 관련 부서들과 경제 단체 등의 활동을 취재대상으로 한다. 경제 부서에서 활동하기 위해서는 경제와 관련한 기본 개념과 이론을 알고 있어야 한다. 경제현상은 복잡하고 수시로 변화를 거듭하기 때문에 명확한 분석능력이 요청된다.
3	정치부는 국내 정치 문제들을 대상으로 취재, 보도하는 부서로, 정치 관련 다양한 활동 등을 중점적으로 다룬다. 정치부에서 활동하기 위해서는 타 부서에서 상당한 취재보도 경험을 쌓아야 한다고 하는데, 정치적 행위는 여러 가지 복잡다양한 조건과 관계들을 수반하기 때문이라고 한다. 덧붙여 남북문제를 다루는 부서를 독립시키기도 한다. 회사에 따라 정치부에서 역할을 맡거나, '통일부'라는 명칭을 쓰기도 한다.

4	문화부는 문화 예술 전반에 관한 활동을 취재 보도하는 부서이다. 사회의식과 경제적 수준이 높아지면서 문화의 형식과 내용도 더욱 세분화·다양화되는 추세로, 문화 1부(순수문화)와 문화 2부(연예 등 대중문화), 문화부와 생활부, 문화부와 과학부 등으로 나누기도 한다.
5	국가 간의 관계와 활동이 날로 커짐에 따라 대부분의 신문들은 국가 간의 뉴스를 다루는 국제부를 따로 두고 있다. 국제부는 국제 정치, 경제, 문화, 국제 스포츠 등을 다룬다. 해외 특파원이 송고한 기사와 계약을 맺은 통신사가 공급하는 기사를 받아 지면에 게재한다. AP, 로이터, 신화사 등 외국 통신사가 제공하는 내용들로 거의 모든 뉴스를 게재하고 있다.
6	전국부는 서울을 제외한 전 지역의 소식들을 다룬다. 서울 및 경기도 지역 뉴스를 별도로 구분해서 수도권부로 세분화한 언론사도 많다고 한다.

신문사의 부서별 분류

앞선 설명은 취재 영역에 관해 집중적으로 살펴본 것이다. 우리가 읽는 신문은 이렇게 기자가 취재한 내용이 기본 바탕이 되지만, 그것만으로는 하루치 신문을 완성할 수 없다. 다음에서 보다시피 하루치 신문을 만들기 위해 취재 업무와 별개로 매우 다양한 활동과 작업이 요청되기 때문이다. 신문사에서 이러한 업무를 어떻게 나누고 있는지 부서별 분류 작업을 살펴보기로 하자.

예시 2 부서별 소개

1	편집이란 독자들이 쉽고 즐겁게 접할 수 있도록 지면에 뉴스를 적절하게 배치하는 작업으로, 편집부는 이러한 신문의 편집을 총괄한다. 지면별 기사의 할당, 기사의 배열순서와 크기의 결정, 기사별 제목 달기, 사진과 그림의 준비 및 배치 등을 통해 뉴스를 시각적으로 읽기 편하게 편집하게 된다. 과거 신문의 편집은 대부분 편집부 소관으로 편집부의 기능이 막강했다고 한다. 그러나 최근 들어 신문사에 따라서는 편집부를 축소하고 그 기능을 각 부서로 넘기는 추세를 보이고 있다. 정치면은 정치부에서, 경제면은 경제부에서 편집을 하는 방식을 취하는 식으로 말이다.
2	특집기획부는 사회 저변에 감추어져 있는 문제들을 찾아내어 보다 심층적으로 취재보도 하는 역할을 담당한다. 따라서 특집기획부는 신문의 특성을 독자들에게 심어주는 역할을 할 뿐만 아니라, 각 부서의 일반적인 취재보도를 보완해주는 구실도 한다.

2	과거에는 편집국 안에 특집 기획부를 따로 두지 않고 모든 기획·취재 보도를 일반 부서들이 나누어 맡아 했지만, 사회가 다원화되고 관련 문제들 또한 복잡한 양상을 보이게 되면서 신문사마다 기획부를 따로 두게 되었으며, 전파 매체와의 경쟁적 차별성을 확보하기 위해서도 깊이 있는 기획기사가 더욱 큰 비중을 차지하게 되었다고 한다.
3	독자부는 오피니언 페이지와 인물 동정 등을 다룬다. 주요 인사 또는 독자의 관심을 끌 만한 인물의 움직임을 소개한다. 또 독자 투고란, 칼럼 등을 실어 수용자가 참여하는 여론 페이지 역할을 한다.
4	아무리 좋은 기사거리라도 정확한 문장으로 명확하게 표현되지 않으면 안 된다. 뉴스 언어를 총괄하는 부서가 교열부로, 기사문의 교열 작업을 담당한다. 어법적 차원에서 정확한 기사문 작성과 명확한 표현력은 뉴스 내용의 전달력뿐만 아니라 기사의 신뢰성에도 영향을 미치는 요소가 된다.
5	뉴스를 취재 보도하는 데는 많은 자료가 필요하다. 특히 어떤 사건이나 문제들을 사실대로 파악하고 깊이 있게 취재하려면, 과거의 보도 내용은 물론 갖가지 자료들을 참고하지 않으면 안 된다. 취재보도에 관계되는 중요한 자료들을 수집·정리하고 각 부의 필요에 따라 그것들을 제공해주는 곳이 조사부이다. 조사부는 다원적인 정보사회에서 신문이 제대로 기능하기 위한 중요한 부서이다.

물론, 이상의 업무만으로 신문이 만들어지지는 않는다. 신문사마다 보다 세부적으로 역할 분담에 따른 부서 규정을 해놓고 있으니, 우리는 대체적인 업무 파악을 하는 것으로 한 편의 신문이 나오기까지 생각보다 많은 사람들의 협업이 필요함을 명심하면 될 것이다.

1 연습해볼까요?

하루치 신문 중 가장 인상 깊은 사진 하나를 골라서, 다음의 작업을 수행해보자.

1. 이 사진을 처음 보았을 때의 첫인상을 자유롭게 메모해보자.
2. 해당 사진에 달려있는 기사문을 보지 말고, 어떤 내용의 기사일지 예상해보자. 이러한 예상에는 사진의 어떤 부분이 영향을 미쳤는지 살펴보자.
3. 실제 기사문을 살펴보고, 앞선 작업들과 비교해보자.

2. 기사문의 특징에 대한 이해

2-1 일반적인 글쓰기와 다른 특징

신문 매체에 실려 있는 글쓰기를 기사문이라고 부르는 만큼 보다 효율적인 읽기 작업을 수행하기 위해서는 기사형 글쓰기의 특징에 대한 이해가 필요하다. 기사문이 일반 글쓰기와 다른 점이 있기 때문이다.

우선, 기사문은 표제head line, 요약문lead, 본문body이라고 부르는 세 부분으로 구성되며, 구조적인 측면에서 일반적인 글쓰기와 확연히 다른 차이점을 보여준다는 점이다.

일반적인 글쓰기의 구성을 보면 도입부-중심부-종결부와 같은 순서로 주제가 진행되거나, 기-승-전-결과 같이 주제의 진행과정에 따라 후반부에서 클라이맥스가 나타나게 된다. 기사문의 경우에는 이와 다르게 가장 중요한 요점을 표제로 다루고 중요한 사항이나 결론에 해당되는 내용이 글의 첫머리에 나오게 된다. 이후 뒤로 가면서 상황에 대한 설명 등이 이어지되 중요도가 점차 떨어지는 설명 등이 보충되는 식으로 구성된다.

다음으로, 기사문은 표제, 요약문, -본문이라는 세 개 부분에 걸쳐 내용의 반복이 허용된다는 점이다.

일반적인 글쓰기에서는 동일한 내용의 반복을 기피하며, 유사 내용이 한 편의 글에서 반복적으로 나오게 되면 완성도를 떨어뜨리는 결함으로 지적하게 된다. 이에 비해 기사문은 같은 내용을 반복하여 언급하는 것이 가능한데, 표제-요약문-본문의 순서로 취재한 내용이 세 번 되풀이되면서 반복하게 되는 것이다. 물론, 완전히 동일하게 서술된 내용을 단순 복사하여 반복한다는 의미는 절대 아니다. 표제 부분에서는 중요한 핵심을 제목으로 내걸어주고, 요약문에서는 취재내용 중의 핵심적인 부분을 한 문단 정도로 짧게 요약해주고,

나머지 구체적인 사항에 대한 것들은 본문 부분에서 충분히 자세히 설명해주는 식으로 진행되는 것을 말한다. 이는 기사문이 여타의 글쓰기와 명확히 구별되는 특징이라고 할 수 있는데, 보도형 기사에서 특히 그러하다.

기사문에서 허용되는 이러한 반복은 강조의 효과를 살리기 위한 것이 아니다. 독자들이 표제를 읽는 것만으로도 기사의 중요한 핵심을 이해할 수 있게 하기 위한 것이며, 만약 그 기사에 관심이 있다면 기사의 나머지 부분을 읽어서 그 세부 내용을 자세히 알려 주기 위함이라고 한다. 따라서 신문읽기의 효율성을 높이고 싶다면, 이러한 기사문의 특징에 대한 이해를 토대로 기사문의 특성을 파악하는 작업이 이어져야 할 것이다.

2-2 기사문의 구성 요소

▣ 표제(headline) 부분의 경우

표제는 기사 제목이라고도 하는데, 신문에서 기사문의 첫 부분에 위치하는 제목 부분을 지칭하는 말이다. 바쁜 시간을 쪼개 신문을 살펴보려는 독자 입장에서는 기사문의 표제 부분을 훑어보는 것만으로도 기사의 핵심적인 내용 등을 파악할 수 있게 된다. 따라서 표제 부분이야말로 기사문에서 가장 중요한 역할을 하는 지점이라 할 수 있다.

표제 부분은 제목 부분에 위치하다 보니 길이의 제한을 많이 받게 된다. 따라서 표제를 작성할 때 정확하고 명료하게 핵심을 전달해주는 것이 중요하며, 아울러 간결하게 다듬어주는 것이 필요하다. 이러한 과정에서 생략된 표현 등을 자주 쓰게 되는데, 약어(略語) 등을 사용할 때 보다 신중한 자세가 요청된다.

예시 1

표제	법무부가 밝힌 '왔다 장보리' 악행녀 죄목들
요약문	법무부는 "연민정의 악행이 어떤 범죄에 해당할까"라며 그동안 저지른 악행과 처벌수위를 설명했다.[10]

기사문에서 표제는 어떻게 붙이게 되는 걸까? 표제는 기사문 작성에서 제일 마지막에 결정되는데, 대개의 경우 이미 완성된 기사문의 전체 내용을 살펴보고 핵심이 될 만한 것을 뽑아 압축하여 붙이게 된다고 한다. 따라서 표제를 작성할 때는 기사의 핵심을 간단명료하게 드러낼 수 있는 문장을 만든 뒤, 좀 더 압축하고 서술어를 생략하는 항목식 표현으로 다듬어주어야 한다.

예를 들어, 다음의 <예시>와 같이 동일한 사건을 다룬 기사들을 여러 신문에서 찾아보기로 하자.

예시 2

A	여고생 '화장 지우라' 핸드크림 얼굴에 바른 교사 고소[11]
B	"얼굴에 핸드크림 발라"… '뾰루지 학생' 스승 고소 피부과서 '전치 4주' 진단받아 … 학교 측 훈계과정 해프닝 해명[12]

10 해당 <예시>는 《시선뉴스》 온라인 미디어 팀에서 2014년 10월 2일에 작성한 기사 중에서 가져온 것이다. 이후 이 기사와 관련된 <예시>의 출처는 이것으로 대신한다.

11 해당 <예시>는 신민재 기자가 작성한 2015년 4월 29일자 《연합뉴스》 기사의 일부이다. 이후 이 기사와 관련된 <예시>의 출처는 이것으로 대신한다.

12 해당 <예시>는 김주엽 기자가 작성한 2015년 4월 29일자 《경인일보》 기사의 일부이다. 이후 이 기사와 관련된 <예시>의 출처는 이것으로 대신한다.

<예시>에서 다루고 있는 공통의 소재는 화장을 지우라고 학생의 얼굴에 핸드크림을 바른 교사를 당사자인 학생이 고소한 사건이다. 동일한 사건을 취재했음에도, 표제 부분만 보더라도 신문사마다 조금씩 차이를 보이고 있다. 이는 기사문에서 표제 부분이 단지 일반적인 글쓰기의 제목과 같이 내용에 대한 암시적이거나 비유적인 분위기를 전달해주는 소극적인 역할에 그치지 않기 때문이다.

요약문(lead) 부분의 경우

요약문은 모두문(冒頭文) 또는 전문(前文)이라고도 한다. 요약문은 말 그대로 기사의 핵심내용을 짧게 요약해놓은 것으로, 기사문의 첫 부분에 위치하여 독자로 하여금 기사의 내용 파악을 간략하게 할 수 있게 만드는 부분이다.

요약문은 기사의 크기에 따라 분량이 달라지는데, 대개는 한 문단 정도의 길이이며, 짧은 기사문이라면 대개 한두 문장 정도로 작성된다. 기사의 핵심을 육하원칙(5W1H)에 따라 요약하게 되는데, 독자의 호기심을 유발할 수 있도록 기사의 핵심을 잘 뽑아내는 것이 중요하다고 한다.

예시 3

표제	여드름 걱정되면 화장 왜 했나 외모에 예민한 시기 선생 잘못
요약문	인천시 연수구의 한 여고생이 "얼굴에 핸드크림을 발라 여드름이 심해졌다"며 교사를 경찰에 고소한 사건(경인일보 4월 29일자 1면 보도)을 놓고 네티즌들 사이에서 논란이 한창이다.[13]

13 해당 <예시>는 김주엽 기자가 작성한 2015년 5월 1일자 《경인일보》 기사의 일부이다. 이후 이 기사와 관련된 <예시>의 출처는 이것으로 대신한다.

<예시 3>은 앞서 언급한 사건에 대하여 네티즌들의 논란이 있음을 언급하고 있는 요약문에서 표제를 뽑아 쓰고 있다. 자세한 논란의 내용은 본문 부분에서 다루어지겠지만, 일단 요약문을 볼 때 해당 사건에 대하여 학생의 처신과 교사의 태도를 비난하는 양측의 입장 차이가 있음을 알 수 있다. 표제에서 나온 첫 줄은 화장을 한 학생의 태도를 비난한 여론을 반영한 것이며, 표제의 둘째 줄은 교사의 처신이 부적절했음을 비난한 여론을 반영한 것이다. 이렇게 양쪽의 입장에서 어떤 것이 논란이 되고 있는지를 담아주는 표제는 요약문에서 곧바로 연결되고 있다.

다음의 <예시 4>는 해당 사건이 검찰에 송치되었다는 진행과정을 표제에 담고 있다. 법정 싸움이라는 표현을 통해 해당 사건의 진행과정을 알 수 있게 되는데, 요약문에서 이러한 개요를 간략하게 파악할 수 있다.

예시 4

표제	법정 싸움으로 덧난 '여고 핸드크림 사건' 교사 폭행혐의 검찰 송치
요약문	인천 여고생 핸드크림 고소사건을 수사(경인일보 4월 29일자 1면 보도) 중인 경찰이 교사 A씨를 기소 의견으로 검찰에 송치했다.[14]

모든 기사문마다 주어진 분량의 기사문을 전부 다 읽을 수는 없는 독자의 입장에서 보자면, 하나의 기사문마다 제시되는 요약문은 기사 내용의 개요를 제공하는 훌륭한 역할을 해주는 셈이다. 그러나 요약문은 길이나 분량의 제한

14 해당 <예시>는 김주엽 기자가 작성한 2015년 6월 17일자 《경인일보》 기사의 일부이다. 이후 이 기사와 관련된 <예시>의 출처는 이것으로 대신한다.

을 받게 되므로, 기사 전체의 내용을 고르게 요약해서 담아놓을 수는 없게 된다. 가장 중요한 것을 중심으로 요약하게 되며, 보충설명에 해당하는 부분이라면 당연히 제외된다.

따라서 기사의 요약문 부분을 작성할 때는 기사의 내용 파악을 간단명료하게 할 수 있도록 핵심을 정확하게 전달해주는 것이 중요하다. 독자 입장에서도 요약문이 이러한 역할을 잘 수행하고 있는지를 판단하는 것이 필요하다.

▪ 본문(body) 부분의 경우

본문은 기사의 구체적인 내용을 보여주는 부분으로, 기사의 크기에 따라 일정 분량 이상의 글쓰기를 통해 취재한 결과를 담아내는 부분이기도 하다. 요약문에서 짧게 언급한 사안을 상세하게 부연하거나 요약문에서 미처 다루지 못한 내용을 다루는 식으로 본문 부분의 내용이 채워지게 된다.

본문 부분의 특징은 내용을 서술하는 순서가 기사가치의 중요도를 따르게 된다는 점에 있다. 기사문의 구성에서 표제와 요약문이 이미 선행하여 제시된 상태이므로, 본문 부분을 서술할 때는 중요도나 관심도에 따라 가장 중요하거나 흥미 있는 사실부터 서술하게 되는 것이다.

다음의 〈예시 5〉를 보면 본문 부분의 1번에서 3번으로 갈수록 기사가치가 떨어지게 되는 것을 알 수 있다. 본문의 우선순위는 중요하고 명확하거나 시급한 내용부터 다루게 되므로, 가장 중요하고 명확한 내용을 본문1에서 다루고 있다. 추가적인 사항을 본문2와 본문3에서 '또', '뿐만 아니라' 식으로 연결해주는 것도 기사가치의 무게감을 흔히 보여주는 장치들이다.

예시 5 **법무부가 밝힌 '왔다 장보리' 악행녀 죄목들**

법무부에 따르면 연민정이 전 남자친구와 동거를 하고 임신까지 했었으나 이를 말하지 않고 이재희와 결혼한 것은 민법 제816조 민법상 혼인취소의 사유에 해당한다.	본문1
또 도보리(오연서 분)가 장은비라는 것을 숨기기 위해 은비의 어릴 적 사진을 손괴하고 숨긴 것은 형법 제366조 재물손괴죄에 해당하고, 비단이를 외국으로 보내려고 한 것은 형법 제288조 유인, 제31조 교사범에 해당한다.	본문2
뿐만 아니라 장보리에게 죄를 뒤집어씌우기 위해 보리의 명의로 신용카드를 만든 것은 주민등록법 제37조 위반과 형법 제2312조 사문서 위조죄에 해당하며, 문지상을 죽이려다 실패한 것은 형법 제25조 미수범, 제250조 살인 및 존속살해 등에 해당한다.	본문3

본문 부분을 읽게 되면, 중심 되는 사안이나 정보가 자세하게 서술되어 있어 뉴스의 전모에 대한 파악이 가능해진다. 기자가 취재한 내용을 집중적으로 전달하되 독자의 이해를 돕는 참고 사항에 대한 설명을 덧붙이기도 한다. 본문 부분에서는 이렇게 뉴스의 크기에 따라 논점을 강조하는 사항들을 보충하게 되므로, 기사문의 분량이 길어지기도 한다.

2-3 기사문의 구조

기사문은 표제 부분에서부터 시작된다. 그리고 이후 부분에서 요약문, 본문을 어떤 순서로 어떻게 놓는가에 따라 기사문의 구조가 달라진다. 가장 보편적으로 쓰이는 기사문의 구조를 크게 3가지로 나누어 살펴보자.

■ 역 피라미드형(inverted pyramid form) 구성방식

이 유형은 기사의 핵심을 요약한 요약문이 제일 먼저 나오고 본문으로 전개되는 기사구조 형식이다. 본문은 다시 기사 가치에 따라 가장 중요한 보충 사실부터 시작하여 흥미로운 세부사실, 기타 세부사실의 순서로 작성해야 한다.

역 피라미드형은 모든 기사문 작성의 표준이 된다. 요약문만으로도 기사내용의 핵심을 전달할 수 있고, 지면의 여건에 따라 기사의 길이를 조절하기가 쉬워진다. 제한된 지면에 다양한 기사를 담아야 하는 신문 매체의 특성에 잘 어울린다. 그만큼 역 피라미드형으로 기사를 작성하게 되면 신문 편집을 용이하게 할 수 있고, 기사문의 특성에 맞게 표제 달기도 용이해진다는 장점이 있다.

사건기사에서는 대부분의 기사가 이 형식으로 작성되어 획일화된 느낌을 줄 수도 있다. 기사문을 작성하는 입장에서 보자면 요약문 부분에서 기사 내용과 관련하여 핵심적인 사항을 압축해서 담아내기가 어렵다는 고충을 호소하기도 한다.

피라미드형(pyramid form) 구성방식

피라미드형은 해설 기사나 논평형 기사, 피처형 기사 등에 많이 활용되는 구성방식이다. 일반적인 글쓰기의 서론-본론-결론 식의 구성을 취하거나, 기-승-전-결의 흐름을 취한다. 역 피라미드형을 표준형이라고 한다면, 피라미드형 구성방식은 변형된 유형이라고 할 수 있다. 시간의 흐름을 따르고 있기 때문이다. 도입에서부터 배경 설명 등을 하면서 점차 본론에 해당되는 내용을 서술하고 마무리 부분에서 결론적인 내용을 서술하게 된다.

피라미드 형 구성방식을 문학적 기사 작성법이라고도 부른다. 표제 부분을 통해 어떤 뉴스인지를 파악하게 한 후, 이어지는 내용 부분에서는 사건에 대한 설명으로 도입부를 시작하되, 독자가 흥미롭게 읽을 수 있는 방식을 고려하여 기사의 중요한 핵심을 순차적으로 제시함으로써 기사의 클라이맥스를 유지하는 방식이다. 연대기적 구성방식이라고도 부르는데, 중요하고 시급한 내용부터 서술하는 것이 아니라 시간의 흐름을 따라 서술하는 방식이기 때문이다.

▣ 혼합형(blended form) 구성방식

혼합형 구성방식은 앞서 설명한 두 가지를 혼합한 형태를 지칭한다. 표제 부분에 이어 내용 부분을 서술할 때, 가장 먼저 핵심적인 사항 등을 요약해주고 이어서 연대기적 서술을 하는 방식이다. 요약문을 앞에 넣어 기사문을 압축 보조하여 독자가 기사 내용을 파악하기 쉽게 하고, 본문을 연대기적 서술방식으로 쓰게 되면 흥미 있는 독자가 차분히 기사 내용을 읽을 수 있게 된다. 이러한 특징 때문에 기자의 비평적 시각이나 논평 작업이 가미되어야 하는 경우에는 혼합형 구성방식이 잘 어울리게 된다.

혼합형을 수정된 역 피라미드형이라고 하는데, 이는 역 피라미드형과 피라미드형의 특성을 잘 취하여 효율적인 기사문을 만들고자 하는 노력의 산물이기 때문이다. 핵심적인 부분을 먼저 요약해주는 것은 역 피라미드형의 장점을 취한 것이고, 연대기적 서술을 통해 차분히 내용 전개를 해주는 것은 피라미드형의 장점을 취한 것이다.

기사문의 구조는 기사 내용과 조화를 이룰 때만 빛난다. 그러므로 기사의 내용에 대해 충분히 검토한 후에 기사내용을 가장 효과적으로 표현할 수 있는 적합한 구조를 찾아 기사문을 작성해야 한다. 또한 기사문은 독자의 호응도를 가장 민감하게 받아들이는 글이라는 점을 늘 명심하고 그 구조가 내용과 잘 조화되어 독자가 거부감이나 지루함을 느끼지 않게 친절하게 써야 한다.

2-4 기사문 작성의 기본 원칙

기사문 작성에서 기본적인 주의사항으로 강조되는 것들을 뽑아보면 다음과 같다. 기사문은 불특정 다수의 독자를 대상으로 하기 때문에 문어체와 구어체의 중간 정도로 쉽고 간결하고 명확하게 작성해야 한다. 기사문에서 미사여구는 쓰지 말아야 하며, 수식이나 과장된 표현이 없는 객관적이고 분명한 어휘를 선택해서 써야 한다.

이렇게 기사문 작성에서도 필요한 사항들이 많은데, 신문사의 스타일북 style book에는 기사문 작성의 세부원칙이 기록되어 있다. 스타일북은 각 신문사마다 자체적으로 기사문에 대한 규정을 설정하고, 기사문 작성시 참고할 수 있게 만든 것을 말한다.

기사문 작성의 기본 원칙을 몇 가지로 나누어 살펴보고자 한다. 신문 읽기의 효율성을 높이는 차원에서 기사문을 정독할 때 참고하면 좋을 것이다.

정확성의 원칙

기사문 작성에서 가장 중요한 원칙은 정확하게 작성해야 한다는 점이다. 정확성의 원칙은 기사의 취재와 작성 및 보도에 이르기까지 전 과정에서 요구되는 포괄적인 원칙이기도 하다. 세분화해서 살펴보자.

첫째, 기본정보를 충실히 제시해주는 것이 필요하다. 정확한 보도를 위해서는 '언제, 어디서, 누가, 무엇을, 왜, 어떻게(5W1H)'라는 기사의 기본요소를 충실히 취재해야 한다. 다음의 <예시>를 비교해보자.

예시 1

A	오늘 서대문구에서 커다란 교통사고가 있었다.
B	11일 새벽 6시경 서울시 서대문구 스위트홈 아파트 앞 도로에서 눈길에 미끄러져 중앙선을 침범한 시내버스와 택시가 정면충돌하여 승객 10여 명이 중경상을 입는 교통사고가 발생하였다.

기사문 작성에서는 독자가 해당 기사를 읽으면서 뉴스의 기본정보를 한눈에 파악할 수 있도록 신경 쓰는 것이 필요하다. 뉴스 취재 과정에서는 해당 사안에 대한 내용을 상세히 기록하는 자세가 요청된다. 다음의 <예시>에서는

학부모가 제출한 진단서의 내용을 취재하고 있는데, 손톱과 손의 완력에 의한 상해로 외과적 치료가 필요하다는 구체적인 내용을 잘 전달하고 있다.

예시 2

학부모가 제출한 진단서에는 손톱과 오른손에 의한 완력 때문에 안면부와 턱 부위, 왼쪽 뺨에 2㎝씩 상해를 입어 외과적인 치료가 필요하다는 병원 측 소견이 적혀 있다.

둘째, 표현의 정확성이 요구된다. 기사문의 글쓰기 차원에서 정확한 표현이 이루어져야 한다. 기사문에서는 누가who가 중요하므로 주어를 꼭 밝히어 적고, 복문보다는 단문으로 쓴다. 한 문장은 60자 내외가 적당하며, 수식이나 과장된 표현이 없는 객관적이고 분명한 어휘를 선택해서 써야 한다. 간결체로 수식어나 접속어를 되도록 쓰지 않고 짧게 쓰는 것이 표현의 정확성을 지키는 데 효율적이다.

특히 사건기사 작성에서는 기자의 주관적인 해석으로 왜곡되지 않도록 주의하는 것이 필요한데, 이를 위해 객관적인 관찰자의 입장에서 쓰는 것이 중요하다고 한다. 기사 작성에서는 객관적인 전달을 위해 과장된 내용이나 왜곡된 표현이 있어서는 안 되고, 명확한 사실을 전달하기 위해 해당 부분의 내용을 객관적으로 전달해주는 명료함이 요청된다.

예시 3

C	16일 노을이 지는 오후 서울시 스위트홈 아파트에서 브레이크 파열로 고장 난 승용차가 평화로운 어린이 놀이터에 미친 듯이 뛰어들어 사이좋게 잘 놀고 있던 어린이들이 중경상을 입는 끔찍한 사고가 안타깝게도 발생하였다.
D	(고치면)

셋째, 출처의 정확성이 요구된다. 기사문에서는 출처를 분명하게 밝혀주는 것이 매우 중요하다. 예를 들어, 정확한 취재원의 제시 없이 "~했다는 사람들도 있다", "~한 것으로 안다", "~한 것으로 알려지고 있다" 등과 같은 표현으로 기사 작성을 완료하는 것은 곤란하다. 이러한 표현들은 명확한 내용 파악에 방해가 되고, 독자에 따라서는 자의적 해석도 가능해져 또 다른 논란이 될 수도 있기 때문이다. 따라서 기사문에 동원된 내용은 구체적이고 정확한 근거 제시를 통해 사실의 왜곡이나 과장, 일반화의 오류 등에서 벗어나야 한다.

다음의 〈예시〉를 비교해보자. 두 기사에서는 모두 핸드크림의 유분 성분이 피부 질환을 일으킬 수 있다는 전문가의 의견을 담고 있다. 그러나 전문가들 전체가 이러한 의견을 제시한 것은 아니므로, 자신이 직접 취재한 전문가의 의견을 명확하게 인용하고 출처로 밝혀주는 것이 필요하다.

예시 4

A	전문가들은 사춘기 여학생의 얼굴에 핸드크림을 바르면 피부에 좋지 않은 영향을 끼칠 수도 있다고 말한다.
B	율제병원 김준환(피부과) 교수는 "핸드크림은 일반 로션보다 유분 성분이 많아 지성 피부를 가진 사람의 경우 피부 질환이 발생할 수 있다"며 "평소 화장을 많이 했다면 이미 피부가 망가졌을 가능성이 높고, 이런 상태의 얼굴에 핸드크림을 바르면 피부 질환이 생길 수 있다"고 설명했다.

넷째, 가치적 측면에서 요청되는 정확성의 원칙을 지켜야 한다. 기자의 윤리를 지키는 공정성과 저널리즘의 품위를 지키는 자세가 필요하다. 독자는 신문에 게재된 내용을 진실로 받아들이고 기사문에 제시된 해석과 비평을 공정한 것으로 믿는 경향이 있다고 한다.

신문이 지닌 이 막중한 영향력은 신문이 보도 윤리를 지켜야 하는 이유가 된다. 이를 지키지 못하게 되면 소재 선택의 선정성과 왜곡 편파 보도에 대한 비판이 있을 수 있다. 예를 들어, '일부의 얘기를 전체로 확대시켰다', '지나치게 상업적인 측면에서 접근했다', '오히려 언론에서 이런 경향을 조장하는 것 같다' 등과 같이 흔히 지적되는 비판적 지점을 떠올려 보자. 따라서 '전체가 반드시 그런 것은 아니다'라는 점을 제대로 지적하여, 일반화의 오류에 빠지지 않도록 주의하는 것도 필요하다.

어휘나 표현방법의 차원에서도 윤리를 지키며 품위가 있어야 함을 명심해야 한다. 폄하하거나 비꼬는 어투, 명확성을 해치는 애매한 표현이 있지 않은지 신중하게 검토하면서 기사문을 작성해야 한다. 특정 개인을 미화하거나 깎아내리지 않고 아첨하거나 무시하지 않으며 모두를 존중하는 태도로 기사문을 작성하는 것이 중요하다.

간명성의 원칙

기사형 글쓰기는 간결하고 명료해야 한다. 보도라는 취재 작업은 꼼꼼하게 하는 것이 중요하지만, 기사문 작성의 단계에서는 보도의 목적에 부합되게 복잡한 사건의 핵심을 제대로 잘 정리해주는 작업이 필수적이다. 독자에게 정확히 전달하려면 효율적으로 기사의 핵심적인 사안들을 요약해야 되고, 이 과정을 통해 사건의 전모가 간결하면서도 명료하게 드러나야 한다. 다음의 <예시>를 살펴보자.

예시 5

"얼굴에 핸드크림 발라"… '뵤루지 학생' 스승 고소

인천 연수구의 한 고등학교 학생 주임인 A씨는 지난 23일 학교 교문에서 등교 지도를 하던 중 2학년에 재학 중인 B양이 얼굴에 화장한 것을 발견했다. A씨는 B양에게 다가가 "얼굴에 화장하는 것은 교칙을 위반한 것이다. 지금 당장 교실로 들어가 화장을 지우라"고 훈계했다.

하지만 B양은 점심시간까지 화장을 지우지 않았고, 교실 순찰을 하면서 아이들의 화장품을 거두던 A씨와 복도에서 마주쳤다. B양이 화장을 지우지 않은 것을 알고 화가 난 A씨는 "아침에 이야기했는데 왜 화장을 지우지 않았느냐. 지금 당장 화장을 지우고 오라"고 말하며 다른 학생에게 압수한 핸드크림을 B양의 얼굴에 발랐다.

B양은 곧바로 화장을 지웠지만 다음 날부터 얼굴에 붉은 반점과 여드름이 번지기 시작했다고 주장했다. 피부과에서 전치 4주의 진단을 받았다. B양은 A씨에 대한 고소장을 인천연수경찰서에 제출했다. B양은 고소장에서 "A교사가 바른 핸드크림으로 인해 얼굴에 질환이 생겼다"고 주장했다.

〈예시 5〉는 사건이 발생한 과정을 구체적으로 서술하고 있어서 사건의 전말을 잘 보여주고 있다. 또한 사건을 이해하는 데 도움이 되는 여러 정황을 제시하기 위해 취재한 인물의 발언을 직접 인용하고 있어 현장감이 느껴질 수도 있다.

그러나 이렇게 사건의 발생과 진행 과정을 시간적인 순서에 따라 자세히 서술해주는 것이 능사는 아니다. 독자 입장에서는 사건의 개요를 쉽게 파악하기가 어려워지고, 신속한 보도를 해야 할 기사문의 취지에도 안 맞을 수 있기 때문이다. 따라서 취재원의 발언을 직접 인용해주는 것이 객관성을 보여주는 측면에서 좋을 수 있지만, 중요도를 따져서 사소한 발언은 과감하게 생략하는 것이 효율성을 높여주는 방편이 되기도 한다. 간결하고 명료한 기사문이 되도록 군더더기에 해당되는 부분을 깔끔하게 다듬어주는 것도 필요하다.

중용의 원칙

기사형 글쓰기는 중용을 지켜야 한다. 이 말은 하나의 사과를 넷으로 똑같이 나누는 균등함을 말하는 것이 아니라, 입장이 다른 모든 주체에게 골고루 말할 기회를 준다는 것을 의미한다. 특히 기사의 근거가 되는 부분에서는 그렇지 않은 부분에 비해 좀 더 비중을 두고 다루어야 한다는 것을 강조하는 것이기도 하다. 다음의 〈예시〉를 살펴보자.

예시 6

여고생 '화장 지우라' 핸드크림 얼굴에 바른 교사 고소	표제
인천의 한 여자고등학교 학생이 '화장을 지우라'며 핸드크림을 자신의 얼굴에 바른 교사를 폭행 혐의로 고소했다. 29일 경찰과 인천시교육청에 따르면 인천 시내 모 여고 2학년 A양은 지난 27일 경찰에 자신이 다니는 학교의 학생부장에 대한 고소장을 접수했다.	요약문
A양은 경찰 조사에서 "지난 23일 화장을 하고 등교했는데 담임 선생님이 혼을 내며 학생부로 가라고 해 학생부장을 찾아가니 화장을 지우라고 했다"고 진술했다. 그러나 A양은 화장을 지우지 않았고, 점심시간 때 학생부장이 확인차 다시 A양이 있는 교실을 찾아가 A양의 가방에서 핸드크림을 꺼내 A양 볼과 콧등에 바른 뒤 '빨리 가서 지우고 오라'고 지시했다고 주장했다. A양은 집에 돌아온 뒤 얼굴에 여드름이 번져 염증이 생겼고 병원에서 전치 4주의 진단을 받고 고소장과 함께 경찰에 진단서를 제출한 상태다.	본문1
이에 대해 학교 측은 학생부장이 핸드크림을 얼굴에 바른 행위에 '체벌' 의도가 없었다는 입장이다. 학교 관계자는 "A양이 당일 오전에 화장을 지우라는 지적을 여러 차례 받고도 이를 따르지 않자 별도의 세안 제품이 없는 상태에서 화장을 지우는 효과가 있는 핸드크림을 얼굴에 발라주고 즉시 화장을 지우도록 지도한 것"이라고 밝혔다.	본문2
경찰은 조만간 해당 학생부장을 피고소인 신분으로 소환해 조사하고 피부과 전문의를 참고인으로 불러 핸드크림의 영향으로 피부 상태가 악화됐는지 확인할 계획이다.	본문3
시교육청은 자체 진상 파악에 착수하는 한편 해당 학생을 보호 조치할 방침이다.	본문4

〈예시 6〉에서는 학생이 화장을 지우지 않자 교사가 학생의 가방에서 핸드크림을 꺼내 얼굴에 발랐고, 그것으로 인해 피부에 염증이 생겼다는 학생의 진술을 담고 있다. 또한 학생이 화장을 지우라는 교사의 지시를 이행하지 않아서 화장을 지우도록 핸드크림을 바른 것일 뿐, 체벌을 하려던 것이 아니라는 학교 측의 주장도 전하고 있다. 그리고 이 사건에 대해 경찰조사와 시교육청의 조치가 있을 것이라고 밝혔다.

〈예시 6〉은 사건의 중심인물이라 할 교사와 학생의 입장 어느 쪽에도 치우치지 않도록 기사를 취재하고 보도하고 있다. 그래서 소재가 된 사건의 개괄적인 내용을 객관적으로 파악할 수 있었다. 어느 한 쪽에 감정이입하여 해당 의견에 치중하기보다는, 서로 다른 입장을 가진 사건의 주인공들에게 공평하게 발언의 기회를 주고 있는 것이다.

기사는 누구에게나 공정하며 균형감각을 잃지 않아야 한다. 단순히 기사의 신뢰도를 얻기 위해서 뿐만 아니라 기사의 객관성 확보를 얻기 위해서도 필요한 덕목이다. 기사문은 이해 당사자 모두에게 말할 기회를 주되 기사의 근거가 되는 쪽의 견해에 비중을 조금 더 주어야 한다. 만일 어느 한쪽에 치우쳐 상대에게 기회도 주지 않은 보도를 한다면 기사의 중용을 취하지 못했다고 할 수 있다.

▣ 친절의 원칙

기사형 글쓰기는 쉽고 친절해야 한다는 점이다. 신문의 독자층을 고등학교 졸업 정도의 학력과 지식을 갖춘 자로 본다면 그들이 읽고 이해하는데 무리가 없을 정도로 기사문을 쉽게 써야 한다. 그러기 위해서는 한자 단어나 한자식 표현, 외국어의 사용 등을 자제해야 함은 물론 일반적으로 통용되지 않는 약어도 쓰지 말아야 한다.

기사문은 독자가 아무 것도 알지 못한다는 전제로 작성되어야 한다. 흔히 자신이 잘 알고 있는 사실은 다른 사람도 모두 알고 있다고 착각하게 되는데, 해당 사안에 대해 전혀 알지 못하는 독자의 입장에 서서 친절한 기사를 작성해야 한다. 5W1H같이 꼭 필요한 것은 물론, 써주면 좋을 기타 세부사실까지 기자가 알고 있고 취재한 모든 것을 기사에서 밝혀 다양한 독자의 궁금증을 없애주도록 신경 쓸 필요가 있다.

기사문의 친절함이 드러나야 할 또 다른 경우는 전문용어이다. 되도록 전문용어를 쓰지 않는 것이 좋으나, 해당 용어의 사용이 불가피하다면 독자가 그 분야의 전문가가 아님을 배려한 용어 해설이 뒤따라야 한다.

예시 7

A	자신의 취향대로 음료 제조법을 바꿔 달라고 요구하는 이른바 '커스터마이징'(고객 요청대로 만들어주는 맞춤 제작)이 유행이다. 이미 수년 전부터 아는 사람만 안다는 '커스텀 메뉴'(주문 제작 메뉴)가 유행했는데. 최근 온라인 커뮤니티에는 '악마의 레시피' 게시물이 올라오면서 더욱더 관심을 끌고 있다.
B	서울의 강남역, 회현, 소공, 강남 고속버스 터미널, 영등포 로터리, 잠실 등 6개의 지하상가의 환기가 제대로 되지 않아 일부를 제외하고는 하루 종일 환경 기준치(지하공간은 입방m당 1백50mg 이하)를 훨씬 넘는 부연 먼지로 가득 차 있다. 한국 소비자보호원이 최근 조사한 바에 따르면 강남역과 강남 고속버스 터미널 지하상가를 제외한 4개소에서 부유 분진(공기 중 떠도는 먼지)이 입방m당 1백66~3백24mg(마이크로그램)이 검출됐다.

그러나 신문이 일간지인 만큼 누적된 정보를 매번 소상하게 알려주는 식으로 기사문을 작성하기는 현실적으로 어렵다. 처음 나오는 뉴스의 경우에는 앞서 말한 친절의 원칙을 적용하여 기사를 쓰는 쪽으로 노력하는 게 맞지만, 매번 이렇게 하는 것은 지면의 효율성을 떨어뜨리게 한다. 이럴 경우 독자의 입장에서는 다음과 같은 사항을 활용한다면 신문 읽기 작업을 훨씬 효율적으로 수행할 수 있다.

첫째, 관계기사 면을 활용한다. 신문읽기를 통해 중요한 이슈는 관계기사를 통해 상세하게 다룬다는 것을 파악하였다. 뒷부분에 관계기사가 있는 만큼 앞의 지면에서는 표제 중심으로 읽고, 이후 관계기사 면을 통해 자세한 내용을 들여다본다. 이런 방법을 이용한다면 신문읽기 시간을 절약할 수 있을 것이라 생각된다.

둘째, 키워드 박스를 활용한다. 어떤 뉴스의 경우에는 기사 본문에 나오는 중요한 용어를 선별하여 키워드 박스라는 것을 만들어 독자의 이해를 돕고 있기 때문이다. 해당 용어가 여러 번 사용되는데 키워드 박스를 읽지 않고 기사를 바로 읽는다면 내용이 제대로 파악되지 않고 어려울 것이다. 따라서 키워드 박스를 참고하여 키워드에 대한 이해를 마친 후 기사를 본격적으로 읽는다면 내용 파악을 좀 더 빠르고 편하게 할 수 있을 것이다.

예시 8

기사 본문	키워드 박스
거북목 증후군, 디지털 격리 증후군[5], 팝콘 브레인[6], 시력 저하, 수면 부족 등 많은 문제점을 수반하고 있음에도 청소년의 스마트폰 중독은 기술이 발달하면 할수록 더 늘어나고 있다.	*5 디지털 격리 증후군: 직접 만나 대화하는 것보다 스마트폰을 이용해 대화하는 것을 편하게 느끼는 현상. *6 팝콘 브레인: 빠른 인터넷 속도로 인해 강한 자극에 반응하고 현실에서는 무기력하고 감각이 떨어지는 현상.

셋째, 모르는 용어는 검색 작업을 통해 의미를 찾아보자. 신문에서는 전문 용어나 한자성어 등이 자주 사용된다. 이러한 것을 잘 알지 못한다면 펜으로 표시해놓은 후, 인터넷을 검색하여 알고 넘어가면 된다. 신문의 시사 내용을 명확히 이해하는 데도 도움이 되고, 신문 읽기 작업을 토대로 쓰기 훈련을 하는 것과도 연결되어 도움이 될 것이다.

2 연습해볼까요?

우리 대학에서 만드는 신문(대학신문)을 대상으로, 최근호를 찾아 살펴보자.

1. 신문의 1면의 기사 중 택1하여 기사문 작성의 기본 원칙이 제대로 지켜지고 있는지를 구체적으로 살펴보자.
2. 가장 마음에 드는 기사를 골라, 마음에 드는 이유를 자유롭게 정리해보자.
3. 가장 마음에 들지 않는 기사가 있다면 어떤 것이며, 이유는 무엇인지 정리해보자.

3장

보도형 기사로 워밍업하기

1. 보도형 기사의 유형별 특징

1-1 사건기사(straight)

사건기사란 말 그대로 어떠한 사건이나 사태의 진상을 파악해서 정확하고 빠르고 생생하게 전하는 기사문이다. 신문에서 가장 일반적으로 볼 수 있는 기사문으로, 우리가 신문을 읽을 때 정치, 경제, 사회, 문화면에서 뉴스news라고 기대하는 부분을 충족하는 것을 담은 기사라고 보면 된다. 사건기사는 스트레이트 기사라고도 하는데, 뉴스의 기본정보를 객관적으로 전달하는 목적에 충실한 기사이기 때문이다.

사건기사 작성에서는 기자의 주관 삽입을 삼가고 객관적인 관찰자의 입장에서 쓰는 것이 중요하다고 한다. 독자가 사건기사를 읽으면서 뉴스의 기본정보에 해당하는 사건이나 사태의 전모를 한눈에 파악할 수 있도록 신경 쓰는 것이 필요하며, 뉴스 취재 과정에서는 해당 사안에 대한 내용을 상세히 기록한다는 자세가 요청된다. 기사 작성에서는 객관적인 전달을 위해 과장된 내용이나 왜곡된 표현이 있어서는 안 되고, 명확한 전달력을 위해 서술어와 수식어 사용에 주의하는 것이 필요하다.

기사문의 구성방식

사건기사는 표제, 요약문, 본문이라고 하는 세 부분의 구성을 가장 충실히 따르는 기사문이다. 앞서 설명한 바를 토대로 다시 한 번 기사문의 구성방식을 살펴보기로 하자.

표제는 기사의 크기(곧, 분량)에 따라 대제목headline과 소제목subline으로 나뉜다. 이 모두가 보도 내용의 핵심을 지적하면서 독자의 흥미를 불러 일으켜 기사 전부를 읽게 만들어야 한다. 표제는 문장 형식으로 표현하되, 대제목과 소제목 모두 각각 2행을 넣지 않도록 하는 것이 원칙이라고 한다.

요약문은 사건기사의 핵심이 되는 중요하고 흥미 있는 내용을 독자의 호기심을 유발할 수 있게 압축한 문장이다. 이것은 5W1H의 원칙에 따라 작성되어야 하며, 그 가운데서도 기사 가치의 중요도에 따라 순서를 정하게 된다. 요약문은 독자의 호기심에 답하면서 사건의 요점을 제공하고 본문을 읽게 만드는 것이어야 한다.

본문은 요약문에 쓴 5W1H 가운데 표현되지 않은 사실을 첨가하거나 좀 더 상세히 보도하는 구실을 한다. 이 역시 기사 가치에 따라 가장 중요한 것을 맨 앞에 놓고 차츰 중요도가 약한 것을 배치하는 원칙을 준수해야 한다.

모든 기사의 끝부분에는 기자의 이름과 연락처를 밝혀 쓰는 것이 원칙이다. 이는 기사 내용에 대해 책임을 진다는 뜻이 되며, 기사문의 질과 신뢰도를 높이는 것이 되기도 한다.

1-2 해설기사(interpretative reporting)

해설기사는 사건기사를 좀 더 깊이 있게 풀이해주는 기사를 말한다. 사회가 복잡해짐에 따라 단순한 사건 기사만 가지고는 해당 사안에 대한 설명이 충분하다고 할 수 없게 되었다. 따라서, 사건의 배경 설명이나 사건 발생의 이유 제시 등 뉴스를 분석하는 작업과 아울러 앞으로의 전망까지도 살펴보는 해설기사가 중요해지는 것이다.

해설기사도 보도기사의 영역에 속하는 것이므로, 어디까지나 객관적인 분석과 평가 작업에 바탕을 두어야 한다. 다양한 전문가의 의견을 인용하는 비중이 커지게 되고, 심층적인 분석 작업을 위해 기사의 취재도 더욱 정교하게 이루어지게 된다. 기자는 사건의 발생 배경, 진행 과정, 원인과 결과 등을 철저히 파악하고 있어야 한다.

해설기사는 사건 이전의 사실과 사건의 배경을 밝혀 사건의 진실을 구하는 기능을 갖는다. 이러한 사건의 진실 추구는 사건기사가 표면적 사실만을 보도하는 것으로 그쳤을 때 일어날 수 있는 오해의 소지를 없애는 구실을 한다. 또한 기사로 보도된 사실의 전후 사정, 원인 분석, 배경 등을 탐구하고 취재한 결과를 보여줌으로써 알고자 하는 독자의 다양한 욕구를 충족시키는 기능도 한다.

따라서 해설기사의 핵심은 본문 부분이 가장 중요하게 된다. 본문은 객관적 사실을 바탕으로 사건의 배경, 인과 관계, 전망 등을 정확하고 명쾌하게 써야 한다. 해설기사의 본문은 서론-본론-결론의 구성을 취하는데, 통일성과 일관성을 갖고 구성되어야 하며 각 부분은 중요도에 따라 서술하도록 한다.

1-3 기획형 기사

기획형 기사란 앞서 설명한 사건기사나 해설기사와는 달리, 미리 취재 계획을 세워 보도하는 기사를 말한다. 심층기획 기사와 탐사보도 기사가 대표적이다.

우리가 신문에서 접하는 사건기사나 해설기사는 이미 일어난 사건이나 사고에 대하여 신속하게 취재한 결과물로, 보도되는 시점은 항상 뉴스거리가 만들어지고 난 이후가 될 수밖에 없다. 그런데, 어떤 사안에 대해서는 뉴스로 보도할 사전 계획을 미리 세우고 그것을 집중적으로 취재해야 하는 경우도 필요한데, 이러한 필요성에 부응하여 만들어지는 기사들이 바로 기획형 기사이다. 이러한 작업을 통해 문제의식을 공유하고, 문제해결 차원의 대안과 전망까지 제시할 수 있기 때문이다.

사건기사는 대체적으로 해당 사건이나 사안을 간결하고 명료하게, 무엇보다 신속하게 보도하는 것을 목표로 한다. 이에 반해 기획형 기사는 시의적절한 보도 타이밍을 맞추는 것이 중요하므로 시간적 투자를 보다 길게 확보할 수 있다. 심층 취재를 통해 사회가 나아가야 할 바람직한 방향까지 구체적으로 제시하는 게 가능하다. 기사문의 분량도 해당 사안의 중요성에 따라 길어질 수 있으며, 경우에 따라서는 몇 회분으로 나누어 보도할 수도 있게 된다.

▣ 심층기획 기사(depth reporting)

심층기획 기사는 그때그때 중요하다고 판단되는 문제나 사건들을 치밀하고 심도 있게 분석해서 보도하는 것이 목적이다. 해설기사보다 더 깊이 있는 취재와 분석, 비평을 하기 때문에 한 회에 몰아서 싣기보다 몇 회로 나누어 보도하게 된다. 이렇게 여러 회에 나누어 다루게 되면, 해당 사안에 대한 관심을 촉구하고 여론이 조성되는 효과도 발생한다.

예를 들어, 최근의 우리 사회를 돌이켜 보고 개선이나 진단이 필요하다고 생각되는 주제를 선택하여 심층취재를 기획한다고 생각해보자. 아마도 다음과 같은 진행과정으로 기획기사를 만들어가게 될 것이다.

예시 1

① 우리 주변에서 중독 현상을 찾아 문제의식을 고취하고 대안을 제시해보자.

② 길을 걸을 때나 지하철을 타는 중에도 스마트폰에서 눈을 떼지 못 하는 경우가 흔해졌어. 심지어 한밤중에도 침대에 누워 스마트폰의 불빛에 의존한 채 한두 시간을 훌쩍 보낸다고 해. 이처럼 우리는 새로운 것이 끊임없이 등장하는 디지털 미디어에 노출되며 살아가고 있는데, 디지털 미디어 중독으로도 이어질 수 있다고 하더라.

③ 이런 현상은 코로나 19로 인해 집에 있는 시간이 증가하면서 더욱 심해지는 것 같아. 상대적으로 우울하거나 불안한 사람의 사회적 고립으로 인한 디지털 의존도를 확인하여 코로나 블루와 디지털 중독을 함께 다루면 더 좋을 것 같아.

④ 구체적인 근거를 제시해야 되겠지? 다양한 디지털 중독 현상에 대해 다루고 시대 상황에 맞는 해결책을 제시한 전문인의 말을 인용하면 어떨까?

⑤ 2020년 6월 '중독포럼'이 전국 성인 남녀 1,017명을 대상으로 실태 조사한 결과, '사회적 거리두기' 시행 이후 스마트폰 사용 시간이 증가했다는 응답이 44.3%에 달했다고 하네. 이용이 늘어난 디지털 미디어(중복응답)로는 SNS와 온라인 채팅이 48.6%로 가장 많은 비율을 차지했고, 뉴스(47.2%), 쇼핑(34.6%), 사진과 동영상(29%), 온라인 게임 (24.4%) 등이 뒤를 이었다고 하더라.

예시 2

① 무심코 지나치기 쉬운데, 카페인 중독인 사람들도 많은 것 같아. 카페에서 아르바이트를 하고 있는데, 같은 날에 몇 번이나 오는 사람도 있을 정도야. 카페인 중독이 어떤 것인지, 어떤 유형의 사람이 카페인 중독에 해당하는지, 해결법은 무엇인지 등에 관한 이야기를 다루면 좋을 것 같아.

② 나는 과로사나 과로 자살이 사회 문제로 대두되는 현상을 짚어보고 싶어. 공식적인 심리진단 체계에 포함되어있지 않아 진단기준과 명확한 연구 결과는 없지만 일중독(workaholic)은 분명히 현대인들이 많이 겪고 있는 중독 현상이 될 것 같아. 일을 하는 것이 즐거움의 대상이 아니라 단지 일을 해야 한다는 강박감을 가지고 있는 상태를 다루고 싶어.

③ 나도 그런 부분을 좀 더 들여다보고 싶었어. 현대인들이 얼마나 많은 일중독을 앓고 있는지, 그리고 모르는 상태로 앓고 있는지를 문제의식 삼아 글을 쓰면 좋을 것 같아.

④ 내가 찾아본 자료에는 일중독증의 유형에는 4가지 유형(계속형 일중독자, 폭식형 일중독자, 주의력 결핍형 일중독자, 감상형 일중독자)이 있다고 해. 각 유형별 특징을 알아보고 자가진단을 할 수 있는 자료를 제공하면 좋을 것 같지? 더 나아가 이 기사가 근로자 인권을 보호해야 한다는 목소리에 가담할 수 있으면 좋겠다.

탐사보도 기사(interpretative reporting)

탐사보도 기사는 탐사가 필요한 주제를 선택하여 주로 기자가 관찰하고 탐방한 것을 기사화하는 것을 말한다. 탐사의 사전적 정의는 알려지지 않은 사물이나 사실 따위를 샅샅이 더듬어 조사하는 것을 의미한다. 그래서 전통적인 탐사보도 기사는 우리들이 쉽게 접근하지 못하는 공간이나 대상에 대한 집중적인 탐사 작업을 취재하고 그 결과를 보도하는 기사들이 대표적이었다.

하지만, 최근에는 우리 주변에서 이슈가 될 만한 주제를 던지고 이에 대한 탐사 작업을 진행하여 취재 결과를 보도하는 형태도 비중이 늘면서, 탐사보도 기사는 문제를 제기하고 파헤치는 의미로 확장되고 있다. 이때의 탐사보도란 우리 현실에서 지나치기 쉬운 부분을 제대로 조명하고, 취재현장을 발로 뛰며 땀 흘려 쓴 기사라는 의미를 담는 것이다.

2. 표제 중심으로 읽어보기

2-1 표제의 역할

보도형 기사를 좀더 효율적으로 읽어내기 위해 표제의 역할을 집중해서 살펴보기로 하자.

첫째, 신문의 기사문에서 표제 부분은 기사의 내용을 보여주는 일차적인 지점이 된다.

문학작품은 제목만 살펴보고 그 내용을 파악했다고 단정적으로 이야기하기 곤란하다. 제목이 어떠하든 간에 작품을 읽어야만 내용 파악이 가능해지기 때문이다. 신문 기사문의 경우는 표제만 읽어도 기사내용의 핵심을 파악하는 것이 가능하다. 어떤 경우에는 표제만 읽고 기사의 본문을 읽지 않을 수도 있게 된다. 따라서 기사문의 표제를 소설의 제목에서처럼 상징적이거나 암시적인 것만으로 채우게 되면 전달력에 큰 차질을 빚게 된다.

다음의 <예시>를 보자. 기사의 요점에 해당되는 사항들이 표제의 헤드라인과 서브라인을 통해 구체적으로 드러나 있다.

예시 1

'화성 여대생' 피랍 가능성
사건 당일 밤 시간 귀가버스 탑승 확인
경찰, 유류품 혈흔 등 채취 정밀감정

경기 화성시 봉담읍에서 발생한 여대생 실종사건을 수사중인 경기 화성 경찰서는 실종 사흘째인 29일 납치됐을 가능성에 무게를 두고 수사를 벌이고 있다.

경찰은 실종 여대생 ㄴ씨의 유류품에 대한 감식을 벌여 청바지에서 혈흔 3점과 이물질 1점, 셔츠와 점퍼 등에서 8점의 모발을 채취해 국립과학수사연구소에 정밀 감정을 의뢰했다.

경찰은 ㄴ씨(21)가 사건 당일 수영을 마치고 집에 가기 위해 시내버스를 탄 사실을 확인했다.

경찰은 노선버스 회사들을 상대로 조사를 벌이던 중 경진여객 소속 34번 시내버스에 설치된 CCTV에 27일 밤 8시 25분쯤 ㄴ씨가 태안읍 화성복지관 정류장에서 승차하는 장면이 찍혀있음을 확인했다.

경찰은 실종 여대생의 유류품이 43번 국도변에서 여대생의 집으로 향하는 도로변에 차례로 떨어져 있는 점으로 미뤄 버스에서 내려 택시를 타거나 걸어서 집으로 오는 사이 납치당한 것으로 추정하고 있다.

경찰은 이날 오전부터 유류품 발견지점 주변 야산 등지에서 수색작업을 벌였으며 1천만 원의 신고 보상금을 걸고 실종 여대생의 인상착의가 담긴 수배전단 1만 여 점을 배포했다.[15]

---

15 해당 <예시>는 한동훈 기자가 작성한 2004년 10월 29일자 《경향신문》 기사의 일부이다. 이후 이 기사와 관련된 <예시>의 출처는 이것으로 대신한다.

둘째, 표제는 시각적인 측면에서도 독자의 관심을 끌 수 있는 일차적인 지점이 된다.

표제를 어떻게 다느냐에 따라 해당 기사문에 대한 독자의 관심이 달라질 수도 있다. 해당 기사에 관심이 있는 독자라면 무난한 표제를 쓰더라도 읽겠지만, 관심이 없는 독자의 주목을 끌게 하려면 표제 부분의 시각적 장점을 최대한 활용해주는 전략이 필요할 수 있기 때문이다.

가장 흔한 방법으로는 활자라는 시각적 장치를 활용하는 것이다. 지면의 크기에 따라 글자 크기를 더 크게 하거나, 진하게 하거나 하는 식으로 표제 부분을 돋보이게 만들어 주는 방식이다. 표현적인 측면에서도 표제 부분을 부각시키는 방법들이 동원되기도 한다. 가장 중요한 사항을 먼저 제시하거나 독자의 흥미를 끌 수 있는 사항을 골라서 기사 내용에 대한 관심을 극대화시키기도 한다. 표제를 읽으면서 느껴지는 언어의 리듬감도 신문 기사문에서 예술성을 드러내는 소박한 방편이라 할 수 있다.

다음의 <예시>를 보자. <살인의 추억>이라는 영화를 연상시키는 표제를 동원하여 독자의 호기심을 자극하고 있는데, 사건에 대한 경찰 수사가 장기화될 우려가 있음을 보여주는 부분이기도 하다.

예시 2

'살인의 추억' 망령?
화성 실종 여대생, 당일 버스 승차
'서울서 납치 목격' 관련 여부도 조사

'화성연쇄살인사건'이 벌어졌던 경기도 화성시 태안읍에서 27일 발생한 여대생 노 모(21 · 사진)양 실종 사건에 대한 경찰 수사가 별다른 진전을 보지 못하고 있다. 경찰은 이날 수사 경찰 40여명과 전 · 의경 3개 중대 300여명을 동원, 노 양의 유류품이 발견된 봉담읍 수기리-협성대 구간 6km도로와 주변 야산, 보통저수지 일대에서 실종자 수색 작업을 대대적으로 벌였으나 유류품이나 수사에 단서가 될 만한 증거물을 추가로 찾지 못했다.

앞서 경찰은 길가에 여기저기 흩어진 채 발견된 노 양의 유류품에 대한 감식을 해 청바지에서 석 점의 혈흔과 한 점의 이물질을, 셔츠와 점퍼 등에서 8점의 모발을 각각 채취해 국립과학수사

연구소에 정밀감정을 의뢰했다. 이와 함께 노 양이 실종 직전인 27일 밤 8시25분쯤 화성복지관 정류장에서 경진여객 소속 34번 시내버스를 타고 10여분 거리에 있는 와우리공단 정류장에서 내린 사실을 버스 폐쇄회로(CCTV)를 통해 확인했다.

이에 따라 경찰은 노 양이 와우리 공단 앞에서 집에 오는 사이 또는 집 근처에 도착해 납치됐을 가능성이 큰 것으로 보고 이 일대를 운행하는 화성지역 택시를 상대로 탐문조사를 벌이고 있다.

경찰은 노 양의 유류품이 43번 국도의 협성대에서 집으로 향하는 도로변에 200~400m 간격을 두고 곳곳에 떨어져 있는 점으로 미뤄 최소 두 명 이상의 범인이 차량으로 납치한 뒤 옷을 길 밖으로 버린 것으로 추정하고 있다. 경찰은 시민들의 적극적인 제보를 유도하기 위해 이날 1000만원의 신고보상금을 걸고 노 양의 인상착의가 담긴 수배전단 1만여 장을 전국에 배포했다.

한편 29일 오전 서울 서초동의 한 주유소에 기름을 넣기 위해 들른 검은 색 뉴그랜저 차량 뒷좌석에 납치된 것으로 보이는 20대 후반의 여성이 앉아 있었다고 주유소 직원 김 모(17) 군이 경찰에 신고했다.

김 군은 "차량 뒷좌석에 20대 후반의 여성이 긴 머리가 헝클어진 채 손이 묶여 앉아 있었으며 구조를 요청하기 위해 소리를 질렀다"며 "차량 내부를 들여다보자 여성 옆에 앉아 있던 짧은 머리의 건장한 남성이 황급히 문을 닫고 주유소를 떠났다"고 말했다. 경찰은 이 사건과 화성 여대생 실종사건의 관련 여부를 수사하고 있다.[16]

1	연습해볼까요?

1. 지면별 주요 기사 제목을 훑어본 뒤, 그것이 표제가 된 이유를 기사내용에서 찾아보자.
2. 독자의 입장에서 가장 적절한/부적절한 표제를 찾아 표시하고, 이유를 설명해보자.
3. 다른 신문에 실린 동일 기사를 찾아 표제 부분을 비교하고 서로의 의견을 교환해보자.

16 해당 〈예시〉는 엄태민 기자가 작성한 2004년 10월 30일자 《중앙일보》 기사의 일부이다. 이후 이 기사와 관련된 〈예시〉의 출처는 이것으로 대신한다.

2-2 표제의 유형

바쁜 독자, 적은 지면 때문에 신문의 표현은 압축을 하나의 특성으로 한다. 표제도 마찬가지다. 표제는 그것 자체가 하나의 전체를 이루는 것으로, 표제 부분이 짧아 보여도 일반적인 글쓰기에서 말하는 제목이나 서론의 역할로 축소되지는 않는다. 오히려 서론의 구실도 하면서 표제 자체가 하나의 기사로 사건 자체의 압축된 기술이 되어야 한다.

보도형 기사 읽기 작업에서는 표제가 명확하게 작성되었는지를 파악하고, 표제를 통해 기사의 핵심적 내용을 파악할 수 있도록 필요한 지점을 체크하는 것이 중요하다. 표제의 유형을 객관적 표제와 주관적 표제로 나누어 살펴보기로 하자.

객관적 표제

앞서 살핀 <예시>에 나왔던 표제들을 다시 살펴보면, 취재 내용에 관한 핵심들이 잘 드러나 있는 것을 알 수 있을 것이다. 이렇게 보도 내용에 관한 핵심을 요약해서 전달해주는 표제를 객관적 표제라고 부른다. 여기에는 요약하는 방식과 인용하는 방식이 흔히 동원된다.

첫째, 요약형 표제는 뉴스 내용의 전체 또는 중요한 일부를 표제로 내거는 것이다. 뉴스의 가치에 따라 육하원칙 가운데 무엇을 내걸었느냐에 따라 분류할 수 있다.

예시 1 **요약형 표제의 사례**

1	인주시 국도에서 만취 운전 50대 … 중앙 분리대 충돌사고
2	결혼식 하객 버스 전복, 7명 사망
3	철도 산림 김치 술 화장품 "역사 한눈에" 다양한 전문 박물관, 가족나들이 인기

4	여고생 '화장 지우라' 핸드크림 얼굴에 바른 교사 고소
5	법정싸움으로 덧난 '여고 핸드크림 사건' 교사 폭행혐의 검찰 송치
6	여드름 걱정되면 화장 왜 했나 외모에 예민한 시기 선생 잘못

둘째, 인용형 표제는 뉴스 메이커가 한 말이 주요 기사 내용이 될 때 그것을 표제로 인용하는 것이다. 다음의 <예시>들은 모두 동일한 뉴스를 소재로 다룬 여러 기사에서 뽑은 것인데, 기사의 주요 내용에 대해 주체가 되는 입장의 발언을 인용하는 식으로 표제를 작성하고 있다. 이를 통해 표제만 보고도 중요한 발언에 대한 기사 내용을 파악할 수 있게 된다.

예시 2 인용형 표제의 사례

1	인천의 한 여고 학생부장 과잉체벌 논란 학생 "화장 지우는 중 폭행·폭언 전치 4주 상해 진단" 학교 "핸드크림만 발랐다 … 학부모 오해·사실 무근"
2	"얼굴에 핸드크림 발라"… '뾰루지 학생' 스승 고소 피부과서 '전치 4주' 진단받아 학교 측 훈계과정 해프닝 해명

인용형 표제 작성에서는 인용부호를 정확하게 붙이는 것이 중요하다. <예시 3>을 보면, 뉴스 메이커의 말을 직접인용하고 있지만, 독자의 입장에서 받아들이게 되는 정보의 디테일에 있어서는 다소간 차이가 있을 수 있기 때문이다.

예시 3 인용형 표제의 사례

A	경찰 "붕괴 전 건물 안까지 굴착기 진입" 기사 진술 확보
B	경찰 "10t 굴착기, 건물 안으로 들어가 철거하다 붕괴"

A의 경우, 타인이 증언한 내용을 인용하는 식의 표제가 되었다. 표제의 뒷부분에 '기사 진술 확보'라는 문장을 통해 누구의 진술인지 추측할 수 있다. 기사 내용을 살펴보면 증언 내용을 그대로 작성하고 증언에 따른 경찰의 의견을 제시하고 있다. B의 경우, 인용 부분이 경찰의 조사를 통해 알아낸 사실이라는 느낌이 드는데, 기사의 진술이라는 사항이 빠져 있어서 굴착기 기사의 증언이라는 내용은 기사를 읽어야만 알 수 있게 된다.

주관적 표제

공사현장의 사고 소식은 흔하게 일어나는 일이지만, 매번 안타까운 소식이기도 하다. 〈예시 4〉에서 다루는 뉴스는 광주에서 철거하던 건물이 무너져 9명이 사망하고 여러 명이 중상을 입었다고 하는 사고 기사로, 철거건물 앞 지지대가 허술했고 도로 쪽 안전장치도 없었다고 한다. 사고 기사의 경우, 사고 발생의 원인과 발생 과정 등에 대해 객관적인 보도를 하는 것이 기본이다. A의 경우, 객관적인 사실을 전달하고 있는 객관적 표제라고 할 수 있다. 사고의 현장과 피해를 신속하게 전달하려는 의도에 충실한 표제인 셈이다.

예시 4 객관적 표제로 사건을 보도한 뉴스

A	철거건물 무너져 버스 덮쳐 9명 사망

이와 달리, 주관적 표제는 기사의 객관적 정보에 편집자의 주관적 판단을 가미하여 만드는 방식을 말한다. 계몽적 차원에서 교육적 의도를 담는다든지, 정서적 차원에서 감정 이입을 유도한다든지, 분위기나 기분에 공감할 수 있게 하는 등 다양한 상황에서 주관적인 표제가 만들어진다.

첫째, 기분형 표제이다. 기분형 표제란 독자에게 공감도를 높이기 위해 편집자의 주관적 느낌이나 기분을 삽입하는 것이다. 예를 들면, 스포츠나 문화 관련 뉴스, 연예계 기사에 흔히 볼 수 있는 표제들을 떠올려보자.

예시 5 **기분형 표제의 사례**

1	명지대 농구부 3위로 "껑충" 도약
2	잇단 대형 공연에 무용계 활짝 들떠

앞서 든 사고 기사의 경우, 주관적 표제로 바꾸어 사고 현장의 안타까움을 좀 더 부각시키는 것도 가능한데, 다음의 <예시>들을 살펴보자.

예시 6 **주관적 표제로 사건을 보도한 뉴스**

B	정류장에 버스 멈춘 순간 7층 건물 와르르 … 13명 매몰, 6명 구조
C	펌프 5대 써서 10t 물 폭탄… 매뉴얼의 2배 쏟아 부었다

B의 경우 사고 관련 중요한 내용을 전달해주고는 있지만, A에 비해 사고현장에 이입할 수 있는 여지가 커지고 있다. 다름 아닌 '와르르'라는 표현 때문이다. 이렇게 독자로 하여금 사고 현장에서의 느낌을 환기할 수 있게 만들어주는 표제를 기분형 표제라고 한다.

C의 경우에도 '쏟아 부었다'라는 표현을 통해 과도하게 물 사용이 되었음을 환기시킨다. 기사내용을 보면 "사고 당일 수압이 거센 살수 펌프 5대로 10t 가량의 물을 철거 건물에 뿌렸다"고 하는 증언이 나오고 있는데, 표제에서는 비슷한 면적의 건물 철거 때보다 2배 이상의 물을 뿌린 사실을 부각시키기 위해 "쏟아 부었다"라고 표현한 것이다.

사고 기사의 경우 취재 작업을 진행하다 보면 사고로 인해 고인이 된 분들의 사연이나, 유가족들의 인터뷰를 따오거나 하는 등 사고 관련하여 여러 사연을 접하게 된다. 이럴 경우 각자의 사연들에 감정을 이입해 기사를 읽는 것이 유효하다면 주관적 표제를 활용하게 된다. 같은 내용을 다루고 있더라도 어디에 초점을 맞추냐에 따라 기사의 방향성과 전달하는 바가 달라지게 되는 것이다.

예시 7 **주관적 표제로 사건을 보도한 뉴스**

D	원격수업인데 후배 위해 동아리 갔다가 … 16세 고교생 참변
E	"우리 막내딸 못 지켜줘서 미안해"… 백발 어머니의 오열

객관적인 사실을 전하기보다 유가족과의 인터뷰를 통해 알아낸 안타까운 사연을 표제로 다루고 있다. 사고의 참담함을 알리기 위해 피해자 유족들의 말을 인용하고 있는데, 건물 붕괴 참사로 숨진 버스 승객들의 안타까운 사연이 가슴을 미어지게 한다. 기분형 표제는 이렇게 사고 피해자들에 대해 집중하여 안타까운 사연에 감정 이입하여 독자들의 기분에 영향을 주게 된다.

둘째, 호소형 표제는 실천방안 등을 담아 호소하는 형태이다. 발전적 방향에서 개선책을 담거나 사회 계몽적 성격을 띠는 표현을 동원하는 주관적 표제의 방식이다. 예를 들면, 다음과 같이 다양한 분야에서 동참을 요청하는 사안들이나 각성과 대안을 촉구하는 뉴스에 흔히 사용된다.

예시 8 **호소형 표제의 사례**

1	베드타운 안 될 테니 믿어주세요
2	섬진강 1급수로 되살리자
3	가상화폐 컨트롤타워 빨리 구축해야
4	대형마트 반려동물 입장, 성숙한 시민의식 필요하다
5	'군 사법 체계' 개혁 안 하면 '성폭력 근절' 어림없다

셋째, 관용어형 표제는 연상에 의해 관용적 표현을 활용하는 것이다. 기사의 표제 작성에서 압축의 어려움을 해결할 수 있는 방법으로 흔하게 쓰는 방법이 바로 인지도 있는 표현을 동원하여 표제를 완성하는 것이다. 예를 들면, 다음과 같이 우리 일상에서 흔히 쓰는 표현들이 기사의 표제로도 활용되는데, 익숙한 표현인 만큼 별도의 설명이 없어도 그 의미를 쉽게 파악할 수 있는 장점이 있기 때문이다.

예시 9 관용어형 표제의 사례

1	추석 대목 전통시장, 눈코 뜰 새 없이 바빠도 힘든 줄 몰라
2	여자 농구 장기집권 … "따 놓은 당상"
3	홈런 10발 교환 "장군 멍군" … 박빙의 승부 겨뤄
4	"동네북" KOB, 10연패로 허무한 피날레
5	100년 전 수익률 달성, 편의점 판매 1위 '대박템'

특히 '얼음 시장'에 관한 기사(5)를 살펴보면, 최근의 유행어를 활용한 것을 알 수 있다. 이 기사는 조선 시대부터 얼음이 어떻게 상품으로 변화했으며 현재의 컵 얼음에 이르렀는지를 간결하게 설명하고 있다. 슬슬 더워지면서 여름이 되어가는 이때 편의점에서 언제든지 손쉽게 얼음을 구할 수 있다는 점이 21세기의 축복이라는 생각이 드는데, 이 기사의 표제에서는 '대박템'이라는 표현을 동원하여 잘 전해주고 있다.

신문에는 정치나 경제, 사회 분야의 사건과 사고 등을 다루는 뉴스의 제공이 큰 비중을 차지하지만, 우리가 살아가는 데 필요한 문화와 건강, 여행 등에 관한 뉴스도 제공해준다. 우리의 소소한 일상도 충분히 소중한 뉴스가 될 수 있기 때문이다.

2 연습해볼까요?

서로 다른 2개의 기사를 선택하여 다음과 같은 표제 검토 작업을 해보자.

1. 표제 부분을 훑어본 뒤, 표제로 뽑은 부분을 기사내용에서 찾아보자. 내용과의 연결성이 어떤지 구체적으로 살펴보자.
2. 어떤 유형의 표제를 사용했는지 살펴보고, 적절한지를 따져보자.
3. 다른 신문에 실린 동일 기사를 찾아 표제 등을 비교하고, 서로의 의견을 교환해보자.

신문의 종류/날짜/몇 면		(기사 1)	(기사 2)
1	기사 표제 정리		
	내용과 연결성		
2	어떤 유형의 표제인가?		
	적절성 따져보기		
3	다른 신문과 비교하기		
	의견 교환 결과		

3. 신문일기로 효율성 높이기

3-1 읽기 작업의 체크 리스트

앞서 보도형 기사의 특징과 유형 등에 대하여 살펴보았다. 우리가 신문 읽기 연습을 보다 적극적이고 효율적으로 진행하고 싶다면, 다음의 단계별로 신문읽기의 기초 작업을 진행해보자.

■ 정독해보기

잘못된 기사지점을 찾는 정독 작업이 필요하다. 예를 들면, 취재 작업을 마무리하지 못해서 의문점이 생기거나 궁금증이 남게 하는 기사를 찾아 표시해본다.

앞서 기사문의 구성방식에 대해 공부하였는데, 표제 부분과 요약문 부분에서 제시된 내용들이 연결성이 떨어져 겉돈다고 느껴지면 체크를 해놓자. 요약문에서 제시된 내용과 본문 부분에서 제시되는 내용도 겉돌아서 따로따로라는 느낌이 들면 정독 작업을 하면서 왜 그런지 이유를 메모해둔다.

기사를 정독하면서 숫자나 날짜 등이 부정확한 기사, 지레짐작하고 썼구나 하는 느낌이 드는 기사, 취재원의 말을 제멋대로 해석하는 태도로 작성된 기사 역시 체크하고 왜 그런지 이유를 메모해두자. 다른 신문에서 확인해준 사항을 미처 반영하지 못하거나, 오보로 판명이 난 내용을 그대로 옮겨 적거나, 애매하거나 잘 모르는 용어를 자주 쓴 기사 등도 체크하면서 골라내는 작업이 필요하다.

■ 비교해보기

지면별 기사 색인을 만들어보자. 이때, 지엽적이거나 중복되는 기사의 경우 효율적으로 생략하거나 요약하는 것이 가능하다. 정치 경제 사회 문화 등 분야별로 기사 비중을 따져 정리하되, 주요 기사의 경우 표제를 써두거나 지면 비중을 표시해두는 것도 좋은 방법이다.

개별 작업한 결과를 토대로 신문별 기사 배열의 특징을 비교해보는 작업도 진행해보자. 두 가지 이상의 신문을 선택하여 비교 작업을 진행하면서 공통점과 차이점을 찾아낸 뒤, 그에 따른 영향력의 차이에 대해 이야기해보자.

예를 들어, 다음과 같이 1면의 보도형 기사 중 하나를 선택하여 구체적인 비교 작업을 해보는 것도 좋다. 다음과 같은 질문에 대한 답을 구하는 식으로 하되, 선택하여도 된다.

예시 1 1면 기사로 비교 작업해보기

	기사제목/출처:	
1	표제는 어떻게 쓰여 있고, 어떤 인상을 주고 있는가?	
2	지면의 위치는 어디이며, 어느 정도의 비중을 차지하고 있는가?	
3	사진 등 기사 외의 요소가 있으며, 기사의 전달력에 어떤 영향을 미치는가?	
4	5W1H의 원칙에서 어느 부분을 특히 중점적으로 다루고 있는가?	
5	관련된 기사들이 다른 지면에 어떻게 연계되고 있는가?	
6	상반된 입장/내용의 기사들이 공존하고 있는가?	

평가해보기

앞서의 작업이 신문이라는 큰 틀을 전제로 한 검토 작업이었다면, 이제 할 작업은 기사 차원에서 좀 더 섬세한 분석이 요구된다. 한 번에 익숙해지지는 않을 것이지만, 꾸준한 신문 읽기의 내공이 쌓이면 이 부분까지도 해낼 수 있을 것이다. 이 때 다음과 같은 사실을 염두에 두면 더욱 효율적인 신문읽기가 될 것이다.

예시 2

1	보도형 기사로서의 검토	사실에 관한 정보가 얼마나 어떻게 보도되고 있는가
2	논평형 기사로서의 검토	사실에 대하여 어떤 의견을 얼마나 어떻게 제시하고 있는가
3	기사의 궁극적 성향 검토	독자의 감정적·정서적 호소력을 목표로 하는지, 독자의 이성적 판단력을 목표로 하는지를 따져보자
4	보도 및 논평의 태도 분석	선정 보도, 사실의 확대·축소·은폐·왜곡의 정도, 미확인 사실의 기사화, 긍정적 중립적 부정적 보도 등을 검토하자

3-2 신문일기를 써본다면

대학생이 되어 바쁜 생활을 보내는 우리 입장에서 신문 읽기에 어느 정도의 시간을 투자할 수 있을까? 신문 읽기를 제대로 하기 위해 스스로 신문이라는 매체와 어느 정도 친한지, 뉴스 정보를 어떤 경로를 통해 어떻게 구하고 있는지를 돌아보는 것이 필요하다. 다음의 〈예시〉를 살펴보고, 자신의 신문 읽기 환경을 돌아보는 시간을 잠시 가져보기로 하자.

예시 1 **요즘 대학생의 신문 읽기를 돌아본다면?**

대학생들의 생활 속에서 신문 읽기는 어떻게 자리 잡고 있는가를 생각해보았다. 사실 대부분 대학생들은 신문을 가까이하며 지내지 않는다고 여기는 경향이 크다. 이것은 어느 정도 맞는 이야기다. 매일 신문을 찾아 읽는 학생들은 소수일 것이다.

그러나 일상 속에서 대학생들은 신문을 넘어 다양한 통로들을 통해 사회의 소식들을 접하며 살아가고 있다. 꽤 많은 사람들이 페이스북이나 인스타그램에 올라오는 카드뉴스나 유튜브의 영상뉴스를 구독한다. 여러 정보들을 이해하기 쉽게 전달해주는 유튜버들의 영상도 즐겨 본다.

그리고 카카오톡이나 네이버 화면에 자리 잡은 눈에 띄는 기사들을 클릭하며 큼직한 사건들을 어느 정도 파악하고 있다. 또한 연예, 스포츠 등 자신이 관심 있는 분야라면 기사를 찾아 읽기도 한다. 대학생들은 사회의 소식에 생각보다 관심이 많고, 특히 좋아하는 분야라면 적극적이고 능동적으로 관련 소식을 검색한다.

대학생들의 문제점은 기사를 읽는 것보다 이미지나 영상의 형태로 뉴스를 접하는 비율이 높다는 데 있다. 기사문을 읽는 것 자체를 지루하게 느끼고, 뉴스를 상세하게 파악하기보다는 대략적으로 알게 되는 경우가 많다. 또한 자신의 관심 분야에만 치우쳐 다른 분야의 기사는 읽지 않는 경향도 있다. 알고리즘에 따라 콘텐츠를 추천하는 기술이 발전하면서 더욱 심화되어, 특정 분야에 대해서는 잘 알아도 다른 분야에 대해서는 무지한, 정보 편식의 현상이 발생하고 있다. 사회의 모든 영역은 유기적으로 연결되어 있고, 한 분야를 제대로 명확하게 알기 위해서는 관련된 다른 분야도 파악해야 하는데, 이에 필요한 안목과 정확성을 얻지 못하고 있는 것이다.

따라서 어떻게 대학생들이 즐겁게 신문을 읽게 할 수 있을까라는 사안은 시각적인 뉴스 뿐 아니라 글로 된 뉴스에도 익숙해지도록 이끌어 주는 것이라 할 수 있다. 나아가 여러 분야의 신문을 골고루 읽도록 도와주는 것도 이에 포함되는 사항이라 판단된다. 그런 의미에서 다음의 〈예시〉를 참고하여 효율적인 신문읽기의 방법을 생각해보고, 실천해보자.

예시 2 효율성을 높이는 신문읽기 3단계 작업

1단계	나의 신문 읽기 습관 돌아보기
2단계	훑어보기 제대로 하기
3단계	맥락잡기 반드시 하기

나의 신문 읽기 습관 돌아보기

대부분의 대학생들은 신문 기사를 읽고 '그렇구나.' 하고 넘기는 경우가 많고 깊게 생각해 보지 않는 경향이 있다고 한다. 이는 인터넷을 하다가 우연히 보이는 일부의 신문 기사를 읽는 식인데, 눈에 띄는 기사나 자신의 관심사, 혹은 이슈가 되는 기사를 골라 읽는 경우가 많기 때문이다. 그런데 이렇게 신문

읽기 작업에 지속성이나 연속성이 부족하게 되면, 뉴스의 배경이나 중요성에 대한 체감지수가 떨어지게 되면서 점점 신문 읽기 작업에 흥미나 자신감이 없어지게 된다. 따라서 신문 읽기 작업은 꾸준히 실천할 수 있는 습관을 들이는 것이 필요하다.

이를 위해 하루에 얼마나 시간을 낼 수 있는지, 언제 자투리 시간을 어떻게 활용할 수 있는지, 어떤 식으로 신문을 읽는 것이 나에게 맞는 것인지 등을 돌아보는 시간을 잠시 가져보자. 매일매일이 아니더라도 정기적으로 시간을 내어 신문을 읽어볼 수 있는 의지와 실천력을 가질 수 있도록 부담가지 않는 선에서 시간을 확보하는 것이 중요할 것이다.

예시 3 나의 신문 읽기 습관을 돌아본 소감

1	나의 신문 읽기는 대부분 아침식사를 하며 이루어진다. 15분~20분의 짧은 식사시간을 통해 신문 전체를 읽기란 상당히 어렵다. 그래서 생각한 방법이 신문의 앞에서부터 뒷부분까지 훑어보기를 한 후 내 입맛에 맞는 정치, 사회, 생활을 중심으로 골라서 읽어보는 방식이었다. 이 방법은 신문읽기 활동에 흥미를 갖게는 해주었지만, 경제, 국제 등 다른 지면의 내용을 전혀 알지 못해 신문읽기의 효율성을 떨어뜨렸다. 따라서 신문 전반에 걸친 다양한 내용들을 빠르고 정확하게 효율적으로 할 수 있는 방법을 찾아야 하지 않을까 생각한다.
2	신문 읽기를 매일 지속하면서 기사의 변화 및 이슈화 과정을 두루 살피는 것이, 이번 5일간의 신문일기의 개인적 목표이다. 그렇지만 생각만큼 잘 포착되지 않는 듯해 솔직히 아쉽기도 하다. 아마도 정치성이 강한 이슈들에 대해서는 관심을 기울이지 못하는 개인적인 성향이 많이 반영된 결과가 아닌가 싶다. 하지만 앞으로 남은 3일간 가능한 편식 없이 신문읽기를 하고자 노력하고 더 꾸준히 살펴보다 보면, 목표한 바를 성취할 수 있을 것이라 생각한다. 그러한 기대를 가지고 매일 신문을 읽어야겠다.

훑어보기 제대로 하기

신문 읽기를 꾸준히 한다는 것은 일정한 시간과 노력을 투자하는 것을 의미하는데, 매일의 신문 읽기 작업에서 모든 내용을 빠짐없이 꼼꼼하게 다 체크하는 것은 현실적으로 너무 큰 부담을 요구하는 일이 된다. 더구나 시사에 관심이 크지 않거나 신문 읽기를 처음 하는 경우라면 의욕만큼 성과도 크지 않게 되어, 중도 포기하게 되는 안타까운 일이 생기기도 한다. 따라서 신문 매체에 담긴 기사형 글쓰기의 특징을 포착하여 효율적으로 훑어보는 작업을 해두는 것이 중요한 기사 하나를 정독하는 것보다 더 중요할 수 있다. 그날치 신문의 전체를 보지 않은 채 하나의 기사만 파고드는 것은 숲을 보지 못한 채 나무만 보는 것과도 같기 때문이다. 신문을 읽는다는 것은 세상살이의 면면을 잠시라도 살펴보는 것이라 생각하자!

신문 읽기의 일차적인 필수 작업은 그날치 신문의 표제 부분을 훑어보면서 어떤 기사들이 있는지를 대략적으로 살펴보는 일이 되어야 한다. 우리가 앞서 배운 것처럼, 기사형 글쓰기에서는 제목들만 읽어도 대략적인 내용 파악이 가능해지게 된다. 그날치 신문의 1면에서 마지막 면에 이르기까지 표제 중심으로 훑어보면서 나에게 필요한 것이나 중요한 것을 표시해놓거나, 지금 현재 중요하게 논의되는 기사나 이슈에 대해 체크해놓는 식으로 준비 작업을 해두는 습관이 필요하다. 이렇게 체크해놓게 되면 필수적으로 읽어야 되는 기사를 추릴 수도 있게 되고, 나중에라도 시간 여유가 될 때 읽어볼 수도 있게 된다.

예시 4 나의 신문 읽기 습관을 돌아본 소감

1	수업시간에 배운 펜을 이용한 훑어보기 방법을 3월 17일 중앙일보에 적용하여 읽어보았다. 사회적 이슈(☆), 궁금한 것(?!), 흥미로운 기사(^^) 표시를 이용해 신문에서 중요하게 알리고자 하는 내용이 무엇인지 파악하기로 했다. (☆)표시는 큰 글씨크기와 진한 글씨체로 쓴 '인천 초등생 유괴범 유수지에 산 채로 던져 살해'라는 기사에 표시했다. (?!)표시는 궁금증을 자아내게 하는 표제인 '미 글레이저 부차관보 마카오로 달려간 까닭은?'이라는 기사에 표시했다. (^^)표시는 흥미 있는 내용을 담고 있는 '한국모델 '당당한 워킹' 세계 톱 모델과 나란히'라는 기사에 표시했다.

1	이렇게 부호를 동원하여 기준을 명확히 세우고 표시를 한 후, 기사를 자세히 읽고 요점을 파악하여 최종적으로는 타 신문사와 비교하는 방법을 거쳐서 나의 입장을 세우는 방법으로 이어나갔다.
2	신문읽기의 첫 날이었다. 단순히 읽어 내려가는 것이 아니라, 기사들 간에 이런저런 연결 지점을 찾으면서 읽는 훈련이 아직은 나에게 쉬운 일은 아닌 듯 했다. 그렇지만 이러한 훈련이 내일의 또 다른 나를 만들어 주는 밑거름이 될 것이라고 생각하고 꾸준히 연습을 해나가야겠다.

맥락 잡기 반드시 하기

앞서 훑어보기 작업을 통해 그날치 신문에서 중요한 것이나 필요한 것 등에 대한 추려내기 작업이 진행되었을 것이다. 신문 읽기에서 중요한 또다른 지점은 매일의 뉴스가 어떤 흐름으로 진행되는지 맥락을 잡아보는 작업을 하는 것이다. 어제의 뉴스가 오늘은 어떻게 진행되어 어떤 뉴스로 우리에게 전달되는지를 살펴보고, 또다시 내일은 어떻게 진행될지를 가볍게라도 예상해보는 활동이 바로 맥락 잡기 작업이다.

이러한 맥락 잡기 작업을 통해 우리는 매일의 신문 읽기 작업을 일회성으로 마치지 않고 중요한 뉴스에 대한 축적 작업을 진행하게 되고, 이러한 축적을 통해 뉴스를 보는 내공을 키우게 된다. 그리고 이러한 내공이 결국은 이슈를 보는 눈으로 연결되어 이슈에 대한 적극적인 감지와 이슈의 진행과정에 대한 비판적 입장 개진에까지 이르게 되는 것이다.

따라서 신문 읽기 작업에서는 중요하거나 필요한 뉴스의 경우에는 뉴스의 흐름을 잡아 맥락을 그려보는 작업을 해보는 것을 추천한다. 특히 중요하거나 필요한 기사의 경우에는 해당 기사와 연결된 사설 등을 포함시켜 읽어두는 식으로 기사의 중요도를 체감해서, 자신의 생각을 정리하는 단계로까지 체크해놓으면 더 좋다. 한걸음 더 나아가 비교 작업을 병행하면서 신문사별로, 매체별로 어떤 입장인지를 살펴보면 이슈에 대한 객관적인 정보 파악과 합리적인 입장 표명에 도움이 될 것이다.

이미 지나간 시사 이슈를 한번에 알아채기는 어려울 것이다. 지속적으로 신문 읽기를 하면서 우리에게 필요한 만큼 뉴스 정보와 시사 이슈에 대한 배경 지식이 축적되고 확보될 것이므로 너무 조급해하지는 말자! 현재의 중요 쟁점을 기준으로 비슷한 일 혹은 관련된 내용을 역으로 추적하여 과거의 신문을 읽어가는 방법으로 응용해보면 조급함이 조금은 사라질 수도 있을 것이다. 자신감을 갖고 꾸준히 효율적인 신문 읽기와 친해지기로 하자!

예시 5 맥락잡기를 한 소감

1	수업시간에 오늘 나온 기사가 후에 어떻게 나오는지 흐름을 파악하고 살피는 방법을 배웠다. 그 예를 3월 17일 중앙일보에서 파악해 볼 수 있었다. "공무원 퇴출제 바람직한 방향" 표제의 기사는 공무원 퇴출제에 관련한 내용을 담고 있는데, 3, 4일전부터 신문에서 이와 관련한 내용이 이어지고 있었다. 따라서 이 경우 앞으로 17일 이전에 나왔던 기사내용을 정리함과 동시에 이후에 나올 기사에 대해 예상해보는 것이 필요할 것 같다.
2	생각했던 것 이상으로 신문에는 다뤄볼 만한 내용들이 너무 많았다. 지난 신문일기에서는 대부분 정치적 이슈들을 주요 쟁점으로 삼았었지만, 솔직히 개인적으로는 정치문제보다는 사회문제들에 관심 있어 했고, 그래서 더 눈여겨보았던 것도 사실이다. 하지만 일주일간 이슈의 맥락잡기를 해봐야겠다고 마음먹은 것과는 달리, 사회면의 자그마한 각각의 사건들을 두고서는 맥락잡기를 하는데 어려움이 있어서, 정치적 문제들을 집중적으로 다뤄보았다. 정치적 이슈들은 표면에 드러난 단순한 사건내용보다, 그 이면에 깔린 의도를 파악하면서 읽는 것이 중요하다는 것을 이번 기회에 확실히 알았다. 그렇지만 원래 신문읽기를 즐겨하지 않았던 터라, 몇 달 전부터 이슈화되기 시작한 사건들은 진행과정 중 모르는 것이 상당부분이어서 그 의도를 파악하는데 어려움이 많았다. 그렇지만 그러한 부분을 극복하고 읽어나가다 보면, 현재 내가 읽고 있는 기사들이 몇 달 뒤엔 또 다른 큰 이슈가 되어 그 때는 어려움 없이 잘 읽어 나갈 수 있지 않을까 하는 기대를 걸어본다. 이런 지점에서 언론의 역할과 책임이 생기는 것이 아닐까. 힘없는 이들의 생각을 대변하고, 이들의 생각을 바탕으로 건전한 여론을 형성하여 사회 곳곳의 문제들을 해결하는데 앞장 서는 사회의 길잡이가 바로 언론의 역할이라 생각한다. 그리고 나 또한 국민이자 독자의 한 사람으로 신문읽기를 통해 사회 현실에 적극적으로 관심을 갖는 것이 얼마나 중요한 것인지 깨달았다. 그리고 다양한 채널을 통해 서로 생각을 공유하고 참여하는 것이 건전한 여론을 형성하는 출발점이 될 것이라 생각한다. 이런 것들이 모이고 모이면, 곧 사회가 발전적으로 한 걸음 더 나아가는 힘의 원천이 될 것이라 믿는다.

일기 형식으로 소감 남기기

예시 6

신문일기 1일차 소감

오늘 신문 1면의 첫 기사는 평소에 비춰봤을 때 새롭지만 참으로 마음 아픈 소식이었다. 카드 빚 때문에 부모는 멀리 떠나버리고 병든 할머니와 살고 있는 한영, 한별 남매의 이야기였다. 이 아이들에게 매년 추석은 외로움과 슬픔뿐인 시간이라고 한다. 매년 떠난 가족을 기다리며 외로운 추석을 맞이하는 남매의 안타까운 사연이 우리 주위의 많은 이러한 이웃들을 대변하고 있을 거란 생각을 하니 너무도 안타깝게 느껴졌다.

반면에, 오늘 사회면에 추석이라는 같은 주제로 나온 한 기사는 사뭇 색다른 내용이었다. 친지들의 결혼 성화에 달갑지 않은 추석 명절, 싱글들은 이 시기를 집중맞선의 기간으로 보낼 계획이라는 것이었다. 같은 사회의 울타리 안에서 살아가는 사람들이, 어쩌면 이렇게도 다른 사고와 생활을 영위하고 있는지, 신문이라는 매체 안에서 새삼 우리 사회의 극과 극을 체감할 수 있었다.

신문일기 3일차 소감

예상했던 바였지만, 이웃한 나라 일본의 새로운 총리로 아베 총리가 선출되었다고 한다. 가깝지만 먼 나라이기도 한 일본과 우리 정부의 관계가 이번 계기를 통해 어떤 국면을 맞을지 국민의 한 사람으로 걱정 반 기대 반의 심정이었다. 앞으로의 신문에 아베 총리와 우리 정부에 관련된 기사들은 부디 좋은 기사들이 실렸으면 하는 바람이다.

신문일기 5일차 소감

오늘 신문에는 다른 날에 비해 색다른 기사가 여럿 실려 있었다. 예를 들면 2박 3일간 직접 체험한 경험을 바탕으로 한·중·일 관광물가에 대한 기사를 실어 유익한 여행정보를 제공하고 있었다. 또한 각 세대별 인기 있는 이름에 대하여 순위별로 제시한 기사가 있어 흥미 있게 읽어볼 수 있었다.

그 외에도 유난히 사회분야의 기사가 많은 날이었는데, 관심이 가는 기사들을 중심으로 하나의 선상에 두고 보니 그다지 반가운 현실은 아닌 듯 했다. 사설학원이 66%나 늘었다는 소식이나 고교 수학여행을 가정 형편에 따라 해외와 국내로 나누어 가는 사례가 늘고 있다는 소식, 고비용이 드는 로스쿨 학비에 법조인이 될 기회를 박탈당할 것이 우려된다는 독자투고의 기사가 바로 그것이었다. 사회가 점점 빈자에게는 더욱 매몰차고, 부자들 주머니만 두둑해지는 사회로 되어가고 있는 것 같아 안타까웠다.

이런 나라 현실에 더불어 IMF가 한국을 일자리 창출 능력을 상실한 나라로 발표했다는 기사는 나라의 미래마저 어둡게 보이도록 하였다. 그러나 마침 오늘 기사 중에 '2006 잡 페스티벌' 현장 사정에 관한 많은 문제점들에 대하여 비판적인 보도를 하고 있었다. 이 기사는 그래서 취업에 대해 제대로 된 정보를 제공했다는 점에서, 이러한 부분들이야말로 어두운 나라 현실을 극복하도록 돕는 언론의 진정한 역할이 아닐까 싶었다.

사건의 문제점을 정확하게 보도하는 것도 중요하지만, 사회 곳곳의 문제를 비판적인 시각으로 포착하고 이에 대한 바람직한 방안을 강구하여 대중에게 알리는 것 또한 언론의 중요한 역할이라 할 것이다.

3 연습해볼까요?

1. 우리도 신문일기와 친해지는 작업을 최소 3회 이상 해보자. 다음과 같은 양식을 활용하되, 자신의 신문 읽기 작업을 잘 반영할 수 있도록 조정하는 센스를 발휘하자.

1	언제/어떤 신문	
2	언제/어떤 신문	
3	언제/어떤 신문	
신문일기를 마치고 난 소감		

2. 신문일기 작업 중 주목할 만한 보도형 기사를 택1하여 다른 신문에 실린 보도형 기사와 비교 작업을 해보자. 다음과 같은 양식을 활용하되, 자신의 신문 읽기 작업을 잘 반영할 수 있도록 조정하는 센스를 발휘하자.

	신문일기를 한 신문 제목/날짜:	비교 작업을 한 신문 제목/날짜:
표제(그대로)		
표제 유형 분석		
기사 내용 분석		
기사 비교 작업		
관련 기사 리스트 만들기		

4장

논평형 기사로 워밍업하기

1. 논평형 기사가 중요한 이유

논평형 기사는 기사 작성자의 의견 전달에 목적이 있는 글이다. 논평형 기사의 쓸거리는 보도된 기사에서 취하되 그중에서 공익을 위하여 여론을 형성하고 독자를 교육·계몽할 가치가 가장 높은 기사를 택하는 편이라고 한다. 보도내용에 대해 글쓴이의 의견을 논리적으로 제시하는 글이 바로 논평형 기사이다.

예를 들어, 새로운 라이프 스타일을 맞아 배달 앱이 주목받고 있는 현실에서 〈예시 1〉과 같은 보도형 기사를 읽게 되었다고 하자. 이러한 뉴스를 접하고 〈예시 2〉와 같은 내용으로 이러한 현실을 직시하고 문제의식을 갖게끔 고취하는 것이 논평형 기사의 목적이다. 이를 통해 해당 문제에 대한 공감대가 형성되면 해결방안이나 대책 마련도 훨씬 수월해질 것이다.

예시 1 **오늘의 뉴스를 읽고**

오늘 보도된 기사의 요점은 다음과 같다. 배달 앱의 경쟁이 치열해지면서 과포화 상태에 있는 외식업계가 어려움을 겪고 있는데, 빠른 배달을 위해 조리사는 빠르게 음식을 만들려 하고 라이더들은 시간 싸움으로 안전이 위협받고 있는데다 배달 앱 리뷰가 큰 영향을 주다 보니 이를 이용한 블랙 컨슈머들도 등장하고 있다는 것이다.

예시 2 **배달 앱 과당 경쟁에 대한 나의 의견**

비대면 시대를 맞아 배달 앱의 사용은 나날이 증가하는 추세인데, 보도된 내용대로 배달 앱의 문제점이 적지 않다. 소비자 측면에서는 매우 편리한 앱이지만, 외식업계에서는 마케팅 비용의 과다 지출과 과당 경쟁 등의 어려움을 호소하고 있다. 따라서 무한 경쟁으로 인한 부정적 영향을 최소화하는 노력과 부작용을 막는 보완책을 마련해야 한다.

오피니언(opinion) 코너의 의미

논평형 기사의 중요성을 잘 살린 지면이 바로 신문마다 설정되어있는 오피니언 코너이다. 오피니언opinion이란 의견 또는 견해를 뜻하는 단어인데, 신문 지면에서는 어떤 사안에 대하여 개인이나 단체의 주장이나 의견을 적은 논평형 기사를 오피니언이라 할 수도 있고, 더 일반적으로 이러한 논평형 기사들을 집중적으로 모아놓은 코너를 오피니언이라 총칭하고 있다.

대부분의 신문에서는 1면에서 중간 정도의 분량까지는 다양한 보도형 기사를 담고 있으며, 논평형 기사는 그날치 신문의 후반부에 수록하는 방식을 취한다. 그래서 뉴스를 신속하게 접하려면 1면부터 읽어나가는 게 좋고, 논평형 기사를 서둘러 읽고 싶다면 신문의 마지막 면부터 역순으로 읽어나가는 게 좋다는 말이 나오게 되는 것이다.

오피니언 코너를 펼치면 다양한 사안에 대하여 다양한 글쓴이들의 의견과 입장을 확인할 수 있게 되는데, 이러한 지면에 실린 논평형 기사를 읽는 것만으로도 여론의 동향을 파악할 수 있게 되는 것이다. 자신의 의견을 정립시키는 것 못지않게 다양한 사람들의 의견을 파악하는 것도 중요하다. 내가 미처 주목하지 못했던 사회적 이슈에 대해 여러 방향으로 접근해보는 것도 생각의 폭을 확장하는 중요한 활동일 수 있다.

논평형 기사의 구성

논평형 기사는 표제와 본문 부분으로 구성된다. 우리가 흔히 생각하는 논리적 글쓰기의 구성과 동일하므로, 제목과 내용 부분으로 대입해주어도 된다.

표제는 기사의 주제를 알 수 있게 제목을 뽑아주되, 이를 통해 작성자의 의견을 쉽게 파악할 수 있도록 하는 것이 바람직하다. 따라서 너무 짧거나 은유적이기보다는 해당 사안에 대한 입장이나 주장, 혹은 문제의식을 핵심으로 뽑아주는 것이 필요하다.

예시 3 논평형 기사의 표제

1	행복지수와 삶의 질
2	가상화폐 컨트롤타워 구축의 필요성
3	대형마트 반려동물 입장 자제해야 하는 이유
4	제도 개혁의 전제조건
5	배달 앱 과당 경쟁 부작용 보완해야

본문 부분은 논리적 글쓰기의 체계를 따라 '서론-본론-결론'의 구성을 취하게 된다. 본문은 기사 작성자의 의견을 설득력 있게 전달하는 부분으로, 논평형 기사의 특징을 파악할 수 있는 부분이다.

논평형 기사 작성에서는 글쓴이의 선입견이나 고정관념, 사사로운 자기감정 등에 좌우되지 않는 사실이나 타당성 있는 증거에 입각해서 객관적으로 서술되어야 한다. 자신의 이름을 내건 논리적 글쓰기처럼 보이지만, 신문이라는 지면에 실린 기사문인 만큼 글을 쓰는 목적이 공익이라는 점을 명심한다면 보다 공정한 논평형 기사가 될 수 있고, 이를 통해 건전한 여론도 형성될 수 있을 것이다.

2. 논평형 기사의 유형별 특징

▣ 사설(社說)

사설은 엄밀히 말하면 일반기자가 쓰는 것이 아니고 논설위원이 쓰는 기사를 말한다. 사설은 신문사의 의견을 대표하는 것으로 논설위원들이 논설 회의에서 기사꺼리의 문제에 대한 토론을 거쳐 그 신문사의 의견을 집약해서 논설위원들이 공동 집필하거나 한 논설위원에게 대표 집필하도록 한다. 따라서 사설의 화자는 '우리'로 시작하며, 토론을 거쳐 공동 집필하는 것이 관례이다. 이러한 과정을 거쳐 완성되는 것이 사설인 만큼 논설자의 이름은 밝히지 않게 되는 것이다.

주로 기사화된 사건이나 현재 사회적으로 문제가 되는 것을 제시하거나 평가하며 여론을 반영하거나 조성하는 데 매우 중요한 역할을 한다. 사설은 뚜렷한 주관과 논리의 명증성(明證性)이 요구되며 특히 중립적이고 객관적 태도를 바탕으로 한 공공성을 필요로 한다.

▣ 시론(時論)

시론이란, 그때그때 일어나는 시사에 대한 평론이나 의론을 말한다. 유사한 표현으로 쓰이는 시평(時評)은 시사(時事)에 관한 평론을 줄여 쓰는 용어이다. 경우에 따라서는 논단(論斷)이라고도 하는데, 시의성 있는 사안에 대하여 평론(評論)하거나 논평(論評)하는 글쓰기를 지칭하는 것이다.

결국 시론이나 시평 등은 주로 시사적인 현안 문제에 대해 쓰는 논평 형식의 글을 의미한다. 시론은 기사 작성자의 의견을 논리적으로 펼치는 의견 전달에 목적이 있는 글이기에, 주로 사회 현실을 비판·분석·평가함으로써 독자를 자극하여 교육·계몽하는 역할을 한다. 시론의 쓸거리는 보도된 기사에서 취하되 그중에서 공익을 위하여 여론을 형성하고 독자를 교육·계몽할 가치가 높은 기사를 택하게 된다고 한다.

예시 1 빅 데이터의 유용성을 살리려면

코로나19로 인한 업무의 디지털화와 스마트폰 사용의 증가가 기업의 경영뿐만 아니라 생활 다방면으로 변화를 불러 일으켰다. 이 상황에서 자연스럽게 과거보다 빅 데이터의 활용성과 중요도도 올라갔다.

기업은 코로나로 바뀐 새로운 일상에서 살아남기 위해 업무를 디지털 방식으로 전환하고 있다. 기업의 투자 순위도 바뀌었다. 디지털 업무 환경에서 혁신을 촉진하는 데 필요한 유연성, 확장성, 민첩성을 보장하는 빅 데이터에 대한 투자가 커지고 있는 것이다.

정부도 지속 가능한 데이터산업 육성을 위해 기업을 독려하고 있다. 디지털 금융 서비스 확대, 의료 서비스 개선, 교통체계 개선, 자연재해 신속 대응, 질병 예방 등에 빅데이터의 예측과 분석 능력이 이용된다.

빅 데이터가 소비자들에게 효과적인 정보 전달을 하는 데 유용하지만 개인정보 유출이라는 문제는 지속적으로 관심을 가져나가야 할 것이다.

시론을 쓸 때에는 글쓴이의 문제의식이 매우 중요한데, 문제를 바라보는 시각을 정립하고 그 관점에 입각해 현실적 상황을 참조하면서 자신의 입장을 논리적으로 전개해야 한다. 글을 쓰기 전에 정보와 지식을 충분히 갖추고, 자신의 주제와 같은 내용을 다룬 신문 기사나 사설을 찾아 각각의 입장과 주장을 살펴보는 것도 필요하다. 흑백 논리에 입각하거나 양시론적/양비론적 입장에서 결론을 내리는 것 모두 바람직한 태도라 할 수 없으므로 자신의 입장과 결론을 분명히 정리해 두어야 한다.

다음의 〈예시〉는 논평형 기사 중 마음에 드는 시론을 하나 선택하여, 기사의 내용 요약 작업과 평가 작업을 연습해본 결과이다. 살펴보고, 이런 식으로 연습활동을 진행해보기로 하자.

예시 2 **시론 읽기 연습을 해본다면?**

선택한 기사의 내용 요약

최근 들어 돈을 버는 방법이 주식과 가상화폐, 즉 비트코인 등 다양하게 많아지면서 자신이 직접 일을 해서 버는 돈인 임금노동의 가치가 점점 떨어지고 있다. 이러한 것들은 수익성이 크나 위험성이 크고 불로소득에 가깝기에 정상적이고 바람직해보이지는 않다. 이에 정부는 가상화폐에 세금을 물린다는 정책을 내놓는다고 하지만, 이런 소극적 대책으로 비트코인의 열풍이 잠잠해질지는 미지수라 생각한다.

추천 이유

최근 광풍이 부는 비트코인과 주식에 대한 기사라 시의성이 있다고 판단된다. 최근 우리 또래 젊은이들은 이전 세대보다 주식이나 비트코인에 대한 접근성이 매우 높고 상대적으로 위험성에 대해서는 잘 모르는 경향이 있다. 그저 누구나 쉽게 할 수 있는 재테크 방법이라 생각하고 시대적 대세를 따르는 것이라는 식으로 당연하게 생각하기도 한다. 이 기사에서 비트코인과 주식에 대한 지나치게 낙관적인 생각들을 적절히 비판하고 있는 것은 현실적인 차원에서 필요한 문제제기라고 생각한다.

평가한다면

요새 사람들이 큰 관심을 가지고 있는 주제를 잘 선택하였다. 다만, 결론 부분에서 글쓴이의 의견 제시가 약한 게 아쉬웠다. 이 기사에서는 이러한 광풍이 바람직하지도, 정상적이지도 않다고 언급을 하며 끝을 맺고 있다. 앞선 부분의 내용에서 주식, 비트코인 투자 열풍에 대한 문제점들을 적절히 꼬집었으므로, 결론 부분에서는 좀 더 명확하고 강력한 태도로 비판해주었으면 설득력이 커지지 않았을까 생각되었기 때문이다.

또한 근거 제시의 측면에서도 좀 더 객관적인 자료가 보강되면 좋겠다. 나는 기사의 취지와 비슷한 생각을 갖고 있었기에 공감이 쉬웠지만, 그렇지 않은 독자라면 객관적인 근거 제시 없이 설득되기는 어려울 것 같다. 생각이 다른 독자들을 설득하려면 보다 명확한 근거 제시가 필요하다고 생각한다.

칼럼

사설이 딱딱하고 논리적이며 객관성을 유지하는 반면, 칼럼은 소재와 양식에 있어 개인적인 친근감을 준다. 칼럼은 사설처럼 딱딱하고 어렵지 않으며 내용이 풍부하다. 또한 화자가 '나'이며 집필자의 이름을 밝히는 것이 상례이다.

칼럼의 원래 뜻은 신문 한 면에서의 한 단을 의미하며, 그것을 칼럼니스트에게 주고 마음대로 글을 쓰게 한 데서 유래했다고 한다. 칼럼은 전문적인 칼럼니스트가 쓰는 정치 사회적인 내용에서부터 비전문가가 쓰는 쪽글에 이르기까지 다양하다. 어느 경우에든 칼럼은 잡문이 아닌 논평이어야 한다는 점에서 기사문의 본질과 목적에 부합해야 한다.

오피니언 코너에서는 칼럼을 정기적으로 게재하는 코너도 있는데, 해당 코너의 성격에 맞는 칼럼을 다양한 필진들이 작성하게 된다. 예를 들어, '한겨레 논단(한겨레신문)', '동아광장(동아일보)', '아침 논단(조선일보)'등은 전문가가 쓰는 비교적 무거운 칼럼에 속하며, '기자수첩', '기자의 눈' 등은 기자들이 쓰는 칼럼, '여성칼럼', '생활칼럼', '일사일언', '청론탁설' 등은 비전문가가 쓰는 가벼운 칼럼에 속한다.

독자투고

독자투고는 신문의 독자가 신문사에 보내는 형식의 다양한 글쓰기를 지칭한다. 그 신문에 실린 기사에 대한 느낌이나 견해의 표명, 신문에 실리지 않은 사건의 제보, 일화의 소개, 시국에 대한 걱정을 토로하거나, 정책에 대한 의견 제시를 하는 식으로 말이다. 독자투고는 이렇게 다양한 여론을 수렴하기 위한 창구의 역할을 한다.

예시 3 대형마트 반려동물 입장 관련 기사를 읽고

> 이 기사를 읽고 반려견(안내견 포함)에 대한 부정적인 인식을 심어줄 수 있다는 우려가 생겼다. 따라서 자살 관련 기사를 쓸 때 기사의 마지막에 자살 방지 관련 상담 방법 등을 적어놓는 것처럼, 이 기사에서도 안내견에 한해서는 출입이 가능하다, 거부할 권리는 없다는 등의 내용을 추가했으면 좋겠다.

독자투고는 저명하지 않은 독자가 자신의 의견을 기고하는 글이다. 이 코너를 통해 독자들은 자신의 의견을 개진할 수 있고 신문사의 입장에서는 다양한 의견을 보여줄 수 있다. 최근의 신문 편집은 독자로부터의 피드백을 중시하는 경향이 많아 각 신문마다 지면이 할애되고 있고, 독자부가 신설되고 있는 추세이다.

경우에 따라서는 신문사에서 주제를 정하고 그에 대한 독자의 의견을 수렴하기도 한다. 일반 상식으로 보면 독자투고는 기사문이 아닌 것 같지만 무수한 독자들의 투고 중 신문사의 입장·관점 등의 기준에 맞는 것을 취택해서 신문에 싣고 기자가 수정·보완하기 때문에 일반인 독자가 작성한 글이라 해도 논평형 기사의 한 유형으로 포함되는 기사문이게 되는 것이다.

3. 이슈의 맥락 잡기에 대하여

3-1 뉴스의 흐름을 본다는 것

이슈issue란 사람들에게 뜨거운 관심을 불러일으키는 논점이나 쟁점을 말한다. 대중의 뜨거운 관심을 받고 있는 정치적, 경제적, 사회적, 문화적 문제들이 바로 이슈가 된다. 특히 논평형 기사를 모아놓은 오피니언 지면에서는 중요한 사안에 대하여 저마다의 입장 차이에 따른 논쟁과 주장, 옹호와 반박 등의 형식으로 다양한 사람들의 의견을 보여주게 된다. 우리가 신문 읽기를 하면서 뉴스의 흐름을 본다는 것은 이렇게 사람들의 뜨거운 관심을 받고 있는 이슈를 찾아, 그에 대해 사람들이 어떤 입장과 의견을 갖고 있는지를 살펴보는 것을 의미한다.

다음은 〈이슈의 맥락 잡기〉라는 취지로 공부한 수업 내용을 토대로 직접 신문 읽기를 해본 결과를 도식화한 것이다. 어떤 식으로 이슈의 맥락을 잡아 요점을 잡아가는지, 잠시 옛날신문을 읽는 마음으로 살펴보기로 하자. 해당 실습에서는 이슈 하나를 선택하여 구체적인 기사내용을 알 수 있는 표제 부분까지 정리하였지만, 시대 상황이 많이 달라졌으므로 기사 유형만 표시하기로 한다.

예시 1 이슈를 선택하여 뉴스의 흐름 파악하기

	10.4 수	10.5 목	10.9 월	10.10 화	…
A신문	보도형 기사 4 논평형 기사 1	보도형 기사 7 논평형 기사 1	보도형 기사 2	보도형 기사 10 논평형 기사 1	…
위치	종합면 4 사설 1	종합면 7 사설 1	종합면 2	종합면 10 사설 1	…
B신문	보도형 기사 1	보도형 기사 5 논평형 기사 1	보도형 기사 4	보도형 기사 18 논평형 기사 2	…
위치	종합면 1	종합면 5 사설 1	종합면 4	종합면 15 경제면2 사회면1 사설 2	…
뉴스의 흐름	이슈 발생	이슈 진행		이슈 대폭 확대	이슈의 소강

뉴스의 흐름을 잡으려면 이렇게 이슈가 사람들의 관심을 받고 중요한 문제로 부각되는 시점을 잘 잡는 것이 필요하다. 신문 읽기를 꾸준히 하게 되면 어떤 게 이슈가 되는지, 왜 그런 이슈가 생겨나게 된 것인지 좀 더 넓은 시야로 뉴스의 흐름을 읽어내게 되는 것이다.

우리는 이미 만들어진 이슈를 가지고 찬성이냐 반대냐 하는 식의 토론을 하는 것에는 익숙한데, 우리 스스로 이슈를 찾아 문제를 심화시켜 보는 연습은 제대로 해본 경험이 많지가 않다. 따라서 뉴스의 흐름을 내 눈으로 확인하면 이슈가 언제 어떤 일을 계기로 발생하여 점차 확대되고 있는지, 그리고 어느 순간 이슈가 소멸되고 또 다른 이슈가 새롭게 생기게 되는지를 관심 있게 지켜볼 수 있게 되는 것이다.

3-2 효율성을 높이려면

이슈의 맥락 잡기는 다음과 같은 여러 활동을 체계적으로 진행할 때 효과적이다. 다소 번거롭게 느껴지기도 하겠지만, 체계적으로 신문읽기 작업을 진행하고 싶다면 다음과 같은 작업을 병행하면서 효율성을 높여보자.

보도형 기사 리스트 만들기

다음의 양식을 활용하여 보도형 기사의 리스트를 만들어보는 작업을 진행해보자. 자신의 기사 읽기 작업이 충분히 반영될 수 있도록 제시된 양식을 변용하는 센스를 발휘해보는 것도 좋다!

예시 1 **A신문의 보도형 기사 리스트 만들기**

A신문의 경우(발행일:)			
	보도형 기사의 표제	표제의 유형	내용 분석
1			
2			
3			
4			
5			

예시 2 **B신문의 보도형 기사 리스트 만들기**

B신문의 경우(발행일:)			
	보도형 기사의 표제	표제의 유형	내용 분석
1			
2			
3			
4			
5			

논평형 기사 리스트 만들기

다음의 양식을 활용하여 논평형 기사의 리스트를 만들어보는 작업을 진행해보자. 자신의 기사 읽기 작업이 충분히 반영될 수 있도록 제시된 양식을 변용하는 센스를 발휘해보는 것도 좋다!

예시 3 **A신문의 논평형 기사 리스트 만들기**

A신문의 경우(발행일:)			
	논평형 기사의 유형	논평형 기사의 표제	내용 분석
1			
2			
3			
4			
5			

예시 4 **B신문의 논평형 기사 리스트 만들기**

B신문의 경우(발행일:)			
	논평형 기사의 유형	논평형 기사의 표제	내용 분석
1			
2			
3			
4			
5			

사설 비교 작업

앞서 행한 작업을 토대로 이번에는 논평형 기사 읽기 작업을 구체적으로 발전시켜보자. 효율적인 진행을 위해 사설을 선택하여 비교 작업을 진행해보자. 동일한 뉴스를 소재로 하여 만들어진 사설 두 편을 골라, 비교하면서 읽어보는 작업을 하는 것이다. 서로 다른 신문에서 사설을 고르는 것이므로, 자연스레 신문사의 입장을 비교하는 작업도 겸하게 될 것이다.

예시 5 어느 날의 신문일기: 사설 비교하며 읽어보기

요즘 군대와 관련한 여러 문제점이 드러나면서 그와 관련한 기사와 사설을 많이 볼 수 있었다. 나는 2편의 사설을 선택하여 비교읽기를 해보았다.

두 사설은 군대의 문제점을 고쳐야 한다는 점에서는 같지만, 비판 범위가 다르다는 차이점이 있었다. A신문의 사설은 장병에 대한 부실 급식 문제, 군 내 성추행 은폐 사건, 조교의 말을 듣지 않는 훈련병, 지난 3월 민통선이 뚫렸던 것 등 군의 전체적인 문제점을 비판하고 있다. 이에 반해 B신문의 사설은 군대 내 성폭행 사건만을 다루면서 집중적으로 비판하고 있다.

이러한 차이점에도 불구하고 두 신문의 사설에서는 공통적인 문제 해결책을 제시하고 있어 흥미로웠는데, 지휘관의 자리와 책임에 대한 중요성을 강조하고 있었기 때문이다. A신문의 사설은 군대 내에서 사건들이 발생하는 원인은 군의 기강이 해이해졌기 때문으로 그 책임은 지휘관에게 있다고 말한다. B신문의 사설에서도 지휘관이 가진 권한들을 취재하고 그러한 권한들을 지휘관에게 부여한 사법 체계에 문제가 있다고 비판한다. 이렇듯 두 사설은 독자들에게 군대 개혁을 위해서는 윗물부터 맑아야 한다는 점을 강조하고 있는 것이다.

개인적으로 A신문 사설의 결론이 조금 아쉽게 느껴졌다. B신문의 사설이 군의 개혁을 위한 실질적인 방안을 제시한 데 비해, A신문의 사설은 구체적인 제도적 방안의 제시 없이 군 수뇌부에게 책임감을 가질 것만 강조했다는 점에서 한계가 느껴졌기 때문이다.

다음의 양식을 활용하여 동일 뉴스를 소재로 작성된 사설의 비교 작업을 구체적으로 진행해보자. 자신의 기사 읽기 작업이 충분히 반영될 수 있도록 제시된 양식을 변용하는 센스를 발휘해보는 것도 좋다!

예시 6 동일 뉴스를 소재로 한 사설 비교 작업해보기

	A신문(발행일:)	B신문(발행일:)
제목(표제)		
서론 부분 (요약과 평가)		
본론 부분 (요약과 평가)		
결론 부분 (요약과 평가)		
비교 결과		

이슈에 대한 3자적 입장 정리

앞서 행한 사설 비교 작업을 토대로 이번에는 이슈에 대한 입장 차이를 주목하는 작업을 진행해보자. 사설은 신문사의 입장을 대변하는 논평형 기사라고 설명하였는데, 신문사별로 어떤 입장을 보이고 있는지 정리해보는 작업이다. 이때, 신문사의 입장만 파악하지 말고 뉴스의 소재가 되는 주인공들, 이른바 뉴스 메이커의 입장도 아울러 정리해보자. 해당 뉴스에 대한 독자의 입장을 찾을 수 있다면 이 또한 정리해두면 훨씬 입체적인 읽기 작업을 진행하게 된다.

예시 7 사설에서 이슈에 대한 3자적 입장 정리해보기

	A신문	B신문
신문사의 입장		
뉴스 메이커의 입장		
독자의 입장		
비교 결과		

3-3 사설지도 만들기

앞서 이슈의 맥락 잡기와 관련하여 뉴스의 흐름을 제대로 잘 파악하는 것이 중요하다는 사실을 강조하였다. 이제부터 설명할 내용은 사설 읽기 작업을 제대로 하기 위한 활동으로, '사설지도 만들기'라 이름붙이고자 한다.

사설 리스트 만들기

오늘의 신문 사설들을 훑어보고 주요 관심사가 어디에 집중되고 있는지를 정리해보자. 신문 전체의 지면 구성과 연결하여 사설의 필요불가결한 지점(예를 들어, 보도형 기사 등)을 찾아보자.

예시 1 **어느 날의 신문일기: 20**년*월*일자 〈A신문〉을 읽고**

요즘 군 문제로 떠들썩하다. 여 부사관을 성추행한 사건도 있고, 군 부실 급식 제보 사건, 내부 고발자 색출 시도 사건도 있다. 정치적 기사를 자주 챙겨보는 편은 아닌데, 아무래도 미필자다 보니 자연스레 군에 관심을 가지게 되었다.

이러한 사건 보도들과 관련해 논평형 기사를 읽어보니, 종합적인 병영문화 개선 기구를 설치하라는 의견이 새롭게 제시되었다. 그러나 이미 군 차원에서 민간위원들이 참여하는 군내 성폭력 예방 및 병영문화 개선 관련 위원회나 전담팀이 운영되는 상황에서 또다시 기구가 생길 경우 기능과 역할의 중복과 효율성 저하가 우려된다는 의견도 있었다.

이러한 '소 잃고 외양간 고치기'식은 옳지 않다고 생각한다. 군 관련 문제는 매년 언론이 보도하고 있던 것이었고, 특히 군대의 환경이 매우 열악하다는 사실은 모두가 인지하고 있던 것이었다. 한 익명 커뮤니티에서는 이번 군 부실 급식 제보 사건에 대해 경험자들의 소소한 반응들이 다양하게 나오기까지 했다. 사건이 터지고 여론이 들썩이니 겨우 나서는 모습도 안타깝지만, 애써 내놓은 해결책도 이미 시행되고 있던 것임은 평소에 얼마나 군 문제에 대해서 무심했던 것인지를 보여주는 것 같다.

다음의 양식을 활용하여 사설 리스트를 만들어보는 작업을 진행해보자. 자신의 기사 읽기 작업이 충분히 반영될 수 있도록 제시된 양식을 변용하는 센스를 발휘해보는 것도 좋다!

예시 2 **사설 리스트 만들기**

	사설 리스트	관련된 보도형 기사 리스트
사설1	제목:	기사제목(몇 면):
	내용요약:	기사제목(몇 면):
		기사제목(몇 면):
사설2	제목:	기사제목(몇 면):
	내용요약:	기사제목(몇 면):
		기사제목(몇 면):
사설3	제목:	기사제목(몇 면):
	내용요약:	기사제목(몇 면):
		기사제목(몇 면):

사설 분석하기

사설을 하나 선택한 후, 내용을 분석해보는 작업을 진행해보자. 다음의 양식을 활용하여 논평형 기사 중 사설을 본격적으로 분석하는 작업을 진행해보자. 자신의 기사 읽기 작업이 충분히 반영될 수 있도록 제시된 양식을 변용하는 센스를 발휘해보는 것도 좋다!

예시 3 논평형 기사(사설) 분석하기

출처(신문/날짜):		
표제:		
1	주제는 무엇인가	
2	결론을 내리고 있는가	
3	논리적 설득력을 얻고 있는가	
4	사설 자체만으로도 내용 파악이 가능한가	
5	제목은 적절한가	

논평형 기사 비교하기

오피니언 지면에 실린 여러 종류의 논평형 기사를 훑어보고, 사설과 연결되는 지점이 있는지 찾아서 메모해보자. 반대로 사설의 입장과 반대되는(어긋나는) 지점이 있는지도 찾아서 정리해보자. 다음의 양식을 활용하여 논평형 기사의 리스트를 만들어보는 작업을 진행해보자. 자신의 기사 읽기 작업이 충분히 반영될 수 있도록 제시된 양식을 변용하는 센스를 발휘해보는 것도 좋다!

예시 4 **동일 소재를 다룬 논평형 기사 비교하기**

A신문의 경우(발행일:)		
유형	논평형 기사 리스트	사설의 입장과 비교해보면
시론	제목:	
	글쓴이:	
	내용요약:	
칼럼	제목:	
	글쓴이:	
	내용요약:	
독자 투고	제목:	
	글쓴이:	
	내용요약:	

1 연습해볼까요?

1. 신문일기 작업 중 주목할 만한 논평형 기사를 택1하여 구체적으로 내용 분석을 해보자.
2. 동일한 뉴스를 다룬 논평형 기사를 다른 신문에서 찾아 비교 작업을 해보자.
3. 아주 좋게는 논평형 기사에서 다루고 있는 뉴스의 내용을 알고 있는 것이 필요하므로, 보도형 기사의 내용 요약이나 분석 작업을 병행해두면 더 좋다!

5장

피처형 기사로 워밍업하기

1. 피처형 기사의 특징과 의미

1-1 피처형 기사의 특징

신문에는 항상 정치, 경제 등 다소 무겁고 어려운 주제들만 가득할 것 같지만, 실제로 신문을 읽어보면 우리 주변의 일상을 다룬 기사들도 많다. 앞서 뉴스의 가치와 신문의 교육적 효과 등을 살피면서 언급한 것처럼 신문 읽기도 책 한 권을 독서하는 것과 마찬가지로 우리를 넓고 넓은 세상으로 이끌어준다. 그래서 신문은 '세상을 보는 창'이라고도 표현한다. 신문이 세상의 다양한 이야기들을 전하고 있는 것을 보면서 신문에 대한 편견을 깰 수 있었으면 좋겠다. 이번에 다루게 되는 피처형 기사는 가장 흔하게는 특정 주제에 대한 기사나 특집 기사가 해당된다. 앞서 살핀 보도형 기사와 논평형 기사의 세부 유형에 속하지 않는 다양한 기사들이 포함되면서, 쉽게 접근할 수 있는 읽을거리형 기사들이 해당된다고 보면 된다.

피처(feature)의 의미

피처feature라는 말은 특색이나 특징, 특성을 의미하는 단어인데, 신문비평 글쓰기의 세계에서는 이러한 특징적인 측면을 주목하여 매우 다양한 피처형 기사들이 나오게 된다. 'catch-all'이라는 별칭을 갖고 있는 만큼 계절적인 기사, 여행 및 관광, 요리, 육아, 어린이, 취미, 생활정보 등 참신하거나 흥미를 끌 만한 것들 모두가 여기에 속한다.

피처형 기사도 신문이라는 지면에 실린 기사문인 만큼 사실에 입각해야 하며, 독자에게 정보를 제공해야 한다는 점이 중요하다. 기자의 개성을 허용했다고 해서 일반적인 글쓰기의 수필이나 잡문과 유사해져서는 곤란하다. 기사문의 원래 취지대로 독자에게 취재된 정보를 제공하면서, 동시에 독자를 즐겁게 만드는 것이 바로 피처형 기사의 존재이유이기 때문이다.

피처형 기사의 특징

첫째, 피처형 기사는 사실 자체의 신속한 보도를 급박하게 다뤄야 하는 주제를 다루기보다는 보도된 뉴스 이면에 숨겨진 이야기를 취재하거나 요즘 화제가 되는 주제를 다루는 쪽을 선호한다. 이를 통해 대중의 공감대를 형성하는 기사를 작성하거나 하는 식으로 흥미로운 내용을 담는 것을 우선적인 목적으로 삼는다. 여러 가지 이유로 보도형 기사에 포함시키기 애매한 사건이나 사고, 인물과 관련한 다양한 뉴스거리가 있는데 독자에게 전달할 만한 가치가 있다고 판단된다면, 피처형 기사로 다루어줄 수도 있을 것이다.

둘째, 보도형 기사에서는 뉴스가 되는 사건/사고 현장을 취재하는 작업이 기본이게 되는데, 피처형 기사에서는 기자가 뉴스의 대상이나 현장을 직접 선택하고 관찰하여 취재하는 방식을 취하는 경우가 많다. 흔히 선택하는 주요 소재로는 평범하지만 독자의 흥미를 끌 수 있는 일상사와 관련된 소재, 사건의 주인공 및 성공 스토리, 상식을 벗어난 독특한 상황, 박진감 넘치는 사건 전개 및 갈등 구조에 따른 흥미진진한 사건, 진한 감동을 줄 수 있는 에피소드 등을 들 수 있다.

셋째, 신문읽기 작업에서는 대개 보도형 기사를 통해 뉴스와 이슈를 접하는 작업을 중요하게 생각하거나, 아니면 논평형 기사(특히, 사설 등)를 통해 논술형 글쓰기 연습이나 면접 대비 취업 준비 작업을 진행하는 것을 유익하게 생각하는 경향이 있다. 하지만 피처형 기사도 앞서 공부한 보도형/논평형 기사와 마찬가지로 유익하고도 중요한 도움을 주는 부분이 있다.

피처형 기사는 다분히 가벼운 분위기를 유도하기도 하며 어휘의 선택도 다른 것에 비해 자유롭다. 보도형 기사의 엄격함을 강조하기 보다는 기자의 안목이나 의견, 개성 등의 활용을 강조하다 보니, 피처형 기사의 질적 수준이 일정하지 않을 수 있는 아쉬움도 생기기도 한다. 하지만, 기자의 상상력이나 개성적인 생각, 독특한 감각과 인상적인 착안점 등이 모두 작용될 수 있다는 점에서 우리들의 경직된 사고를 유연하게 만드는 장점이 충분히 있게 된다.

1-2 피처형 기사를 주목하는 이유

▣ 다양한 인간 군상에 대한 관심

우리가 일상생활에서 흔히 사용하는 표현들도, 그 근원을 주목하면 뉴스의 속성에서 비롯된 것들이 많이 있다. 예를 들어, '폐인'이라는 표현을 주목해보자. 다모 폐인, 고시 폐인 등과 같이 폐인이라는 말의 확장된 정의를 적용하여 "어떤 것에 중독되어 일상생활에 지장을 받는 사람"을 일컫는 맥락에서 더 많이 사용되는 것 같다.

'폐인'이라는 표현을 일반 대중에게 각인시킨 기사를 찾아보면 어떨까? 다음의 기사는 디지털카메라 동호회 사이트 디시인사이드에서 이 사이트의 열혈 이용자들을 '디시 폐인'이라 부르는 실상을 흥미롭게 취재한 글인데, 취재된 기사 내용도 참신하지만 문체나 표현방식도 자유로운 편이라 가벼운 분위기에서 재미있게 읽을 수 있는 기사였다고 한다.

예시 1

'한시도 인터넷을 떠나지 못하는 당신은 폐인(Pain)입니다.'

모 통신업체의 직장인 요금제 광고를 패러디한 말에서 생겨난 '인터넷 폐인'이 네티즌 사이에서 새로운 키워드로 떠오르고 있다.

▽ 인터넷 폐인이란? = 과거 PC통신 하이텔 게시판 '플라자(Plaza)'에 장시간 매달려 있는 사람을 '폐인'이라고 하기도 했으나 최근에는 디지털 카메라 정보제공 사이트 'DC인사이드'(www.dcinside.co.kr)의 '엽기 갤러리'와 포털사이트 '나우누리'(www.nownuri.net)의 유머 게시판에서 활동하는 부류로 나눠진다. DC인사이드 측에 따르면 상시 접속 인원은 낮에는 5000명, 밤~새벽에는 2만 명 정도이며 나우누리도 비슷하다.

▽ 뭘 하나? = 사회에 철저히 무관심하며 폐쇄적인 이들은 자의적인 용어, 점잖은 말투와 선문답을 사용하며 개인적 관심사에 대한 의견을 집단적으로 나눈다. 다른 폐인이 올린 사진이나 글에 대한 의견을 '리플'(답변) 형식으로 올리면서 대화를 나눈다. 무효(마음에 안듦) 쌔우다(하다) 방법하다(응징하다) 고구마(관심없다) 등의 은어를 사용하며 스스로를 본좌(本座)라고 부른다. 24시간 접속 인원이 넘쳐나기 때문에 답변은 순식간에 수십 개가 달리며, 첫 번째로 답변을 단 사람은 "1등"이라며 기뻐한다.

▽ 왜 생겼나? = 자연발생적. 그러나 결정적으로 이들을 몇 개 사이트에 모은 것은 '면식'(라면만 먹고 살기)하며 인터넷을 하는 모습을 누군가 디지털카메라로 찍어 DC인사이드의 엽기 갤러리에 올리면서부터라는 게 정설. 누군가 이 사진을 PC에 띄워 놓고 밥상을 차려 놓은 사진을 연이어 올린 데 이어, 이번엔 또 누군가 밥상 사진을 PC에 띄워 놓고 자신이 보고 있는 사진을 띄워 놓았고, 또 누군가가 이 사진을 띄워 놓고 고양이가 보고 있는 사진을 띄우고 또 누군가가 … 이런 식이다.

▽ 폐인의 경지 = 자칭 '폐인' 노동호씨(전북대 수의예과 2년)는 "전공분야에 대한 질문임에도 게시판에 띄웠을 때 폐인들로부터 돌아오는 전문적인 답변을 보고 감탄할 때가 있다"고 말했다. DC인사이드 김유식 사장은 "몇 차례 오프라인 모임에서 만난 '폐인'들은 대부분 삼성SDS 데이콤 세스코 등 첨단 업종 종사자였다"고 말했다.

진단평가연구소 이석재 소장(조직심리학 박사)은 "성공적인 삶을 사는 사람들이 사회의 높은 기대 때문에 하지 못하는 일탈 행위를 온라인상에서 하는 것"이라며 "이들의 관심사와 말투, 선문답 등 행동양식은 꽉 짜인 삶에서 탈출하려는 시도로 볼 수 있다"고 해석했다.

<예시 1>은 앞서 살펴본 보도형 기사의 분위기와는 다소 차이가 느껴진다. 취재 작업을 기본으로 내용을 보도하고 있기는 하지만, 독자의 흥미와 관심을 끄는 쪽으로 개성 있게 만들어간 피처형 기사이기 때문이다.

폐인이라는 말이 사람들 사이에 파급력을 가지면서 일상적으로 사용되게 된 데는 <예시 1>과 같은 피처형 기사의 영향력이 크다고 볼 수 있다. 위중한 사안이 아니더라도 이러한 내용이 뉴스로 다루어지면서 우리는 제한된 일상에서 시야를 좀 더 넓혀 다양한 인간군상의 면모를 간접적으로나마 접하게 되는 것이 아닐까 싶다.

일상에 대한 정보 제공

우리가 흔히 접하는 짤막한 기사조차도 우리의 생활에 도움이 될 만한 정보를 취재한 기자의 노력이 바탕으로 깔린 결과물이라 할 수 있다. 다음의 <예시>는 우리가 흔히 접하는 단신형 기사에 속한다. 오래 전 내용이기는 하지만 생활에 유익한 정보를 찾아 피처형 기사를 만들어 본 학생의 글쓰기인데, 요즘 상황에 맞게 조정해보는 작업을 해보자.

예시 2

핸드폰으로 전화를 걸 경우, 통화가 끝나면 대부분의 사용자는 그냥 닫는다. 아마 종료 버튼을 누르고 끊는 사용자는 거의 없을 것이다. 앞으로는 종료버튼을 꼭 누르자. 10초를 아끼게 된다.

전화를 끝내고 폰의 종료버튼을 누르면 종료신호가 통신회사에 전해져 바로 통화가 중단되지만 폰을 그냥 닫을 경우 통신회사에서 이것이 통신장애인지 아닌지 판단한다. 이를 위해 10초 동안 신호를 보내 보고 응답이 없는 경우 자동적으로 종료가 되는 것이다.

보통 전화요금은 10초에 15원에서 20원대인데 10초가 모이면 꽤 큰돈이다. 이걸 통신회사에 따질 수 있냐고 묻는다면 대답은 NO! 사용 설명서에 보면 통화 후에는 종료버튼을 누르라고 되어 있다.

우리가 흔히 접하는 음식점 간판이나 메뉴판에는 맞춤법이 틀린 표현이 무척이나 많은데, 이러한 부분에 문제의식을 가진 기자라면 기사 작성을 통해 해결책을 제시할 수도 있을 것이다. 다음의 〈예시 3〉처럼, 가장 간단하게는 음식점에서 쓰이는 잘못된 한글 표기의 사례를 취재하여 정확한 표기방법을 알려주는 식으로 일회성 단신 기사를 작성할 수 있다. 기사 전체를 보이기는 어려우니, 표제 부분만 제시하기로 한다.

예시 3 **피처형 기사의 표제**

쭈꾸미? 주꾸미? 틀리기 쉬운 우리말

경우에 따라서는 해당 주제에 관해 명확한 기획의도를 제시하면서 몇 회 분량의 연재 기사로 비중을 높일 수도 있다. 해당 기사 내용을 보면, 한글날의 한 설문조사 결과를 보면 에어컨의 실외에 두는 기계인 '실외기'를 '시래기'로 쓰거나, 애인과 헤어졌을 때 '시련'당했다라고 표기한다거나 컴퓨터 쪽에 '무뇌한'이라고 쓰는 사람들이 의외로 많다고 한다. 이러한 맞춤법 실수에 대해 문제의식을 갖고 연재형 기사로 만들 수 있는데, 그만큼 정확한 언어 사용에 대한 문제의식과 끈기 있는 취재 작업이 요청될 것이다.

피처형 기사 중에는 이렇게 기획의도를 가지고 여러 번에 걸쳐 주기적으로 올라오는 주제들도 많은데, 이러한 작업을 총괄하는 부서로 피처 데스크(특집부)를 두는 신문사도 있다고 한다.

트렌드에 대한 소개

피처형 기사가 신문 읽기 활동에서 중요한 이유는 최근의 트렌드를 알려주기 때문이다. 사회는 빠르게 변하는데, 이런 기사를 통해 관심의 범위를 넓히고 중요한 이슈에 대해서는 공감대를 형성할 수도 있게 된다.

독자들의 흥미를 끌 수 있는 소재를 다루면서, 우리가 살아가는 데 필요한 문제의식을 고취하는 데 일조하는 좋은 피처형 기사도 많이 있다. 예를 들어, 다음의 〈예시〉를 살펴보자. 이 기사는 '서체'를 주제로 하고 있는데, 이 기사를 읽기 전에는 전혀 관심이 없었던 소재일 수도 있다. 하지만 피처형 기사의 특징을 잘 활용하여 '북극 빙하로 만들어진 서체', '기후 위기 서체' 등에 대한 소개를 하면서 독자의 흥미를 돋우고 있다.

예시 4

요즘 서체를 주목한 피처형 기사 요약

기사 내용을 요약하면 다음과 같다. 요즘 서체는 단순히 글을 담는 수단을 넘어 사회 문제를 시사하는 하나의 상징으로도 작용하는데, 단적인 사례로 기후 위기 서체가 있다. 이는 북극 빙하의 두께에 따라 서체도 굵어지고 얇아지는 것인데, '두께 1979'인 글자는 뚜렷하게 잘 보이지만 '두께 2050'인 글자는 단번에 알아보기 어렵다. 두께가 아닌 색깔에 의미부여를 한 서체 길버트체도 있는데, 이는 성 소수자 운동의 상징인 무지개 깃발을 디자인한 길버트 베이커의 이름을 따서 만들어졌다고 한다. 또한 요즘에는 자체 서체를 통해 브랜드의 정체성을 표현하기도 한다. 디자인으로 의미까지 전달하는 서체를 보는 것만으로 재미가 쏠쏠한데, 이런 서체들로 의미를 더해 글의 영향력을 높여보는 것은 어떨까 하는 내용이었다.

이 기사를 읽고 난 소감

이 기사는 기사 내용을 이해하기 쉽게 영상으로도 제작된 보조 자료를 함께 제시해주고 있다. '백문이 불여일견'이라는 말처럼 기사 텍스트보다 한 장의 사진이 이해를 명료하게 해준다.

이 기사는 환경에 관한 문제의식도 고취할 수 있어 의의가 큰 소재라 생각하지만, 무엇보다 독자들에게 생각할 거리를 던져주는 문체가 흥미로웠다. 보도형 기사에서처럼 취재한 내용을 전달하는 데 그치지 않고, "~하는 게 좋지 않을까요? ~ 어떨까요? 해볼까요?" 등과 같은 청유형을 선택하여 마무리하고 있다. 이를 통해 독자들이 스스로 되돌아보고 의지를 다질 수 있는 성찰의 시간을 주고 있다. 객관적 정보를 토대로 환경 문제에 대한 입장과 의견을 밝히고 주장하는 글이 되었다면, 이런 자발적인 성찰은 가능하지 않았으리라 생각한다.

좋은 기사란, 독자와 함께 소통할 수 있을 때 가장 의미 있는 것이 아닐까? 취재한 내용을 기계적으로 나열하기보다 생각할 거리를 남겨주며 같이 소통

할 수 있는 기사가 되는 것이 중요하다. 또한 어떤 주제에 대해 문제의식을 갖고 지속적인 취재 작업을 공들여 하고 있음이 보이는 기사도 독자들에게 새로운 주제를 던져주는 역할을 한다.

홍미를 끌 수 있는 주제부터 흥미진진한 전개방식, 그리고 흥미와 관심을 뒷받침하는 충분한 정보 수집과 기사의 명확한 방향성(결론)이 갖춰지면 그야말로 완벽한 기사가 탄생할 것이다. 생각할 거리, 흥미로운 주제가 좋은 기사를 만드는 데 가장 중요한 역할을 한다고 생각한다. 이는 좋은 사설, 좋은 칼럼, 좋은 피처형 기사 등 모든 기사문에서 공통적으로 필요한 조건이 아닐까?

2. 피처형 기사 읽기의 효율성을 높이려면

2-1 피처형 기사 리스트 만들기

▣ 피처형 기사의 지면별 색인 만들기

우선, 자신이 구독하는 신문에서 피처형 기사를 찾아 지면별 색인을 만들어보자. 이때 기사의 주제 유형을 몇 가지로 정해 표시해두는 것도 편리하다. 예를 들어, 경제, 생활, 문화, 연예 등 다양한 영역을 주목하여 분류해놓는 작업을 병행하면 훨씬 더 체계적인 신문 읽기 작업을 진행할 수 있을 것이다.

다음의 양식을 활용하여 피처형 기사의 리스트를 만들어보는 작업을 진행해보자. 자신의 기사 읽기 작업이 충분히 반영될 수 있도록 제시된 양식을 변용하는 센스를 발휘해보는 것도 좋다!

예시 1 **피처형 기사의 지면별 색인 만들기**

출처(신문/날짜):	
경제	기사제목(몇 면):
	기사제목(몇 면):
	기사제목(몇 면):
생활	기사제목(몇 면):
	기사제목(몇 면):
	기사제목(몇 면):
문화	기사제목(몇 면):
	기사제목(몇 면):
	기사제목(몇 면):
연예	기사제목(몇 면):
	기사제목(몇 면):
	기사제목(몇 면):
스포츠	기사제목(몇 면):
	기사제목(몇 면):
	기사제목(몇 면):
IT	기사제목(몇 면):
	기사제목(몇 면):
	기사제목(몇 면):

피처형 기사의 유형별 비중 따지기

다음으로, 피처형 기사의 유형별 비중을 따져보는 작업을 진행해보자. 하루치 신문에 실린 기사 전체의 양을 생각할 때, 내가 주목하는 피처형 기사는 유형별로 어느 정도의 비중을 차지하는지 살펴보는 작업을 해보는 것이다.

아울러 해당 피처형 기사는 주로 어느 세대나 계층을 겨냥한 것인지를 역으로 추적해보는 작업도 병행해보자. 예를 들어 공감하거나 설득력을 갖는 세대/계층, 기사 작성 전/후에 영향을 미친/미칠 대상층 등을 같이 생각해보면 훨씬 비판적인 신문 읽기 작업을 진행할 수 있을 것이다.

다음의 양식을 활용하여 피처형 기사의 비중을 따져보는 작업을 진행해보자. 자신의 기사 읽기 작업이 충분히 반영될 수 있도록 제시된 양식을 변용하는 센스를 발휘해보는 것도 좋다!

예시 2 **피처형 기사의 유형별 비중 따지기**

유형	피처형 기사 비중	독자층의 세대/계층 성향	특징 메모
경제			
생활			
문화			
연예			
스포츠			
IT			

2-2 피처형 기사 분석하기

앞선 활동에서 피처형 기사의 리스트를 만들고, 영역별로 피처형 기사의 비중 등을 따져보는 작업을 해두었다. 이제 앞선 작업의 내용을 토대로 피처형 기사를 본격적으로 분석해보는 시간을 가져보기로 하자.

우선, 흥미롭게 읽히는 피처형 기사를 하나 선택한다. 다음의 <예시>는 동일한 소재를 다룬 2편의 피처형 기사를 읽고 소감을 남긴 글이다.

예시 1 **피처형 기사 A를 읽고**

〈나 혼자 산다〉 프로그램의 장면을 기사 사진으로 넣고, '이모 프레임'의 대상이 된 샤이니 멤버 키(key)가 출연한 회차를 바로 설명해주어 기사 제목과 도입부가 물 흐르듯 자연스럽게 이어지는 느낌이었다. 또한 우리가 아는 '리얼'의 뜻이 아닌 리얼리티 프로그램에서 요청되는 '리얼'의 의미를 확실하게 정의해주니, 그 뒤의 기사 내용을 이해하기가 훨씬 쉬웠다.

'가족 프레임'의 여러 예시들을 들고, 각각의 프레임들이 사용되었던 프로그램을 언급하고 있다. '먹방 남매', '차줌마/참바다', '마더 미라사' 등 해당 프로그램에서 어떤 역할의 가족 프레임이 쓰였는지, 어떤 별명으로 쓰였는지까지 정확하게 표기해줘서 쉽게 공감할 수 있었다. 꼼꼼하고 정확한 표기가 독자들에게 신뢰를 주는 것 같다.

앞서 언급했던 가족 프레임을 비판하는 한 SNS 글을 공유하며, 인식의 변화를 보이는 현재 상황을 보여준다. 가족 프레임을 씌우지 않은 프로그램을 소개해주고, 기자의 바람(가족 프레임과 성역할의 한계를 넘어서는 자유롭고 괴상한 사람, 그런 관계, 낯선 호칭을 앞으로 잔뜩 보고 싶다.)으로 기사가 마무리된다. 바람직한 관계의 방향성을 지지하는 의견으로 끝나는 것이 깔끔하다고 느껴졌다.

예시 2 **피처형 기사 B를 읽고**

아주 간략하게 "'나 혼자 산다' 샤이니 키가 '키 이모'로 변신했다."라는 문장으로 기사가 시작된다. 곧바로 〈나 혼자 산다〉의 간략한 프로그램 정보와 샤이니 멤버 키가 출연하여 일상을 공개했다면서, 방송 내용 중 궁금증을 유발했다는 장면을 서술하고 있다.

언뜻 보면 간략한 문장들로 구성되어 있어 깔끔한 느낌이 들기도 하지만, 다른 관점으로 보면 기사로서 가치가 있는 내용인지 생각해보게 되는 서론이기도 했다. '키 이모'의 등판이라는 자막을 그대로 옮겨 적는 식으로 본론은 더욱 프로그램을 시청하며 그대로 받아 적은 듯한 내용이었다.

키가 민트에 허브까지 수확하며 뿌듯함을 느꼈고, 출연자인 박나래가 "이 정도면 한남동에 좌판 깔아야 하는 거 아니냐"고 농담을 던진 내용까지 소상하게 옮겨 적은 것을 보며, 영양가가 없는 내용의 기사라는 생각이 들었다. 또한 '키 이모'라는 자막이 나왔다고 해서 아무 고찰 없이 그대로 가져다 쓴 기사가 유익하다고 느껴지지는 않았다. 전체적으로 프로그램을 소개하는 내용에 치우친 기사 구성이라 많이 아쉬웠다.

다음으로, 선택한 피처형 기사를 여러 각도에서 살펴보면서 피처형 기사의 특색이 어떤 지점에서 나오는지를 따져보기로 하자. 예를 들어 다음과 같은 사항을 체크해보는 것인데, 신문 읽기 작업은 결국 글 읽기 작업과도 연결되므로 자신이 생각하는 좋은 글의 요건까지를 아울러 생각하면서 기사를 꼼꼼히 분석해보기로 하자.

예시 3 **피처형 기사의 체크 리스트**

기사 제목/출처:	
1	이 기사를 읽고 난 첫인상을 말한다면?
2	기사문의 구성과 원칙을 어느 정도 지키고 있는가?
3	기사문의 중점은 어느 쪽에 있는가?(예를 들어, 정보 전달, 흥미, 참신 등)
4	기사 작성자의 개성을 느낄 수 있는 부분이 있는가? (예를 들어, 문체, 태도, 구성방식 등)
5	해당 기사와 연관되는 보도형/논평형 기사가 존재하는가? 있다면 어떻게 다른가?
6	독자의 입장에서 상-중-하의 평가를 내린다면? 이유는?

2-3 피처형 기사 비교해보기

피처형 기사의 경우에도 신문사마다, 기자마다 특색을 보일 수 있다. 동일한 대상이라 하더라도 보도형 기사로 전달할 때와 피처형 기사로 전달할 때 달라지는 지점들이 있을 수 있다. 따라서 비교 작업을 병행하면서 읽기 작업을 해두면 어떤 글이 좋은지, 어떻게 쓰는 것이 더욱 바람직한지 스스로 글쓰기/글읽기에 대한 감각과 안목을 키울 수 있게 된다.

예를 들어, 자신이 관심을 갖고 있는 유명인을 선택하여 신문 읽기 작업을 해보자. 이때, 해당 인물을 다룬 보도형 기사와 피처형 기사를 두루 모아 비교해보는 작업을 해보는 것이다. 경우에 따라서는 스포츠 신문에서 다루는 방식이나, 생활정보지류 무료신문 등의 기사에서 다루는 방식을 아울러 비교해보는 것도 섬세한 신문 읽기 작업을 하는 데 도움이 될 것이다.

다음의 양식을 활용하여 매체별 유명인을 다룬 기사를 비교해보는 작업을 진행해보자. 자신의 기사 읽기 작업이 충분히 반영될 수 있도록 제시된 양식을 변용하는 센스를 발휘해보는 것도 좋다!

예시 1 **매체별 유명인 기사 비교해보기**

	보도형	논평형	스포츠신문	무가지 신문
기사 제목				
출처				
대상인물				
내용 검토				
비교 결과				

만약 내가 기자라면 어떻게 기사화하고 싶은지(기사화해야 되는지) 간단한 구상을 세워보는 후속 작업을 진행해보는 것도 도움이 된다.

예시 2 **피처형 기사 A/B의 비교 읽기를 마치고**

신문 일기 작업을 한 기사를 A, 비교 작업을 한 신문 기사를 B라고 하겠다. A는 정확한 출처를 밝혀가며 아주 다양한 예시들을 활용한 반면, B는 그저 프로그램의 내용을 보고 받아 적었다는 생각이 들 정도로 단순한 내용이었다. 독자들의 수준을 고려한 것이 아니라 그냥 '뉴스 기사의 스토리'가 없는 것처럼 느껴졌다. 그리고 A는 서론-본론-결론의 구조가 명확하게 보였는데, 사실상 B는 서론-본론의 구조만으로 구성된 것 같았다. 결론이라고 할 만한 명확한 지점이 없어서 평가하기에 어려운 부분이 있었다.

두 기사의 공통점은 '키 이모'라는 단어가 기사에 포함되었다는 것인데, A는 한 프로그램에서 쓰인 이 단어에 대해 우리 사회의 인식과 프로그램 제작 요소들을 함께 설명했다. 반면 B는 '키 이모'가 자막으로 쓰였다는 이유 하나만으로 기사 제목에 포함시킨 것으로 보인다.

직접적으로 두 기사를 비교하면서 느낀 점은, 다 비슷해 보이는 기사라도 질적인 측면에서 차이가 이렇게 크게 날 수 있다는 점이었다. 같은 프로그램을 다루더라도 어떤 기사는 '가족 프레임'에 관한 이슈로 연결시켜 우리 사회의 문제점을 돌아보게 하는 성찰이 가능해서 좋았다. 하지만, 다른 기사는 호기심만 자극하는 내용을 부각시키고 중요하지 않은 사항으로 분량만 채우려는 듯한 인상이 강해서, 결과적으로 이런 기사를 읽는 게 다소 소모적이라는 생각도 들었다.

3. 피처형 기사 작성에 도전해보자

3-1 탐방기의 경우

탐방기가 중요한 이유

피처형 기사의 초창기에는 다양한 미담을 다룬 기사들이 많았다고 한다. 인터뷰 형식에 맞춰서 궁금한 정보를 질문 형식으로 던져 구체적인 답을 얻어내기가 쉽고, 해당 인물이 지닌 매력과 스토리를 집중하여 글의 분위기를 잘 선택하면 독자층의 공감을 사기도 쉬웠기 때문이다. 지금은 다양한 매체의 발달로 어떤 인물에 대한 정보 검색이 수월하고 궁금한 사항에 대한 답을 찾기도 편해진 시대가 되었지만, 과거에는 그렇지 못했던 상황을 반영한 결과이기도 하다.

다음의 〈예시〉들은 작가와 스포츠 선수를 인터뷰한 기사를 읽고 검토 작업을 한 결과물이다. 우리도 관심 있는 인물에 관한 탐방 기사를 찾아 기사 읽기 작업을 해보기로 하자.

예시 1

소설가 나푸름 인터뷰 기사 요약

《경향신문》 2021년 5월 31일자에 실린 기사를 살펴보았다. 등단 이후 꾸준히 발표해온 9편의 단편을 묶은 이번 소설집은 다산책방 '오늘의 젊은 문학' 시리즈의 첫 번째 작품으로 출간되었다고 한다. 소설집에는 현실과 초현실의 경계를 넘나들며 일상의 불안을 포착한 단편들이 수록되어 있는데, 작가는 "판타지나 SF 속 이야기도 결국 현실의 문제들에서 완전히 벗어날 수 없다는 것이 흥미로웠다"라고 말한다. 선명수 기자는 나푸름 작가가 "매일 반복적인 일을 수행하는 직장인, 매너리즘의 정점을 향해가는 부부 등 언뜻 평범한 일상을 영위하는 듯한 인물의 내면에 도사리는 불안을 솜씨 좋게 묘파한다."라고 평가하였다.

이 기사를 추천하는 이유

이 기사가 눈에 띄었던 이유는 첫 문단이 의아함을 자아냈기 때문이었다. 박 대리가 죽었는데 어떻게 여전히 사무실에 출근하고 있다는 것인지 의문이 들었다. 그 후 기사를 읽어 내려가면서 나푸름 작가의 소설 속 '더미'에 대한 이야기였다는 것을 알았다. 함께 일하던 동료의 시스템 오류로 인한 찌꺼기라니, 기사를 읽는데도 섬뜩함이 느껴졌다. 그런 점에서 기사문의 요약 부분이 하는 역할을 생각할 때, 이 기사는 도입부를 흥미롭게 잘 만들었다고 생각한다.

작가의 인터뷰 내용 중 코로나19로 인한 현 상황에서 "재택근무가 보편화됐을 때… 사람을 숫자로 본다거나 해고하는 일이 더 쉬워지지 않을까 생각하게 됐다."라는 말에 많은 공감이 갔다. 다른 사람들도 이 기사를 통해 소설집 〈아직 살아있습니다〉를 소개받고, 사람과 사람이 직접 대면하기 어려운 상황 속에서도 "나만 그런 게 아니구나 하는 마음으로 조금 덜 외로워"졌으면 하는 마음이 들어서 이 기사를 추천하게 되었다.

이 기사를 평가해본다면

이 기사는 제목만 보아도 기사 내용을 추측해 볼 수 있다는 점과 제목 속 단어인 "일상의 균열"이 현 코로나19 상황에서 독자들에게 공감을 얻고 쉽게 다가올 수 있다는 점에서 좋은 것 같다. 기사의 구성도 소설 내용을 통해 먼저 흥미를 자아내고 후에 작가의 인터뷰와 소설의 주제 의식 등을 소개해서 깔끔한 정보의 전달이 이루어진 것 같다.

만약 이 기사가 사람들에게 책을 소개할 뿐만 아니라 실제로 그 책을 읽게 만들려는 목적이 있었다면, "과연 이 책이 사서 읽어 볼 정도인가?"라고 하는 독자의 의문에 그만큼 가치 있는 책이라는 확신을 줄 수 있도록 출판사의 리뷰나 추천 평들도 넣어주는 것이 좋지 않았을까 하는 생각이 든다. 이런 종류의 기사에 부정적인 시각을 갖는 이유 중 하나가 다분히 광고성이거나 인맥 위주로 소개되는 기사라는 지적도 있기 때문이다.

예시 2

야구선수 나균안 인터뷰 기사 요약

《연합뉴스》2021년 6월 1일자에 실린 신창용 기자의 기사를 살펴보았다. 6월 1일 서울 고척 스카이돔에서 열린 롯데 자이언트와 키움 히어로즈 전에서 롯데가 3-0으로 이겼다고 한다. 경기를 승리로 이끌었던 건 롯데 유니폼을 입은 선발 투수 나균안으로, 그는 6⅔이닝 3피안타 무실점 호투로 퀄리티 스타트(선발 6이닝 이상 3자책점 이하 투구)를 끊었다. 길고 길었던 6연패를 끊어준 그가 마운드에서 내려오자 롯데 팬들은 기립 박수를 보냈다고 한다. 그가 더욱 주목받는 이유는 2017년 포수로 입단했다가 투수로 전향한 케이스이기 때문으로, 고교 시절부터 투수를 해본 적 없는 그가 1년 만에 투수가 되어 올라온 사실이 눈길을 끈다고 한다.

이 기사를 추천하는 이유

이 기사는 야구를 좋아하는 것과 관계없이 누구에게나 흥미를 준다. 기사 글을 통해서 포수에서 투수로 전향해서 좋은 성적을 다룬 나균안 선수를 볼 수 있는데, 이런 사례는 흔히 있는 경우는 아니다. 마치 국어 선생님이 수학 선생님이 된 것과 마찬가지인 셈이다. 나균안 선수는 포수로 입단해 프로 생활 2년 동안 좋은 성적을 내지 못했고 불행히도 팀 성적도 같이 안 좋아지면서 비난을 많이 받았다. 그런 그는 자신감을 잃기 시작했고 "야구장에 출근하는 게 무서웠다"고 당시를 회상했다. 하지만 그는 투수에 재능을 발견하고 전향하게 되면서 자신감을 되찾았다.

누구나 자신이 하는 일에 슬럼프가 오기 마련이다. 이를 잘 극복하는 것이 중요한데, 슬럼프를 극복하기 위해서는 약간의 모험과 도전이 필요하다고 생각한다. 자신의 상황을 완전히 뒤집을 수는 없지만 그 속에서 모험을 시도하면 상황에 대한 시각이 바뀌고 마음가짐도 달라질 것이다. 이런 인간 보편적인 메시지를 나균안 선수의 이야기를 통해서 잘 전달하고 있다고 생각하여 추천한다.

이 기사를 평가해본다면

독자가 야구에 전혀 관심이 없는 사람이라면 투심 패스트볼, 포크볼, 포심 패스트볼 등과 같이 구종에 대한 용어를 이해하기가 쉽지 않다. 친절의 원칙을 적용하여 구종과 관련된 일러스트를 삽입한다면 독자의 이해를 시각적으로 해결할 수 있다.

관심 있는 인물을 만나 인터뷰하거나 탐방한 글을 쓰는 것은 흥미로운 일이다. 더욱이 우리는 대학에 와서 많은 다양한 사람들을 만나고 경험하기에 그 기회는 더욱 많다. 다음의 〈예시〉는 인상 깊은 강의를 골라 해당 교수님을 인터뷰한 후 완성된 학생의 기사문이다. 기사형 글쓰기의 특징을 충분히 소화하지는 못했지만, 그래도 진지하고 애정 있게 해당 교수님을 탐방한 내용이 잘 드러나 있어 흐뭇하다. 잘 살펴보고, 자유롭게 소감을 나눠보자.

예시 3

폴, 그가 말하는 명지

발전하는 명지 … 아직도 해나가야 할 일들이 많다

"한국에 처음 왔을 때 별다른 힘든 일은 없었어요."라며 씩씩하게 말문을 열었다. 폴 알렉산더를 만난 것은 지난 1일, 학교 앞에서 스파게티로 점심을 먹고 근처 카페에서 2시간 남짓 이야기를 나눴다. 학교의 한 구성원으로 외국인 교수의 신분을 갖고 있는 폴. 특유의 자애로운 분위기로 여러 명지 학우들을 매료시킨 그를 통해 명지 대학교를 바라보는 시간을 가졌다.

▼ 명대 시설은 = 우선 지금 한창 개선되고 있는 학생 식당에 대해서 물었는데 쾌적하고 좋은 곳이며, 맛에 대해서도 별 차이를 못 느끼겠다고 말했다. 기자는 식당 음식의 맛에 대해 항의를 하는 학생 중 하나인데 나와는 다른 폴의 태도를 보면서 다소 부끄러움을 느꼈다.

또한 현재 학생들이 가장 열을 올리고 있는 학교 시설 문제에 대해서 조심스레 질문을 던졌다. 학교가 작은 것에 대해서는 불편을 못 느끼지만 새로운 도서관과 멀티미디어 센터, 새로운 체육관 등 더 많은 건물들이 필요하다고 목소리를 높이셨다.

▼ 학벌 중요치 않아 = 학우들에게 있어 중요한 관심사인 자부심에 대해서 깊은 이야기를 나누었다. "한국인들은 학벌을 너무 중요시하는데, 서울대 학생들이 똑똑한 것은 사실이지만 우리 명지 학우들도 그만큼 유능하고 충분히 지적이다. 그들과 비교해서 전혀 뒤처질 것이 없다."라면서 "엄연히 따지면 체계 조직도 똑같고 별반 다를 것이 없다. 명지 학생들이 학교에 대한 평판에 대해 신경 쓰지 말고 자기 자신에 대해 최선을 다했으면 좋겠다."라고 하였다.

우리나라의 학벌 중시 풍조 속에서 명지 학우들은 어떻게 자신들의 꿈을 펼쳐 나가야 하는지 차분하면서도 애정 어린 조언도 아끼지 않으셨다. 명지대학교에도 지속되고 있는 큰 변화가 좋은 방향으로 흘러가고 있다며 앞으로 계속 학교가 발전된다면 최고 수준의 학교가 될 것이라는 덕담도 잊지 않았다.

▼ 곧 다가올 종강 그리고 방학 = 이번에는 종강이 다가오는 만큼, 대학생들의 술 문화에 대해 이야기를 나눴다. 폴은 북미지역도 비슷한 문제를 겪고 있다며, 학생들의 술 문화를 대학 문화의 일부분으로 보시면서, 그도 술을 좋아하는 편이지만 소주는 독해서 싫어한다며 너스레를 떠셨다. "예전에 홍대 근처를 지나가다가 길가에서 자고 있는 취객을 본 적 있다.(웃음) 과음은 위험하니, 곧 다가올 종강 파티에서 학생들이 자신에 대해 조금 더 자제할 필요가 있다."라며 따끔한 충고를 해주셨다.

방학이 다가오는 만큼 해외로 나가는 학생들이 많을 것이라 생각되어 특별히 유념해야 할 점이 있는지 여쭈어 보았다. "외국에 나가면 한국에 대해서 돌아보게 되는데, 한국에 대해 자부심을 느끼거나 반대로 부족하다고 느끼는 부분도 있을 것이다. 다시 한국으로 돌아 왔을 때, 부족한 부분을 바꾸려고 하는 적극적인 자세가 중요하다."라는 값진 답변을 해주셨다.

▼ 학우들에게 하고 싶은 말 = 학생들에게 해주고 싶은 좌우명이 있느냐는 질문에 서슴없이 "education is what you make of it"라고 하시며, 공부는 자신이 하는 만큼 배우는 것이니 그만큼 열심히 하라는 교훈을 명지 학우들에게 주셨다.

오래도록 한국에서 생활하신 그의 눈으로 바라본 우리 대학 생활을 둘러보면서, 참으로 값진 것을 얻어왔다는 생각이 들었다. 우리 명지 학우들이 그동안 해온 것보다 해나가야 할 과제가 더 많은 것 같아 조금은 무거운 마음이 들었지만, 그와의 취재를 통해 얻은 것이 많아서 뿌듯한 마음에 발길을 돌렸다.

탐방기를 작성하려면

제대로 된 탐방기를 작성하기 위해서는 무엇보자 탐방하고자 하는 인물의 어떤 점에 대해 인터뷰할 것인지에 대해 충분한 사전 준비를 해야 한다. 탐방기는 간접적인 텍스트가 아니라 직접적인 대화라는 형식을 갖춘 글이므로 시간과 상황을 고려해 생산적으로 대화할 내용을 마련하는 것이 필요하기 때문이다.

우선, 인터뷰하는 목적과 상대방의 생각을 잘 이끌어 낼 수 있도록 질문을 준비해야 한다. 그 인물의 전문적인 분야 혹은 중심적인 가치관 등에 대해 비평적인 안목으로 핵심적인 질문을 할 수 있어야 한다. 이를 위해서는 무엇보다도 인물의 이야기를 잘 이끌어 내고 그가 정말 하고 싶어 하는 이야기, 혹은 조사자가 들으려 했던 이야기를 이끌어 낼 수 있는 감각과 순발력, 배려하는 마음이 있어야 한다. 가능한 중립적인 입장으로 인터뷰를 이끌어야 하며 듣고 싶은 이야기를 끌어내기 위해 상대방을 강요해서는 안 된다.

다음으로 글쓰기 차원에서는 구성단계에 맞게 적절한 내용을 담아주는 것이 필요하다. 서론에서는 해당 인물을 만나게 된 동기나 배경, 그의 평소 업적에 대한 생각과 느낌 등을 서술한다. 본론에서는 핵심적인 질문과 대화를 통해 나눈 이야기를 서술식, 인용식, 대화식, 문답식 등으로 서술한다. 인터뷰한 내용에 대해서 적절하고 예리한 평가를 내리며 글로 옮겨야 한다. 종결부는 가장 인상적이었던 대화 내용 혹은 그 사람에 대한 평가를 덧붙여 마무리하는 방법도 좋다. 어떤 시각에서 무슨 문제를 주제로 상대와 이야기를 나누었는지 효과적으로 서술하는 것이 필요하고, 인터뷰한 내용에 대해 지나친 첨삭을 해서는 안 된다.

1 연습해볼까요?

1. 전공 교수님이나 학과 선배를 인터뷰한 후 한 편의 글로 완성해보자.
2. 자신의 어머니(혹은 아버지)를 인터뷰하고 탐방기를 써 보자.
3. 요즘 이슈가 되는 인물을 찾고 그에 관한 인터뷰 기사를 찾아 특징을 정리해보자.

3-2 답사기의 경우

답사기가 중요한 이유

답사기는 어떤 유적지나 현장을 답사하며 생각하고 느낀 점을 기록한 글이다. 문화재나 유적지, 미술관이나 박물관, 대학 캠퍼스 등 일정한 주제를 정해 답사를 하고 답사기를 써보는 것도 흥미롭다.

대학생들이 자주 이용하는 공간을 선택하여 답사기를 작성해보자. 예를 들어, 강의실/카페/식당/술집/편의점/버스 정류장/피시방/서점/미용실 등 우리 주변에서 대학생과 공간을 연결시켜 탐색 작업을 해보자. 그리고 이렇게 선택한 공간에서 대학생의 특징을 어떻게 연결시킬 수 있는지 꼼꼼하게 취재해보자.

다음의 <예시>는 대학생들이 즐겨 찾는 문화공간을 답사한 후 기사문으로 완성한 학생의 기사문이다. 대상 공간을 선택한 문제의식은 무엇이며, 답사 공간의 특징을 잘 포착하였는지 꼼꼼하게 살펴보면서 기사문 작성에 대한 감도 익혀보기로 하자.

예시 1

너희가 아는 것이 홍대클럽의 전부가 아니다!!
- 홍대클럽 '에반스' 답사기 -

클럽 '에반스'의 공간 분위기: 클럽 '에반스'는 그리 크지 않은 규모와 베이지 톤의 벽돌 그대로 드러나게 인테리어 된 벽과, 목재로 된 바닥, 무대의 그랜드 피아노 및 여타의 악기들과 무대를 비추는 조명이 어울려서 풍기는 분위기는 마치 추운 겨울날 작은 산장에서 벌어지는 음악회를 보러온 듯한 기분이 들 정도로 아늑함이 느껴졌다.

클럽 '에반스'가 공연을 보고 즐기는 것이 위주가 되는 곳이라 내가 아는 여타의 댄스클럽과는 다르게 무대가 있고 중앙에 테이블과 의자가 있었다. 이는 여타의 공연장의 정형화된 관객석과는 다르다. 즉, 공연을 편하게 보기 위해서 의자의 위치는 쉽게 변경될 수 있었고, 다른 이들이 차지하고 있는 테이블 위에 음료를 올려놓는 것이 자연스럽게 이루어질 수 있었다. 비록 테이블과 의자라는 물건이 공간을 차지하더라도 '나와 타인'의 경계가 불분명한, 내가 알고 있는 클럽이라는 자유롭고 자연스러운 분위기가 될 수 있었다.

클럽 '에반스'의 공연: 우리가 방문한 날에는 탱고 재즈를 연주하는 La Ventana(창문이라는 뜻의 스페인어)팀의 공연이 있었다. 그들의 공연이 시작되고 피아노와 드럼, 콘트라베이스, 아코디언, 클래식 기타가 어울려서 내는 신나면서도 애잔한 음률이 우리의 긴장감을 녹여주었다. 여자 보컬이 등장하여 연주와 함께 노래를 부를 때는 잘은 모르지만 그녀의 본토 스페니쉬처럼 들리는 발음과 몽환적 보이스는 모든 이들을 더욱 빠져들게 만들었다. 이러한 공연들이 기존에 알고 있는 홍대댄스클럽과는 다른 클럽의 문화를 이끌어 가고 있었다.

연령층과 옷 스타일: 방문객들의 연령대는 20대 초반에서부터 30대 중반까지 다양하게 있었다. 놀랄 만한 것은 50대의 아저씨들도 있었다는 것이다. 옷을 입은 스타일도 힙합, 편한 캐주얼, 정장(정장은 일반 댄스클럽에는 들어갈 수 없다) 등 다양하였다. 이렇듯 나이, 옷의 스타일과는 상관없이 자유롭고 편안하게 누구의 출입(단, 미성년자는 출입하여도 술을 시킬 수 없음)도 허용하면서 공연을 즐기게 하였다.

우연히 화장실 앞에서 만난 50대의 아저씨는 나에게 악수를 청하시면서 자신은 5학년 2반이라고 하셨다. 그분은 "내가 좋아하는 Piazzolla(탱고 음악가)의 음악을 들을 수 있다는 기대감에 한 시간 전부터 와서 기다렸어. 비록 내가 늙었을 지라도 음악을 향한 열정은 자네만 할 거야! 앞으로 종종 보자구!"라고 말씀하셨다. 이것 역시 물관리라는 명목하에 출입자의 나이를 제한하고 있는 댄스클럽과는 다른 것이었다.

이렇듯 홍대클럽 '에반스'는 일반인들이 TV등의 매체에서 많이 나와서 알고 있는 댄스 클럽과는 사뭇 다른 것을 가지고 있다. 이것을 클럽이라고 볼 수 있냐 라는 의문을 갖는 사람들도 있겠지만 이러한 문화가 홍대클럽 문화의 한 종류임을 알아야 한다. 또한 이것은 홍대 댄스 클럽이 하나의 문화 코드로 뜨기 전부터 홍대에 자리 잡고 있던 터줏대감이라고 볼 수 있다.

그날 공연 하였던 보컬과의 짧은 대화를 통해 홍대클럽 문화에 대해서 정리해 보았다.

Q: 매스컴에서 보여주는 홍대 클럽이 전부인 줄 아는 사람들에게 하고 싶은 말은?

A: 매스컴에서 보여 준 모습은 홍대 클럽의 일부일 뿐, 그것이 홍대 클럽의 전부인 것으로 알아서는 안 됩니다. 사실 홍대클럽 문화가 지금처럼 번성할 수 있었던 이유는 라이브 클럽을 통한 공연 문화의 확충이 밑바탕에 있었기에 가능한 것이니까요!! 또한 이런 클럽에서 장소를 제공해줘서 우리 같은 인디 밴드가 활동할 수 있지요!

이러한 문화를 더욱 발전시키기 위해 공연을 하는 라이브 클럽끼리 연합하여서 사운드 데이라는 이름 아래 한 달에 한 번(매달 셋째 주 금요일) 정기적인 행사를 하고 있다고 한다. 이때는 일반 라이브 공연의 감상 뿐 아니라 공연이 끝난 후에도 클럽에서 댄스와 음악을 함께 즐길 수 있다고 하니, 나처럼 발걸음을 내딛어보는 것도 좋을 것이다!

▣ 답사기를 작성하려면

예를 들어, 시와 소설, 혹은 드라마의 배경이 된 곳을 찾아 답사하였다면, 다음과 같은 사항을 참고하여 답사기를 만들 수 있을 것이다.

우선, 어떤 장소의 어떤 점에 주목해 답사할 것인지 사전 준비를 하고, 장소에 대한 단순한 설명이 아니라 그 공간이 지닌 의미와 역사, 이를 통해 읽어낼 수 있는 의의를 드러낼 수 있도록 서술한다.

다음으로, 자칫 감상문이나 문화재 해설에 그치지 않도록 해당 공간에 대한 지식과 정보를 충분히 수집하는 노력을 기울여 보자. 이를 토대로 애정 어린 시각, 자기 나름의 특징 분석과 풍부한 감상 작업이 살아날 수 있도록 내용을 정리해본다.

2	연습해볼까요?

1. 세대별로 공간의 특징을 연결시키는 것이 가능한지 서로 의견을 나눠보자.
2. 대학생을 다룬 보도형 기사와 피처형 기사를 찾아 내용을 정리하고 비교해보자.

4. 통달의 글쓰기를 위하여

이제 무엇을 알기 위한 글쓰기에서 단계를 높여, 내가 알고 있는 것을 활용하여 당면한 문제를 해결하는 데 적극적인 도움이 될 수 있는 글쓰기를 목표로 삼아 읽기/쓰기 연습에 매진해볼 것을 제안하고 싶다. 이러한 활동은 과제형 글쓰기의 수동성에서 탈피하여 주체적인 글쓰기/글읽기 훈련의 적극성을 갖게 하는 데 충분히 도움이 될 것이다.

이를 위해 우리가 주목해야 할 지점은 바로 문제 해결에 관한 것으로, 우리가 목표로 삼아야 할 지점은 지식을 나열하는, 지식을 위한 글쓰기가 아니라 지식을 활용하고 지식을 넘어서는 글쓰기, 이른바 통달의 경지에 이른 글쓰기라 생각한다.

4-1 취재한다는 것

우리가 신문 읽기를 효율적으로 하고, 나아가 이를 토대로 쓰기 활동을 한다고 하면 조금은 가벼운 마음으로 자유롭게 피처형 기사 쓰기에 도전해보아도 좋으리라 생각한다. 다음의 〈예시〉는 비록 오래전에 작성된 것이라 시대적 거리는 느껴지겠지만, 바로 이런 취지로 대학생들의 활동공간에서 흔히 접할 수 있는 글감을 잡아 한 편의 기사문으로 완성한 글이다. 편안하게 〈예시 1〉을 살펴보면서 서로 소감을 나눠보자.

예시 1

대학가 재치 넘치는 분실물 게시판
- 메모만 하던 때와 달리 표현 욕구 드러내 -

『나의 분신 책가방을 다시 찾아주실 분은 없습니까. 오! 부르다가 내가 죽을 이름이여!』

개학을 맞은 각 대학의 교내 게시판에는 잃어버린 물건을 찾는 안타까운 사연의 분실물 메모가 방학이 다 지나도록 그대로 붙어 있어 오가는 사람들의 눈길을 끌고 있다. 대학마다 학생들이 가장 많이 지켜보는 게시판에 나붙어 있는 이들 분실물 메모는 애절한 호소에서 살벌한 위협에 이르기까지 그 내용이 다양하지만 사람들의 눈길을 끌기 위해 재치 있는 내용을 담고 있는 것이 특징이다.

서울대 학생관 입구에 설치된 가로 1.5m, 세로 3.5m의 안내판에도 노트쪽지, 리포트 용지, 컴퓨터용지 등에 사연을 적어 놓은 30여 장의 분실물 메모가 붙어 있어 보는 사람들을 미소 짓게 만들고 있다.

『제발 속 좀 그만 썩이고 내 책을 돌려 주세요』, 『잃어버린 화학책 때문에 시험을 치를 수가 없어 학교에서 쫓겨나게 생겼습니다』등 메모는 역시 호소형이 주류를 이루고 있다. 개중에는 『책가방을 찾아주시는 분이 남학생이면 예쁜 여동생을 소개시켜 주고 여학생일 경우에는 저를 드리겠다』는 남학생의 애교(?)섞인 후사(厚謝) 제안도 있고 『혹시 돈이 탐나 지갑을

훔쳤더라도 신분증 등 필요한 나머지 물건은 돌려주는 것이 도덕이 아니겠느냐』는 도둑님께 드리는 훈계의 내용도 있다.

그런가 하면 한 남학생은 『내 가방 가져간 인간아… 어떤 물적 토대가 그따위 행위를 유발시켰는지 알 수 없지만 24시간 내에 시험 쳐야 하는 것을 뻔히 알면서도 가방을 훔쳐 가면 어쩌란 말이냐(온몸 떨림). 직접 만나면 죽여 버릴 것 같으니 노트만 보내라』고 노골적으로 분통을 터뜨리는 내용도 눈에 띈다.

누가 먼저랄 것도 없이 하나 둘 붙이기 시작해 분실물 메모대가 되어버린 게시판에는 이밖에도 『소지품을 열람실에 놓고 행불(行不)되신 분』, 『아쉬운 사람이 찾아와야 한다는 절대절명의 진리를 망각하신 필통 주인』등을 찾는 습득자들의 메모도 상당수 눈에 띈다.

대부분 습득자의 연락처를 밝히지 않은 채 접선 장소와 일시를 빈 칸에 적어 놓도록 요구한 이들 메모 중에는 『타의에 의해 유실물을 습득한 선량한 학생으로서 재고처리 기간까지 연락하지 않으면 몸소 사용하겠다』는 내용도 있어 계산적인 현대인의 면모가 엿보이기도 한다.

그러나 용건만 간단히 적은 종전의 메모와 달리 요즈음의 분실물 메모는 젊은이다운 표현 욕구의 발로라는 것이 학생들의 공통적인 지적이다.

이에 대해 한영현 군(20. 서울대 기계설계과 2년)은 『재치 있는 표현도 재미있지만 우리 세대의 활발한 표현 욕구를 대변하는 것 같아 지나칠 때마다 새로운 분실물 메모가 붙었나 눈여겨보게 된다』고 말했다.

이제 대학시절 할 수 있는 체험 하나를 해본다고 생각하고, 다음과 같이 취재작업을 진행하여 기사 작성을 연습해보자.

▣ 취재 수첩 만들기

첫째, 취재 작업에서는 독자에게 제공될 정보가 무엇인지를 명확하게 유념하자. 취재 작업에서는 발로 뛰면서 결국 알아내고자 하는 것이 무엇인지 분명하면 분명할수록 좋은 기사를 쓸 수 있게 마련이다. 목적의식을 분명히 정리해두는 것이 필요하다. 예를 들면, 다음과 같은 것들을 유념하자.

예시 2 **취재의 목적을 따져본다면?**

1	새로운 것
2	새롭지는 않아도 새롭게 볼 수 있는 것
3	문제의식을 갖고 다시 보아야 할 것
4	흥미롭게 읽어나갈 수 있는 것
5	알려주고 싶은 것

둘째, 취재의 목적에 맞는 내용을 빠짐없이 항목화하여 꼼꼼하게 준비해놓는 것이 필요하다. 예를 들어, 탐방기를 쓴다고 하면 어떻게 질문할 것인지 구체적인 질문 목록을 만들어두자. 인터뷰 시간을 효율적으로 활용하려면 이러한 질문을 던지고 해당 부분에 대한 답을 메모하는 식으로 진행하는 것이 좋다.

구체적인 항목을 만들었으면 해당 사항을 어떻게 해결할 것인지도 미리 고민해두자. 예를 들어, 사진을 찍어야 한다면 어떤 곳을 어떻게 찍고, 이번 기사의 특징을 보여줄 수 있는 방법은 무엇일지 등을 미리 고민해보는 것이다.

셋째, 취재를 본격적으로 시작하기 전 기사문의 내용을 보완할 수 있는 부수적인 방법에 대한 것도 미리 생각해두자. 이를 위해 과거 관련 기사를 스크랩하고, 필요한 자료를 확보하는 등 기본적인 공부를 해두는 것이 좋다.

취재 수첩에는 취재하면서 자신이 받은 느낌이나 인상, 생각 등도 기록을 해두는 것이 좋다. 예를 들어, 대학에 들어서면서/돌아보면서 받은 인상이나 대학생의 표정이나 캠퍼스 분위기 등이 간략히 메모될 수 있다. 이 경우, 나의 것임을 정확히 표시해야 한다.

취재원 확보하기

근거가 될 수 있는 취재원을 다양하게 확보하자. 취재 작업에서는 다양한 취재원을 확보하여 보다 객관적인 보도가 될 수 있도록 신경 쓰는 것이 중요하다. 나의 인상이나 생각을 객관화할 수 있는 근거가 충분한지 따져보고, 보다 풍부한 취재원들을 확보하여 근거를 충분하게 마련해보자.

이 때, 사람만이 근거가 되지는 않는다. 벤치에 흘리고 간 종이컵, 게시판의 유인물, 수업 전후의 강의실 풍경 등 사소한 것들도 어떤 의미를 갖는 것인지 타당성 있게 해석한다면 의미 있는 근거로 충분히 활용할 수 있다.

만약 나의 인상과 정반대의 것이 나왔다면, 그것 자체도 취재 작업에서는 소중한 자료가 될 수 있다. 왜곡하거나 누락하지 말고 양쪽의 방향을 다 수합하는 태도가 필요하다.

그리고 취재를 마치면 잠시라도 숨 고르기를 하는 성찰의 시간을 갖도록 하자. 취재 작업에 쫓기고 곧바로 기사 작업에 들어가기보다, 차분히 기사 취재 작업을 돌아보는 시간이 필요하다. 해당 주제에 관해 이야기를 나눌 수 있는 벗이나 팀원들과 함께 마무리 시간을 갖는 것도 좋다.

취재 내용 정리하기

첫째, 기사 유형에 맞게 취재 내용을 제대로 정리하자. 보도형 기사라면 보다 객관적으로 취재 내용을 정리하는 것이 우선되어야 한다. 앞서 정리한 보도형 기사의 작성 원칙을 다시 복습해보자.

피처형 기사를 쓰는 경우라면 이러한 보도형 기사의 기본 원칙을 따르되, 피처형 기사에서 허용되는 특질을 가미하는 것이 필요하다. 따라서 보다 개성적으로 정리하는 작업에 신경을 쓰면 즐거운 기사 작성 작업이 될 수 있을 것이다.

둘째, 내용을 최대한 풍부하게 채워보자. 기사 작성은 개별적으로 완성되는 작업이므로 각자 자신의 기사 작업을 마무리하면 된다. 하지만 취재하면서 느끼거나 알아낸 점들을 수업성원들끼리 간단하게라도 이야기하면서 자신이 놓치고 있거나 빈약한 부분을 보완할 수 있는 시간을 갖는다면 훨씬 좋을 것이다.

예를 들어, 취재 간 대학의 학생식당이나 휴게실이나, 학교 앞 카페이거나 장소를 택하고 서로가 서로에게 취재원의 역할을 해주는 시간도 겸할 수 있다. 경우에 따라서는 팀원이 해준 말을 인용하는 식으로 기사 내용을 더욱더 풍부하게 채울 수 있을 것이다.

취재하고 기사문을 써보는 작업은 대학시절의 소중한 체험을 쌓는 시간이 되는 것이므로, 미숙해도 자신감을 갖고 열심히 해보기로 하자!

3 연습해볼까요?

이제, 다음의 <예시>를 보고 어떤 내용을 담을 수 있을지 자유롭게 메모하고, 서로 의견을 교환해보자.

1	그때는 그때고, 지금은 지금이다
2	나는 ----하는 청춘이다
3	징징댈 시간에 더 ----하라(또는, ---을 더 하라)
4	나를 보호해주는 크고 부드러운 손이 있다
5	진실이 밝혀져도 갈등이 커지는 이유
6	---을 먹기가(또는, 하기가) 이렇게 어려워서야 …
7	--- 문제(또는, 현상), 남의나라 얘기가 아니었다니
8	역사적 실화를 대하는 영화(또는, 드라마)의 눈높이
9	상처받고 눈물 날 때 쉴 수 있는 나만의 장소

4-2 문제의식을 갖는다는 것

문제problem는 우리가 해야 하거나 풀어야 할 일 또는 과제task이다. 문제란 새로운 도전, 성장과 발전의 기회를 의미한다. 문제에 대한 해결은 경험과 지식을 사용하여 쉽게 해결되기도 하나 전통적인 방법의 문제 해결이 적용되지 않을 때 창의적인 문제 해결은 더 필요해진다. 창의적 문제 해결은 새로운 도전에 초점이 있고, 그 해결 방법은 하나가 아니라 다양해서 그 중 최선의 해결책에 도달해야 한다.

다음의 〈예시〉는 우리가 인생을 산다는 것에 대하여 사색할 시간을 주고 있다. 차분히 살펴보고, 소감을 자유롭게 나눠보자.

예시 1

> 처음에 나는 밤송이 하나를 받아들고 그것이 인생이라 여기며 쩔쩔매고 있었던 것 같다. 손바닥뿐 아니라 온몸을 찔러대는 그것을 버릴 수도, 감싸 쥘 수도 없었다. 겨우겨우 밤송이를 까고 그 안의 것을 꺼내 들었을 때는 그것이 인생인가 싶었다. 그럼 그렇지, 어떻게 산다는 게 밤송이 같을 수가 있는가. 그때는 진갈색으로 빛나는 밤톨들을 바라보기만 해도 좋았다. 그러나 삶이란 그냥 바라보는 것이 아니기에 진갈색 껍질을 벗겨보았을 것이다. 그 안에는 연갈색 융단 같은 보늬가 있었고 그때는 또 그것이 인생인가 싶었다. 밤알을 손바닥에서 굴리며 부드러운 감촉을 즐기기도 했을 것이다.
>
> 나는 아직도 사는 게 무엇인지 모르겠다. 이만큼 살면서 내가 터득한 게 하나 있다면 어떤 실수든 어떤 시행착오든 일단 저질러놓고 보는 게 낫다는 것뿐이다. 앞으로도 삶은 반복되는 실수와 시행착오로 이어질 것이다. 문제는 그 경험들을 통해 무엇을 배우는가 하는 일일 것이다. 이번 작품을 쓰면서야 나는 그것을 알았다. 그리고 처음으로 소설과 내가 서로에게 의미 있고, 소설쓰기와 내가 서로 사랑한다는 느낌을 가졌다. 그것은 깊고 충만했다.[17]

대학교육 기간 중 학생들이 겪게 될 문제의 내용이나 형태는 다양하나 일반적으로 문제 해결의 단계는 문제의 진술, 가능한 해결 방법 찾기, 긍정·부정적인 측면 검토, 문제 해결이라는 일련의 과정을 거친다. 통달의 글쓰기라는 목표지점에 도달하기 위해 3가지 접근 방법을 강조하고자 한다.

---

17 김형경이 쓴 《사랑을 선택하는 특별한 기준 1》(푸른숲, 2001)에 수록된 글이다.

문제 접근 태도의 변화

첫째, 문제 접근시 태도 변화부터 이루어져야 한다. 문제를 대하는 태도가 문제 해결 과정을 주도하게 되므로 아래의 비판적 사고자와 그렇지 않은 사람의 차이를 보고 문제 접근의 태도부터 변화시켜야 한다.

예시 2

▶ 비판적 사고를 가진 사람은?	▶ 비판적 사고가 부족한 사람은?
① 문제나 관심을 명료하게 표현한다. 복잡한 문제 해결도 순서대로 진행한다. ② 부지런히 관련 정보를 찾는다. 합리적인 기준을 선정하고 적용한다. ③ 당면한 현재 문제에 대해 집중한다. 난해한 문제라도 끈기 있게 해결하려 한다. ④ 주제나 상황이 허락하는 범위에서 합리적으로 해결책 제시하는 것을 선호한다.	① 무엇을 하는지 생각이 정리되지 않는다. ② 정보나 문제에 대해 비조직적이거나 단순하게 접근하고 부분적으로 파악하려 한다. 비합리적인 기준을 설정하는 편이다. ③ 집중력이 부족하다. 난해한 상황이 될 가능성이 있으면 포기하는 편이다. ④ 수행하기 어려운 너무 자세한 해결을 시도하는 경향이 있다. 너무 막연하거나 일반적인 해결을 시도하기도 한다.

문제해결을 위한 질문

질문은 분석적 사고 기술을 발달시킨다. 따라서 문제 파악과 해결을 위해 유용한 질문을 하는 것이 필요하다.

질문은 아래와 같이 단순한 사실 확인부터 새로운 생각을 창출해내는 질문까지 여러 수준으로 나뉠 수 있다. 따라서 질문하는 일은 문제 파악부터 해결까지 각 단계에 적합한 비판적 사고를 발달시키는 데 도움이 된다. 〈예시 3〉은 질문의 유형을 분류해본 것이다.

예시 3

질문 유형	기본 요점	예를 들면
사실 확인	기초 정보 확인하기	내가 알고 있는 사실은 무엇인가? 어떤 아이디어가 제시되었는가? 등등
정보 변환	정보를 다른 형태로 표현하기	저자가 전달하고자 하는 것은 무엇이며, 효과적으로 표현되었는가? 등등
해석	여러 정보의 관계를 살피고 일반화시키기	만일 이 생각이 옳다면(또는, 옳지 않다면) 어떤 결과가 생기겠는가? 등등
적용	아이디어나 개념을 다른 경우에 적용하기	이 경우에 가능하다면 다른 환경에서는 어떻게 될 것인가? 등등
분석	결론 도달에 사용된 사고과정을 분석하기	이것과 저것이 공존할 수 없는 이유는 무엇인가? 차이는 왜 발생하는가? 등등
평가	가치나 의미 판단하기	저자의 주장에 동의하는(또는, 동의하지 않는) 부분은 무엇인가? 등등

일반적으로 문제해결의 단계는 IDEAL로 표현되는 다섯 단계를 거치게 되므로, 각 단계에서 아래와 같이 질문하고 그 답을 구하면 도움이 될 것이다.

예시 4

I(Identify the problem)	문제가 무엇인가? 문제를 구체화하기에 필요한 자료는 무엇인가?
D(Define and represent the problem)	다양한 자료에 나타난 핵심 문제는 무엇인가? 핵심 문제는 무엇을 전제로 하는 것인가? 자료에 편견이나 왜곡된 사항은 없는가?
E(Explore possible strategies)	가능한 해결방안은 무엇인가? 해결방안의 장점과 단점은 무엇인가?
A(Act on the strategies)	해결방안은 실행 가능한 것인가?
L(Look back and evaluate the effects of your activities)	문제 해결 과정에서 판단의 오류는 없는가?

비구조화된 문제(ill-structured problem) 활동

구조화된 문제는 이론이나 공식, 전략을 익히는 데는 유익하나 실제 삶에서 부딪히는 다양한 변수가 많이 무시되는 면이 있다. 이렇게 실제 삶에 일어나는 문제처럼 많은 변수를 고려해야 하고 분명한 답이 정해지지 않은 문제를 '비구조화된 문제'라고 정의한다. 통달의 글쓰기를 위해서는 구조화되지 않은 문제를 많이 접하고 시도하는 것이 필요하다.

일반적으로 교과서에서 푸는 문제들은 구조화된 성격을 띠고 있다. 다시 말해 어떤 이론이나 공식, 전략을 알아서 이를 문제풀이 과정에 사용하면 정답이 나오는 형태가 바로 구조화된 문제이다. 자연현상에 대해 규칙성을 찾고 거기서 파생되는 의문을 해결하는 과정인 과학 역시 우리가 삶에서 부딪치는 일반적인 문제 해결 과정과는 차이를 보이게 된다. 과학적 문제의 해결 과정은 '가설의 설정-가설 검정 과정 고안-가설의 검증-가설 평가-진술 및 적용'으로 일반적 문제 해결 과정보다 정교화되어 있다.

따라서 비구조화된 문제를 다루는 수업이나 활동에 참여하여 지속적으로 연습을 하는 것이 필요하다. 다음은 비구조화된 문제를 다루는 활동을 뽑아본 것인데, 자신의 선호도나 경험치를 체크해보자.

예시 5

Project	긴 시간동안 준비하여 한 과제를 수행하는 것으로 목표 설정, 계획, 자료 사용, 조직, 판단, 결과물 제시의 과정을 거친다. 소그룹으로 실시하는 경우 협력학습이 가능하다.
Case study	특정분야의 실제 적용 문제에 대해 갖고 있는 정보와 기술을 사용하여 전문적인 분석을 하는 학습 방법이다.
Portfolio	수업 담당교수(혹은 학생들과 함께)가 일정 수업목표를 정하고 이에 해당되는 결과물(과제물, 시험 등)과 결과물을 얻는 과정에서 배운 것을 포트폴리오에 포함시킨다. 교수와 학생은 포트폴리오의 내용을 검토하고 학습의 진행과정을 확인하게 된다.

4-3 아이디어를 낸다는 것

아이디어는 누구에게나 친숙한 단어이다. 굳이 우리말로 표현하면 "새로운 생각·구상"이라 할 수 있고 사전적 의미는 "마음속에 잠재적으로 혹은 실제로 존재하는 생각이나 지식과 같은 두뇌 활동의 산물"로 정의된다.

누구나 매일의 생활에서 유용한 아이디어를 생각해낼 수 있다. 아이디어는 창조가 아니라 조합의 과정이기 때문이다. 어떠한 발견 혹은 발명은 그 자체가 여러 아이디어들을 결합시켜보는 가운데 나타나는 것이다. 따라서 좋은 아이디어를 가지려면 우선 아이디어들을 가능한 많이 생성해 낼 수 있어야 한다. 생각을 메모한다거나, 혼자 말해보기 등과 같은 습관이나 행동은 여러 가지 가능성을 만들어 내는데 도움이 될 수 있다고 한다.

앞선 부분들에서 강조한 것처럼 대학생의 글쓰기 연습의 외연을 확장한다고 할 때, 우선적으로는 수동적인 과제형 글쓰기에서 벗어나는 것이 필요하고, 이와 병행해서 어떤 글쓰기 상황에서도 아이디어를 창출할 수 있는 글쓰기에 골몰하는 기본태도를 갖는 것이 중요하다.

대학생의 글쓰기에서도 아이디어 창출이 가능한 지점들이 있으니, 이를 주목하여 충분히 활용해보자. 그래야 지식을 정리하는 단순반복의 글쓰기 상황에서 벗어나 지식을 소화하여 통달한 상태의 글쓰기, 자유롭게 자신의 관점과 입장을 표명하고 개성을 발휘하는 글쓰기가 가능해질 것이기 때문이다.

■ 브레인스토밍(brainstorming)

아이디어 고안기법으로 많이 쓰이고 있는 이 방법은 집단 문제 해결에 사용하기 위해 고안된 것이지만 개인적 아이디어를 고안하기 위해서도 사용할 수 있다. 이 기법의 목적은 아이디어를 '많이' 만들어 내는 데 있다.

이 기법의 원칙은 '첫째, 판단하지 않는다/ 둘째, 양(量)이 질(質)을 낳는다'

라는 두 가지 원리에 기초한다. 무조건 많이 떠올려 말하거나 적어보는 것이 중요한데, 세부적인 규칙을 정리하면 다음과 같다. 잘 살펴보고, 누군가 의견을 말하고 다른 사람을 지명하는 식으로 브레인스토밍을 연습해보자.

예시 1 **브레인스토밍의 규칙**

1	아이디어에 대한 평가는 나중까지 보류한다. 그래서 비판하지 않는다.
2	아이디어가 거칠고 자유분방한 것일수록 더 좋다.
3	아이디어의 개수가 많을수록 더 좋다. 질(quality)에는 관계없이 가능한 대로 많은 아이디어들을 생성해 내도록 격려한다.
4	남들이 제안한 아이디어들을 두 개 또는 그 이상으로, 여러 개 조합시켜 새로운 것을 만들 수 있다.

시네틱스(synectics)

서로 다르고 관련이 없어 보이는 요소를 합치는 방법이다. 문제를 보는 관점을 완전히 다르게 하여 이곳에서 연상되는 점을 찾아내어 아이디어를 발상하는 방법이다. 낯익은 어떤 장면에 있는 어떤 관계를 우리가 해결하려는 문제 장면에 적용해 봄으로써 낯선 것을 친근하게 만들고 친근한 것을 낯설게 만드는 것을 강조하는 방법이다.

예시 2

- 기계가 효율적으로 기능토록 하는 아이디어가 필요하다면, "그래 내가 기계라고 생각해 보자."
- 생물학자 M. Zasloff(1987)는 전염병 연구의 새로운 방법을 찾으면서 전염균들이 우글거리는 연못에 살고 있는 개구리는 왜 전염이 되지 않는지를 생각하게 되었다. 여기서 그는 개구리의 피부에서 미생물들을 죽일 수 있는 물질이 분비되고 있음을 발견한다.
- 우주에 지적 생명체가 우리뿐이라면 그것은 공간의 낭비일 것이다.
- 빛보다 빠르게 날 수 있다면 과거로 돌아가는 시간 여행도 가능할 것이다.

속성열거법(attribute listing)

먼저 어떤 장면 또는 항목이 가지고 있는 모든 속성들을 열거한다. 그런 다음 이 속성들을 조합하거나 수정하여 새로운 아이디어에 이른다.

예시 3

① 누구도 만들어 본 적 없는 통신기기를 만들어보고 싶다고 하자. 어떤 것을 만들 수 있을까?

② 이럴 때 현재 나와 있는 모든 통신장비들을 나열해 본다. 전화기, 삐삐, 팩스, PDA, 무전기 등으로 나열한다.

③ 다음으로 각 장비들의 속성을 나열해 본다. 그리고 어떤 식으로든 그 특성을 '조합'하면 된다.

④ 그 특성으로 더 다양한 정보의 전달에 초점을 둔다면 인간의 후각이나 미각을 전달하는 "오감 전달 통신기"를 생각해 볼 수도 있다.

다음의 〈예시 4〉는 일상에서 흔히 쓰는 단어인 '사랑'을 소재로 학생이 만들어본 광고문이다. 어떤 아이디어를 냈는지 살펴보고, 자유롭게 소감을 나눠 보자.

예시 4

제품명 : 사랑	
용법 외로울 때와 그렇지 않을 때. 깨어 있을 때와 그렇지 않을 때. 바쁠 때와 그렇지 않을 때. 함께 있을 때와 그렇지 않을 때. 살아있을 때와 그렇지 않을 때 두루 사용 가능. **용량** 1. 상처 받지 않을 만큼만 사용. 2. 부담주지 않을 만큼만 사용. 3. 헤어져도 미워지지 않을 만큼만 사용. **유효기간** 사람에 따라 천차만별	**사용시 주의사항** 다음 사항들을 늘 염두에 두고 지켜 나가십시오. 1. 상대방을 배려할 것. 2. 끝까지 믿을 것. 3. 우선 참을 것. 4. 슬픔도 기쁨도 함께 나눌 것. 5. 화내지 말 것. 6. 성급해 하지 말 것. 7. 있는 그대로의 나를 보일 것. 8. 있는 그대로의 상대를 받아들일 것.

제품명 : 사랑	
효능 1. 세상 무조건 아름다워 보이고 사람들이 행복해 보인다. 2. 입에서 콧노래가 떠나지 않고 끊임없이 기대감이 생긴다. 3. 열등감이 사라지고 마음이 자유롭다. 4. 살아있음에 대하여 감사하게 된다. **보관방법** 1. 마음속 깊은 곳에 간직할 것. 2. 변질되지 않도록 상호 간에 끊임없는 노력과 관심을 요함.	**부작용** 이루어 지지 않을 경우 절망에 빠질 위험이 있으니 주의. **경고** 집착과 사랑 이 두 가지는 유사하니 반드시 꼼꼼히 살펴보십시오! **권장소비자 가격** 돈으로 헤아릴 수 없음. 희생으로만 구입 가능! **제조원** (주)하늘나라

4 연습해볼까요?

우리도 일상생활에 흔히 쓰는 단어를 선택하여 아이디어가 넘치는 광고문을 만들어보자.

단어	
이유	
광고문	

참고문헌

강미은, 『논리적이면서도 매력적인 글쓰기의 기술』(원앤원북스, 2006).

강은교 · 이국환, 『쓰기와 읽기』(동아대 출판부, 2001).

강준만, 『대학생 글쓰기 특강』(인물과 사상사, 2005).

강현화 외, 『창의적 사고와 효과적 표현』(경희대 출판국, 2004).

공병호, 『공병호의 독서노트(미국편)』(21세기북스, 2003).

곽재구, 『사평역에서』(창작과비평사, 1983).

권영민, 『우리 문장 강의』(신구문화사, 2003).

글쓰기교재편찬위원회, 『글쓰기의 이론과 실제』(경희대 출판국, 2004).

김경원 · 김철호, 『국어 실력이 밥 먹여준다』(유토피아, 2005).

김경훤 외, 『창조적 사고 개성적 글쓰기』(성균관대 출판부, 2005).

김광규, 『반달곰에게』(민음사, 1981).

김광일, 『책을 읽은 다음엔 제발 아무 말도 하지 마』(이가서, 2004).

김경재, 『DJ의 독서일기』(인북스, 2000).

김대행, 『국어교과학의 지평』(서울대출판부, 1995).

김두한, 『실용문작성법』(학문사, 2005).

김병원, 『글의 비밀』(보성사, 1988).

김수중 외, 『삶과 글』(조선대 출판부, 2002).

김슬옹, 『통합교육을 위한 삶쓰기 논술교육』(인간과 자연사, 2000).

김윤식 외, 『내 스무 살을 울린 책』(작가정신, 2002).

김현, 『행복한 책읽기(김현의 일기 1986~1989)』(문학과지성사, 1998).

김열규, 『어떻게 읽고 쓸 것인가』(기린원, 1988).

김영진 외, 『자기표현과 글쓰기』(한올출판사, 2006).

김영채, 『생각하는 독서』(박영사, 2005).

김용술, 『손에 잡히는 구조논술』(열린교육, 2003).

김익현, 『인터넷 신문과 온라인 스토리텔링』(커뮤니케이션북스, 2003).

김의숙 외, 『경영 · 사회과학도를 위한 글쓰기』(북스힐, 2005).

김재욱, 『논술의 기본, 한글 맞춤법과 띄어쓰기』(북피아, 2006).

김종구, 『언어와 생활』(보고사, 2005).

김학민, 『길을 찾는 책읽기』(아침이슬, 2004).

김형경, 『사랑을 선택하는 특별한 기준 1』(푸른숲, 2001).
김 훈 외, 『인문학 글쓰기』(북스힐, 2005).
박동규, 『글쓰기를 두려워 말라』(문학사상사, 1997).
박민규, 『카스테라』(문학동네, 2005).
박아르마 · 이찬규, 『글쓰기란 무엇인가』(여름언덕, 2004).
배상복, 『문장 기술』(랜덤하우스 중앙, 2004).
서정곤 외, 『글쓰기 여행, 토막글에서 통글까지』(역락, 2005).
성지기, 『생활 속의 맞춤법 이야기』(역락, 2003).
소흥렬, 『논술문 강의와 연습』(이화여대 출판부, 1994).
송재희, 『논술의 바이블』(경당, 2005).
숙명여대 의사소통능력개발센터, 『세상을 바꾸는 글 읽기와 쓰기』(숙명여대 출판국, 2005).
안기수, 『글쓰기의 멋과 표현』(보고사, 2005).
안상헌, 『어느 독서광의 생산적 책읽기 50』(북포스, 2005).
안정효, 『글쓰기 만보』(모멘토, 2006).
양귀자, 『희망』(살림, 1991).
유종국, 『도대체 무엇을 어떻게 쓸 것인가』(형설출판사, 1998).
육재용, 『실용문 작법』(학문사, 2003).
이강룡, 『인터넷 시대의 글읽기 블로그시대의 글쓰기』(KT 문화재단, 2005).
이규태, 『이규태 코너 17: 진달래의 한국학』(기린원, 1994).
이기문, 『당신의 우리말 실력은?』(태학사, 2001).
이병모, 『글짓기, 이렇게 하자』(박이정, 2006).
이성복, 『쉬운 문장 좋은 글』(한국경제서적, 1999).
이오덕, 『글쓰기 어떻게 가르칠까』(보리, 1993).
이오덕, 『삶을 가꾸는 글쓰기 교육』(한길사, 1993).
이외수, 『글쓰기의 공중 부양』(동방미디어, 2006).
이재성, 『4천만의 국어책』(들녘. 2006).
이지호, 『글쓰기와 글쓰기 교육』(서울대 출판부, 2001).
이호철, 『살아있는 글쓰기』(보리, 1994).
임재춘, 『한국의 이공계는 글쓰기가 두렵다』(마이넌, 2003).
장석주, 『강철로 된 책들』(바움, 2003).
장정일, 『장정일의 독서일기 4』(하늘연못, 1998).

장정일, 『장정일의 독서일기 6』(범우사, 2005).
장정일, 『빌린 책, 산 책, 버린 책 3』(마티, 2014).
장하늘, 『글 고치기 전략』(다산초당, 2006).
전남대 교육발전연구센터, 『글쓰기』(전남대 출판부, 2005).
전사섭, 『장충동 김 씨를 위한 책이야기』(시공사, 2003).
정호경, 『좋은 글 쓰기의 힘』(도서출판 운디네, 2006).
정희모 · 이재성, 『글쓰기의 전략』(들녘, 2005).
정희진, 『정희진처럼 읽기』(교양인, 2014).
조혜정, 『삶읽기와 글쓰기』(또하나의 문화, 1994).
조희정 외, 『대담한 책읽기』(이가서, 2004).
최규수, 『대학생을 위한 학술적 글쓰기의 실제』(보고사, 2006).
최규수, 『대학에서 글쓰기를 어떻게 할 것인가』(명지대 출판부, 2008).
최규수, 『대학시절의 글쓰기 1: 학술적 글쓰기와 친해지기 편』(명지대 출판부, 2014).
최규수, 『고치고 더한 대학시절의 글쓰기 1: 학술적 글쓰기와 친해지기 편』(명지대 출판부, 2017).
최규수, 『대학시절의 글쓰기 2: 자기성찰의 글쓰기와 친해지기 편』(명지대 출판부, 2019).
최기호 외, 『인터넷 글쓰기의 달인』(세종서적, 2005).
최덕성, 『빛나는 논지 신나는 논문쓰기』(본문과 현장사이, 2000).
최미숙 외, 『사회계열 직업세계와 맞춤형 글쓰기』(영남대 출판부, 2004).
최병선, 『말하기로 배우는 글쓰기』(차림, 2004).
최상규, 『글, 어떻게 쓸 것인가』(예림기획, 1999).
최재완, 『신문, 좋은 문장 나쁜 문장: 신문 글쓰기의 이론과 훈련』(커뮤니케이션북스, 2006).
최현섭, 『(자기주도 쓰기 학습을 위한)과정 중심의 글쓰기 워크숍』(역락, 2000).
최현섭 외, 『구성주의 작문 교수 학습론』(박이정, 2000).
탁석산, 『탁석산의 글짓는 도서관』(김영사, 2005).
한국외대 한국어교육과, 『글쓰기의 이론과 실제』(한국외대 출판부, 2007).
한기호, 『글쓰기의 힘』(한국출판마케팅 연구소. 2005).
한성우, 『경계를 넘는 글쓰기』(월인, 2006).
한양대학교 국어교육위원회, 『글과 생각』(한양대 출판부, 2002).
한효석, 『이렇게 해야 바로 쓴다』(한겨레신문사, 1996).
허병두, 『글쓰기 열두 마당』(고려원미디어, 1996).
허재영, 『교양인과 글쓰기 기술』(박이정, 2000).

홍순성, 『문장 표현론』(계명대 출판부, 2004).
황성근, 『미디어 글쓰기』(박이정, 2005).
황성근, 『(너무나도 쉬운)비즈니스 글쓰기』(한겨레출판, 2006).
황소웅, 『바른 글 좋은 글』(랜덤하우스 중앙, 2005).

골드버그 나탈리, 『뼛속까지 내려가서 써라』, 권진욱 옮김(한문화, 2000).
로버타 진 브라이언트, 『누구나 글을 잘 쓸 수 있다』, 승영조 옮김(예담, 2004).
루츠 폰 베르더 외, 『즐거운 글쓰기』, 김동희 역(도서출판 들녘, 2004).
모티머 애들러 · 찰스반 도렌, 『논리적 독서법』, 오연희 옮김(예림기획, 1997).
몬티 슐츠 · 바나비 콘라드, 『스누피의 글쓰기 완전 정복』, 김연수 옮김(한문화, 2006).
민토 바바라, 『민토 피라미드로 배우는 논리적 글쓰기』, 이진원 옮김(더난, 2005).
번즈 마리린, 『생각에도 연습이 필요해』, 홍윤기 옮김(예림당, 1994).
빌렘 플루서, 『디지털시대의 글쓰기』, 윤종석 옮김(문예출판사, 1998).
사와다 아키오, 『논문과 리포트 잘 쓰는 법』, 이명실 옮김(들린 아침, 2005).
사이토 다카시, 『원고지 10장을 쓰는 힘』, 황혜숙 옮김(루비박스, 2005).
스티븐 킹, 『유혹하는 글쓰기』, 김진준 옮김(김영사, 2002).
앤 라모트, 『글쓰기 잘쓰기』, 송정희 옮김(중앙일보사, 1996).
올리비에 르불, 『수사학』, 박인철 옮김(한길사, 1999).
움베르토 에코, 『논문 잘 쓰는 방법』, 김운찬 옮김(열린책들, 2006).
트레이시 보웰 · 게리 켐프, 『비판적 사고, 논리를 잡아라』, 하상용 · 한성일 옮김 (모티브북, 2006).
케슬린 설리번, 『작문 · 단문 쓰기로 익히기』, 최현섭 · 위정호 옮김(삼영사, 2000).
패트릭 하트웰, 『글을 어떻게 쓸 것인가: 최신 작문이론』, 이을환 외 5인 편역(경문사, 1985).
필리스 크림 · 메리 리, 『작문신공 : 나의 생각을 디자인하는 글쓰기』, 강주헌 옮김(효형출판, 2006).
헤르만 헤세, 『헤르만 헤세의 독서의 기술』, 김지선 옮김(뜨인돌, 2006).

최규수 崔圭穗

이화여자대학교 국어국문학과를 졸업하고 같은 대학에서 석사, 박사학위를 받았다.
현재 명지대학교 방목기초교육대학(인문교양학부) 교수이다.

주요 저서

주요 저서로는 『대학생을 위한 학술적 글쓰기의 실제』, 『대학에서 글쓰기를 어떻게 할 것인가』,
『대학시절의 글쓰기 · 1: 학술적 글쓰기와 친해지기 편』,
『고치고 더한 대학시절의 글쓰기 · 1: 학술적 글쓰기와 친해지기 편』,
『대학시절의 글쓰기 · 2: 자기성찰의 글쓰기와 친해지기 편』, 『19세기 시조 대중화론』,
『송강 정철 시가의 수용사적 탐색』, 『고전시가 연구의 전망과 모색』,
『규방가사의 '글하기' 전략과 소통의 수사학』 등이 있다.

choiks@mju.ac.kr

초 판 1 쇄 | 2021년 2월 16일
초 판 2 쇄 | 2023년 11월 27일
저 자 | 최규수
발 행 인 | 유병진

명지대학교 출판부
서울특별시 서대문구 거북골로 34
전화 (02)300-1740
팩스 (02)300-1723
http://press.mju.ac.kr
등록 제 9-25호 1969.10.15

제작 (주)피알앤북스

ISBN 978-89-7335-405-4 (94800)
978-89-7335-397-2 (세트)

정가 20,000원